KB211139

말씀을 먹으라

김양재 목사의 큐티강해
요한계시록 2

말씀을 먹으라

지은이 **김양재**

Q.T M

이 책을 펴내며

이 책은 지난 요한계시록 큐티강해 1권 『내가 너를 아노라』에 이은 두 번째 책으로 계시록 5장부터 10장까지의 말씀 묵상을 담았습니다. 앞선 말씀에서 하나님은 예수님에 대해 가르치시고(1장), 소아시아 일곱 교회의 실상을 알려 주시며(2~3장), 지상 교회와 대비되는 천상의 교회, 곧 하늘 보좌의 영광을 보여 주셨습니다(4장).

그리고 2권의 시작인 5장부터는 계시록의 핵심 주제라고 할 수 있는 어린 양의 심판과 구원에 대해 본격적으로 말씀하십니다. 일곱 인 재앙, 일곱 나팔 재앙 등 우리가 '요한계시록' 하면 흔히 떠올리는 여러 재앙들이 이제 본격적으로 등장하지요.

그런데 이렇게 재앙, 재앙, 또 재앙 이야기만 하니까 계시록은 읽기조차 무섭다면서 덮어 놓는 분들이 많습니다. 그러나 책을 덮어 놓는다고, 재앙과 심판의 말씀은 건너뛰며 읽는다고 우리 삶에 재앙이 안 찾아옵니까? 우리가 말씀을 들은지 안 들은지 심판과 구원은 반드시 임합니다. 예수가 없으면 이 땅에 주어질 것은 화(禍), 재앙뿐입니다. 그러니 주님이 "너희에게 재앙이 기다리고 있다. 돌아오라!" 하며 마지막으로 애타게 경고하시는 말씀이 바로 요한계시록입니다. "너 지금 돌아오지 않으면 갈 곳은 지옥밖에 없다. 돌아와라! 지옥은 가면

5

안 된다!" 이 이야기를 하시는 겁니다. 그러므로 계시록은 재앙의 말씀이라기보다는 사랑의 메시지, 곧 사랑의 책입니다.

실제로도 계속되는 코로나19 사태로 '재앙'이라는 말이 더 이상 남의 이야기가 아닌 시대가 되었습니다. 전염병의 재앙 속에 우리 일상이 무너지고, 생계가 위태해지고, 대면하여 예배를 드리는 것조차 어려워졌습니다. 코로나19와 같은 팬데믹뿐만 아니라 맘모니즘, 휴머니즘, 네오막시즘과 같은 각종 이즘(-ism)의 세력이 우리를 위협합니다.

이런 마지막 때에 우리가 나아갈 길이 무엇이겠습니까? 오직 '말씀'입니다. 재앙을 당하는 것만으로 우리가 변화되고 구원 받는 것이 아닙니다. 전염병을 겪고, 부도가 나고, 큰 시련을 당하여 삶을 대하는 태도가 잠시 바뀔 수는 있겠지만 그것만으로는 구원 받지 못합니다. 우리가 깨지고 거듭나고 새롭게 되려면 '말씀'이 있어야 합니다. 재앙으로 변하는 것이 아니라 재앙을 통해 말씀으로 변하는 것입니다.

그러므로 날마다 말씀을 먹으며 나의 문제를 하나님 앞으로 가지고 가야 합니다. 성경을 날마다, 조금씩, 오래 씹어 먹으며 내게 주시는 말씀으로 들을 때, 그것이 내 몸에 영양소가 되고 새로운 세포가 되어서 우리 삶에 말씀의 권세가 임하는 것입니다.

애가와 애곡과 재앙의 말인 성경이 써서 그저 뱉어 버리고만 싶습니까? 이 재앙의 때에 요한계시록의 말씀을 먹으며 복음이 우레 소리같이 들리기를 원합니다. 그리하여 작은 두루마리의 권세를 누리는 인생, 말씀의 권세가 임하는 인생 되기를 축원합니다.

2021년 3월
우리들교회 담임목사 김양재

CONTENTS

PART 3   **예언하라**

PART 1

돌아오라

성경책

요한계시록 5장 1~7절

01

하나님 아버지,
비밀의 책인 성경에 대해 제대로 알기 원합니다.
말씀해 주시옵소서. 듣겠습니다.

◇ ✦ ◇

수년 전 조선 제4대 왕인 세종의 이야기를 담은 드라마가 방영됐습니다. 잘 알다시피 세종은 제 뜻을 글로 펴지 못하는 백성을 불쌍히 여겨 한글을 창제했습니다. 그런데 드라마는 세종이 백성을 위해 한글을 만들었노라고 막연하게 이야기하지 않습니다. 똘복과 소이라는 허구의 인물을 통해서 그 동기가 무엇이었는지 구체적으로 그려 냅니다.

드라마의 줄거리를 간단히 설명하면 이렇습니다. 똘복은 어린 시절 자신의 아버지가 죽은 것이 세종 때문이라고 오해하고 원한을 품습니다. 똘복의 아버지는 세종의 장인인 심온 선생의 노비로, 심온이 역적으로 몰려 죽임당하는 과정에서 함께 죽음을 맞습니다. 그러나 사실 그 모든 일은 세종이 아닌 그의 아버지 이방원의 계략이었습니다. 세종이 장인을 구하고자 보낸 밀지(密旨)를 이방원이 바꿔치기 하는데, 심온의 노비 중 누구도 글을 읽지 못해 주인을 궁지에 빠뜨리는 밀지를 그대로 전한 것입니다. 세종은 자책합니다. "만일 백성이 글을 읽을 줄만 알았다면 이런 허탄한 죽음을 막을 수 있지 않았겠는가!" 그리고 더는 무용한 원한과 미움을 만들지 않고자 백성 누구나 읽고 쓸 수 있는 글자를 만듭니다.

드라마는 세종이 한글 창제라는 거대한 업적을 이룬 것이 단지 그가 성군(聖君)이었기 때문이라고만 말하지 않습니다. 아픔을 통해 자신의 부족을 깨닫고 백성에게 진정으로 헌신하는 한 왕의 성장 스토리가 담겨 있습니다.

물론 이 드라마는 세종의 한글 창제라는 역사적 사실에 허구를 더한 이른바 '팩션(Faction)' 소설을 바탕으로 만든 것이지만, 저는 이 드라마를 보면서 한글이 꼭 성경책 같다는 생각을 했습니다. 백성들이 왕을 원망해도 왕은 문맹인 백성을 사랑하는 마음으로 한글을 만들지 않았습니까? 성경책의 모든 내용도 그렇습니다. 인간은 때마다 시마다 하나님을 원망하지만, 하나님은 죄악 가운데 있는 인간을 끝까지 사랑하십니다. 아브라함, 야곱, 모세, 바울 등 인류를 대변하는 자들을 세우시고 그들을 통해 우리에게 사랑의 말씀을 끊임없이 전해 주십니다. 그뿐입니까? 성경의 등장인물들 또한 아픔을 통해 자기 죄를 깨닫고 주의 백성을 위해 한결같이 헌신하지요.

세종이 자신의 잘못을 깨닫고 반성하여 백성을 위해 헌신한 덕분에, 임금의 교지(敎旨)를 바로 알고 배운 백성이 나라의 문명을 무에서 유로 옮겨 놓았습니다. 한글 창제 이전과 이후 백성의 삶은 천지 차이입니다. '나라만의 고유한 글자가 있는가 없는가'는 국력을 좌우하는 중요한 요소입니다. 지금도 글자 없는 나라의 국민은 얼마나 가난하고 어렵게 살아갑니까.

성경책도 그렇습니다. 하나님은 자신의 백성이 하나님 나라의 책을 읽고 묵상하기를 원하십니다. 그래서 우리가 새롭고 바른 인생을 살기를 원하십니다. 서점에 수두룩이 쌓인 세상 책들도 인간의 생각과 삶을 변화시키는데, 책 중의 책인 성경책은 어떻겠습니까? 성경책은 우리로 하여금 하나님의 형상대로 살아가게 하는 최고의 지침서입니다. 그러면 이 성경책은 어떤 책이고, 또 그 속에는 어떤 지침이 담겨 있을까요?

성경은 예수 그리스도를 분명히 증거하는 책입니다

성경은 성령의 감동하심을 받은 40여 명의 저자에 의해 약 1,600년에 걸쳐 기록된 책입니다. 사람이 기록했지만 성령이 도우셔서 오류가 없는, 완전무결한 하나님의 말씀으로 완성되었습니다.

성경의 저자들은 왕, 백성, 부자, 가난한 자, 배운 자, 못 배운 자 등 다양한 부류의 사람들입니다. 이들은 서로 살아온 시대도, 배경도 다르고 성격이나 기질도 달랐습니다.

또한 모든 저자가 자기 관점에 따라 성경을 썼기에 성경을 수식하는 이름도 참 다양합니다. 여호와의 책, 율법책, 하나님의 선한 말씀, 하나님의 말씀, 그리스도의 말씀, 생명의 말씀, 진리의 말씀, 믿음의 말씀, 의의 말씀, 화목하게 하는 말씀, 은혜의 말씀, 복음의 말씀, 옛 언약과 새 언약, 약속의 말씀, 성령의 검, 살아 있는 말씀, 여호와의 증거, 여호와의 교훈, 여호와의 규례, 선지자들의 글, 구원의 복음, 도(道), 씨, 젖…….

그런데도 어느 내용 하나 모순되거나 상치되지 않고 창세기부터 요한계시록까지 통일을 이루고 있으니 얼마나 놀랍습니까!

성경의 저자들은 입을 모아 "사람은 스스로 구원에 이를 수 없으며 오직 하나님의 아들 예수 그리스도만이 구세주이시다"라는 사실을 성경책에 분명히 증거하고 있습니다. 그러므로 '성경은 구원과는 상관없다'라는 말은 터무니없는 주장입니다. 하나님의 구원을 분명히 증거하는 성경이야말로 확실한 구원의 통로입니다.

개혁주의 신학자인 R.C. 스프로울(R.C. Sproul)의 글에서 본 예화입니다.

한 나그네가 어느 농가를 찾아와 자신을 일꾼으로 써 달라고 간청했습니다. 농가 주인은 그의 실력이 어느 정도인지 알아보기 위해 몇 가지 시험을 내기로 했습니다.

"장작을 패 보시오."

나그네는 순식간에 그 일을 마쳤습니다.

"밭을 갈아 보시오."

나그네는 또다시 몇 시간 만에 일을 끝냈습니다. 주인은 한껏 들떴습니다.

'현대판 헤라클레스가 제 발로 나를 찾아왔구나!'

그는 마지막으로 나그네에게 감자 더미를 주면서 상품과 하품을 골라내게 했습니다. 그런데 웬일인지 이번에는 감감무소식이었습니다. 기다리다 못해 헛간에 찾아간 주인은 놀랐습니다. 상품을 놓는 바구니에는 덜렁 한 개의 감자만이, 하품을 놓는 바구니에는 두 개의 감자만이 놓여 있었습니다. 주인은 나그네에게 물었습니다.

"아니, 왜 이것밖에 일을 하지 못하였소?"

나그네는 손을 털고 일어나며 난처한 표정으로 말했습니다.

"결정을 내리는 것이 너무 어렵네요."

우리는 살면서 수많은 결정을 내려야 합니다. '하나님을 믿을 것인가, 믿지 않을 것인가'도 결정해야 합니다. 어떠한 주장이 증거가 불충분한데도 믿는 것은 맹신이고 어리석은 일이겠지요. 그럴 때는 믿기를 보류하는 것이 올바르고 지혜로운 대응입니다.

그러나 성경은 예수님만이 우리의 구원자이심을 '분명히' 증거하고 있습니다. 예수님에 관한 증거가 얼마나 확실하면 자라 온 시대도, 배경도 다른 40여 명의 저자가 한결같이 동일한 이야기를 썼겠습니까? 1,600년이라는 시간의 간극을 두고 서로 만난 적도, 생각을 나눈 적도 없는 사람들이 어떻게 똑같은 이야기를 쓸 수 있었겠습니까. 그런데도 어떤 사람들은 '눈에 보이지도 않는 하나님을 어떻게 믿을 수 있는가!' 합니다. 당장 눈앞에 보이지 않는다고 믿지 않기로 결정해 버립니다. 이 얼마나 어리석은 일입니까.

불신앙은 그저 지적인 실수가 아닙니다. 예수님은 불신앙을 하나님을 대적하는 행위로 보십니다. 성경이 예수님을 확실히 증거하는데도 믿지 않기로 결정하고 하나님을 대적하는 것은 부도덕입니다. 제아무리 윤리와 도덕이 하늘을 찌르는 사람이라도 주님을 믿지 않으면 그는 부도덕한 자입니다. 결국 그 삶 가운데 부도덕이 드러나기 때문입니다. 가장 큰 부도덕은 '나는 죄가 없다'고 여기는 마음입니다. '나는 의인이야' 하면서 자기 죄를 모르는 사람이 가장 악질의 죄인입니다. 나는 죄인이 아니라고 생각합니까? 나는 죄와 상관없다며 교양과 윤리로 가장하면서 사는 것 자체가 내가 죄인이라는 증거입니다.

- 예수님을 생각하면 성경책이 먼저 떠오릅니까?
- 성경 말씀이 사람의 말이 아닌 하나님의 말씀이라는 사실을 믿습니까?
- 성경책을 보면서 날마다 내가 죄인이라는 사실을 깨닫고 있습니까?

성경은 비밀의 책입니다

> 내가 보매 보좌에 앉으신 이의 오른손에 두루마리가 있으니 안팎으로 썼고 일곱 인으로 봉하였더라 _계 5:1

'두루마리 안팎으로 썼다'는 것은 그만큼 내용이 많다는 뜻입니다. 성경은 우주 만물을 향한 하나님의 뜻이 담겨 있는 책입니다. 이 계시록을 기록한 사도 요한을 비롯해 성경을 읽는 자들, 더 나아가 모든 사람의 운명이 기록된 책이기도 합니다. 이 세상의 탄생부터 종말까지 기록하며, 나와 우리 가정, 교회와 나라, 세계에 관한 역사와 계획이 성경에 전부 나와 있습니다. 어느 내용 하나 뺄 것이 없습니다.

문제는 이 책이 일곱 인으로 봉해져 있다는 것입니다. 우리는 성경에서 '7'이라는 숫자가 '완전함'을 뜻한다는 사실을 알고 있습니다.

그러므로 '일곱 인으로 봉했다'라는 것은 계시의 완전성과 비밀성을 상징합니다. 하나님이 보여 주시기 전에는 누구도 이 책의 내용을 알 수 없다는 것입니다. 그래서 성경은 믿음의 분량만큼 보입니다. 다시 말해 성경은 '비밀의 책'입니다.

그렇다면 왜 하나님은 성경을 비밀의 책으로 두셨을까요? 요한계시록이 기록된 당시는 기독교가 역사상 가장 극심한 핍박을 받은 때였습니다. 이른바 팍스로마나(Pax Romana) 시대로, 고대 로마제국이 유례없는 태평성대를 누리던 때였습니다. 그 세력이 얼마나 왕성했는지 그들은 더 이상 이룰 것이 없을 정도였습니다. 그런 로마 아래서 그리스도인들은 갖은 박해를 받으며 사자 밥이 되고 죽어 갔습니다. 그러니 그리스도인들에게 교회가 얼마나 초라해 보였겠습니까?

로마는 '모든 것을 다 이루었다!' 하는데, 교회의 성도들은 망하고, 굶주리고, 날마다 죽음 앞에서 위태롭게 살아가니 소망이 메말랐을 것입니다. 오직 예수님만이 구원자이심을 알면서도 내심 로마와 예수님이 비교되었을 것입니다. '십자가에서 죽은 예수님이 나를 위해 하신 일이 무엇이냐' 불평하며, 예수를 믿으면서도 몸과 마음이 자꾸 로마로 향합니다. 그럴수록 로마는, 세상은 '예수가 밥 먹여 주냐?' 하면서 더욱 교묘하게 복음을 핍박합니다. 바울은 "내가 복음을 부끄러워하지 아니하노라"고 했는데(롬 1:16), 그리스도인들은 복음을 부끄러워했습니다. 예수 믿는 것을 너무도 부끄럽게 여겼습니다.

그러나 아직 상황이 뒤바뀌어질 때가 아니었습니다. 하나님의 때가 이르지 않았습니다. 로마가 기독교를 공인한 해는 A. D. 313년입니다. 200년이 넘는 시간이 아직 남아 있었습니다. 그래서 주님이 특단의 조치를 취하십니다. 성경을 통해 절망에 빠진 그리스도인들에게 소망을 불어넣기로 작정하십니다. 로마가 전부가 아니라고, 지금은 그들이 문명의 극치를 이룬 것처럼 보이지만 도덕과 윤리가 타락할 대로 타락하여 죄악이 하늘을 찌르고 있다고 알리십니다. 주님이 재앙으로 찾아오셔서 타락한 세상을 반드시 심판하리라고 말씀해 주십니다.

그래서 성경을 비밀의 책으로 두셨습니다. 로마, 즉 세상도 훤히 아는 언어로 쓰여서는 안 되기 때문입니다. 성경을 통해 하나님은 말씀하십니다. "네가 로마를 부러워하느냐? 로마는 반드시 망한다. 내가 그 증거를 이 책에 남겼다. 나를 믿으면 이 책의 모든 말씀을 깨달을 수 있다."

지금도 그렇습니다. 아무리 성경을 읽어도 세상에 속한 사람은 깨닫지 못합니다. 마치 글자를 모르는 사람처럼, 앞을 보지 못하는 사람처럼 말씀을 알아듣지 못합니다. 주일마다 같은 예배당에서 같은 말씀을 들어도 못 알아듣는 사람이 있습니다. 일등 자녀가, 석박사 남편이 못 알아듣습니다. 성경은 비밀의 책이기에 그렇습니다. 교회를 다녀도 세상에 속한 사람은 말씀이 깨달아지지 않습니다. 오직 그리스도 안에 거하는 자만이 성경을 깨닫습니다. 이 얼마나 신기하고 오묘한 기적입니까.

- 매 주일 예배당에 앉아 말씀을 들으면서도 여전히 '예수가 밥 먹여 주냐?' 하지는 않습니까?
- 세상에서 성공하고 잘나가는 사람을 보면서 부러워하지는 않습니까? 교회가, 복음이 초라하게 느껴진 적은 없습니까? 그럴 때 성경을 통해 소망을 발견합니까?

비밀의 책을 열기 위해서는 울어야 합니다

2 또 보매 힘 있는 천사가 큰 음성으로 외치기를 누가 그 두루마리를 펴며 그 인을 떼기에 합당하냐 하나 3 하늘 위에나 땅 위에나 땅 아래에 능히 그 두루마리를 펴거나 보거나 할 자가 없더라_계 5:2~3

두루마리가 일곱 인으로 봉해져 있는데 그 인을 뗄 자가 아무도 없다고 합니다. 천사라고 해서 인을 뗄 수 있는 것이 아닙니다. 학벌과 지성과 이성이 다 모여도 인을 뗄 수 없습니다. 제일가는 명문 대학교에서 공부했다고 해서 되는 것도 아닙니다.

국내의 유수한 대학을 졸업하고 하버드대학에서 박사까지 취득한 한 교수가 창세기를 강의하는 것을 보았습니다. 부모가 기독교인이고 자신도 성경을 다 읽었다는데, 엉뚱한 이야기만 하면서 말씀을 제대로 해석하지 못했습니다. 그야말로 인을 떼지 못한 것이죠. 그런데 더 놀라운 것은 그의 강의를 듣는 많은 청년이 고개를 끄덕이고 있었다는 것입니다. 교회에서 말씀을 들을 때는 '이게 무슨 말인가' 의심의 눈초리와 비판의 잣대를 세우던 그들이 그의 엉뚱한 강의는 다 이해가 되었나 봅니다. 세상에 속한 사람들은 이렇게 분별을 못 합니다.

성경은 여러 곳에서 봉인된 책에 대해 언급합니다.

"그러므로 모든 계시가 너희에게는 봉한 책의 말처럼 되었으니 그것을 글 아는 자에게 주며 이르기를 그대에게 청하노니 이를 읽으라 하면 그가 대답하기를 그것이 봉해졌으니 나는 못 읽겠노라 할 것이요 또 그 책을 글 모르는 자에게 주며 이르기를 그대에게 청하노니 이를 읽으라 하면 그가 대답하기를 나는 글을 모른다 할 것이니라"(사 29:11~12).

"내가 보니 보라 한 손이 나를 향하여 펴지고 보라 그 안에 두루마리 책이 있더라 그가 그것을 내 앞에 펴시니 그 안팎에 글이 있는데 그 위에 애가와 애곡과 재앙의 말이 기록되었더라"(겔 2:9~10).

"내게 이르시되 인자야 내가 네게 주는 이 두루마리를 네 배에 넣으며 네 창자에 채우라 하시기에 내가 먹으니 그것이 내 입에서 달기가 꿀 같더라"(겔 3:3).

또한 시편 기자는 자신이 태어나기도 전에 이미 인생의 모든 날이 정해졌으며, 그것이 주의 책에 다 기록이 되었다고 말합니다.

"내 형질이 이루어지기 전에 주의 눈이 보셨으며 나를 위하여 정한 날이 하루도 되기 전에 주의 책에 다 기록이 되었나이다"(시 139:16).

이런 말씀들로 미루어볼 때 성경의 특징이 무엇입니까? 이스라엘, 곧 예수를 믿는 자, 구원 받은 자 입장에서 보면 성경은 꿀송이 같은 책입니다. 그러나 로마, 곧 믿지 않는 자에게 성경은 애가와 애곡과 재앙의 말입니다. 아주 무서운 책입니다.

성경은 우리를 위로하는 책이 아닙니다. "모든 성경은 하나님의 감동으로 된 것으로 교훈과 책망과 바르게 함과 의로 교육하기에 유익하니 이는 하나님의 사람으로 온전하게 하며 모든 선한 일을 행할 능력을 갖추게 하려 함이라"고 하지 않았습니까(딤후 3:16~17)? 성경은 날마다 우리를 책망합니다. '너 틀렸다' 하는 이야기입니다. 그러니 안 믿는 자 편에서 보면 밤낮 야단만 치는 책을 읽고 싶겠습니까?

그러나 믿는 자에게는 그 책망조차 사랑의 음성으로 들립니다. 하나님의 마음을 잘 알기에 책망의 말씀도 감사해서 꿀송이같이 달콤하게 들리는 것입니다. 부모가 자식을 부단히 가르치고 훈계하는 이유가 무엇입니까? 자식을 사랑하므로 그로 하여금 바른길을 걷게 하기 위함입니다. 그러나 자신과 상관없는 아이에게는 그저 "잘한다, 잘한다" 합니다. 그러니 맨날 위로만 좋아하지 마십시오.

계시록을 계속 읽어 가다 보면 두루마리의 일곱 인을 뗄 때마다 재앙이 일어납니다. 믿음이 없는 사람들은 이 말씀을 보면서 "무섭다" 합니다. 그러나 믿는 자는 재앙도 하나님의 사랑이라는 것을 잘 압니다. "지금이라도 돌아오라" 하시는 하나님의 애타는 음성인 것을 압니다. 그러므로 어떤 자연재해, 전염병, 쿠데타를 겪어도 '아! 하나님께 돌아오라는 사인이구나' 하는 것이 믿는 자의 태도입니다. 미국

9·11 테러를 보면서도 '인간 최고 문명인 바벨탑도 한순간에 무너질 수 있구나' 해석할 수 있어야 합니다. 아무리 화려하고 찬란한 문명을 꽃피운 강대국이라도 끔찍한 재난 하나 막지 못하는데 우리가 무엇을 확신할 수 있겠습니까. 이 세상은 반드시 망합니다. 세상을 심판하시고자 일곱 인으로 봉한 책이 성부 하나님의 오른손에 있습니다.

그런데 이 두루마리를 봉한 일곱 인을 뗄 자가 없습니다. 세상은 반드시 망하는데, 망한다고 제대로 알려 줄 자가 없다는 것입니다. 박사도, 천재도, 부모님도, 남편도, 아내도, 애인도 이 세상이 망한다는 것을 알려 주지 않습니다. 세상에 속한 그들은 재앙의 소식에 그저 무섭다고만 합니다.

어떤 사람들은 성경만 보면 기분이 나쁘다고 말합니다. 심지어 교회에 다니면서도 "성경을 뭐 하러 읽어? 그냥 구원 받고 천국 가면 되지" 하는 사람도 있습니다. 그러나 진정 구원 받은 사람이라면 하나님 나라의 말을 사모하고 그리워하게 마련입니다. 내가 구원과 상관없이 살아가기 때문에 하나님 나라의 말이 지겹게 느껴지는 것입니다. 성경을 읽을 필요가 없다고 말하는 사람, 요한계시록이 무섭다고 하는 사람이라면 당장 구원의 확신을 점검해 보십시오.

> 그 두루마리를 펴거나 보거나 하기에 합당한 자가 보이지 아니하기로 내가 크게 울었더니_계 5:4

요한은 그 두루마리를 펴 보기에 합당한 자가 없어 크게 웁니다.

24

그는 앞서 하늘의 열린 문으로부터 나팔 소리 같은 음성을 들었습니다(계 4:1). 그래서 그 음성을, 이 책을 어떻게 하면 사람들이 읽고 듣고 깨닫게 할 수 있을까 고민했는데 그럴 만한 사람이 없어서 크게 울었다는 것입니다. 누구도 들을 수 없고, 들으려 하지도 않습니다.

소아시아 일곱 교회 중에서 그 누가 깨달을 수 있겠습니까? 예수님이 나를 위해 해 준 것이 없다고 말하는 그들이, 로마가 더 낫다고 말하는 그들이 무엇을 깨달을 수 있겠습니까? 요한도 자기 수준에서 안 깨달아지는 것이 있기에 웁니다. 시대의 지성과 이성이 총망라된다 한들 인을 뗄 자가 없습니다.

성경을 같이 읽지만 함께 슬퍼하고 기뻐하지 못하는 사람에게 우리가 어떻게 마음을 줄 수 있겠습니까? 그런데도 우리는 아무렇지 않게 불신(不信) 결혼을 합니다. 로마 같은 사람과 떡하니 동업하고 결혼합니다. 그러니 한 몸이어야 할 부부가 서로 가치관이 달라 연합하지 못합니다. 내 남편, 내 아내, 내 자녀가 인을 떼지 못합니다.

성경을 모르는데 어떻게 인생이 해석될 수 있겠습니까. 성경을 모르면 인생을 모르고, 하나님의 생기가 들어오지 않으면 생령이 될 수 없습니다. 생령이 되지 못하면 그저 짐승에 불과합니다. 그렇다고 화낼 수 있습니까? 당신은 왜 성경을 모르냐고, 인을 떼지 못하느냐고 윽박지를 수 있습니까? 그럴 일이 아닙니다. 우리가 할 수 있는 것은 그저 우는 것뿐입니다. 우는 것 말고는 길이 없습니다.

교회에 오기만 하면 "들리는 것은 다 자장가다" 하면서 조는 사람이 있습니다. 말씀이 깨달아지는 사람은 표정부터 밝은데, 어떤 사람은 예배 시작부터 끝까지 인상만 쓰고 앉아 있습니다. 요한의 통곡도 이해할 수 없고, 말씀을 전혀 알아듣지 못하니 기쁜 소식이 도무지 전달되지 않습니다. 그런 모습을 곁에서 지켜보는 가족은 애가 타지요. 이 기쁜 소식이 좀 들렸으면 좋겠는데, 바로 앞에 구원의 길이 있어도 함께 갈 수 없는 것 때문에 안타까워 눈물을 흘립니다.

어느 주일에 한 목자님 부부가 예배를 마치고 나가면서 눈물을 흘리는 것을 보았습니다. 그날도 제가 "구원의 길이 눈앞에 있다"라는 말씀을 전했는데, 목자님의 고래 힘줄 같은 아들은 그 말씀을 하나도 못 알아들은 것입니다. 엄마가 아들의 구원을 위해 그렇게 눈물을 흘리는데도 아들은 그저 덤덤한 표정을 하고 있었습니다. 제가 더 안타까워 그 아들에게 물었습니다.

"정말 말씀이 안 들리니?"

"안 들리는데요."

목사인 저에게조차 잘난 척을 하면서 이렇게 말하는데 부모에게는 오죽하겠습니까? 아무리 부모가 목자로 헌신해도 안 되는 것이 있습니다.

믿는 자라면 성경이 안 깨달아져서 울어야 하고, 성경을 깨달은 후에는 내 식구가 못 깨닫는 것 때문에 울어야 합니다. 저도 하나님의 모든 계시의 말씀을 다 깨닫는 것은 아닙니다. 성경을 깨닫기 위해 정말 많이 울고 일주일 내내 애를 씁니다. 계시의 말씀을 열어 달라고, 성도들을 위해 인을 떼게 해 달라고 날마다 눈물을 흘립니다. 그래서 말씀이 깨달아지면 그다음엔 성도들이 말씀을 깨닫지 못하는 것 때문에 웁니다. 설교를 다 듣고도 "말씀이 안 들린다"고 하는 분이 꼭 있으니 제가 얼마나 눈물이 나겠습니까! 정말 눈물 마를 날이 없습니다. 그런 저를 보고 어떤 분은 "왜 그렇게 우느냐?"고 조롱하기도 합니다. 그러나 인을 떼기 위해서는 울어야 합니다. 여러분도 저와 같이 구원 때문에 애통하며 눈물 흘리게 되기를 바랍니다.

비밀의 책인 성경의 인을 떼려면 이 땅에서 울어야 합니다. 새 하늘과 새 땅에서 씻길 눈물이 있는 인생을 살아야 합니다. 세상에서는 억울해서 울고 슬퍼서 울지만, 주님을 만나면 그 눈물이 구원의 눈물로 바뀌게 될 줄 믿습니다.

한 남자 성도님이 그러시더군요.

"남자는 평생에 세 번 웁니다. 어디 남자가 사람 많은 곳에서 웁니까? 지질하게!"

아직 유교적 가치관을 벗어나지 못해서 그렇습니다. 그러나 우리는 울어야 합니다. "우리 엄마가 나 때문에 얼마나 울었는지 몰라", "아빠의 눈물 덕분에 내가 예수님 만났어"라는 고백이 자녀들에게 넘쳐 나야 합니다. '우리 목자님이 나를 위해 참 많이 울어 주셨지' 목원들에게 기억되어야 합니다. 우리 한 사람, 한 사람이 '눈물 교회', '울림 교회'가 되어야 합니다.

● 아직도 요한계시록을 읽으면서 "무섭다, 무섭다" 합니까? 재앙을 경고하시는 말씀에서 "지금이라도 돌아오라" 하시는 하나님의 애타는 사랑의 음성이 들립니까?

• 교회에 다녀도 말씀을 깨닫지 못하는 나의 배우자, 자녀, 부모, 친구 때문에 눈물 흘리고 있습니까?

비밀의 책을 여실 분은 그리스도밖에 없습니다

요한은 두루마리를 펴거나 보기에 합당한 자가 없어 울었습니다. 그런데 오직 한 분만이 이 비밀의 책을 여실 수 있습니다. 바로 우리 주 님이신 '예수 그리스도'입니다. 그러므로 우리는 예수 그리스도를 바 라보아야 합니다. 나는 아무것도 할 수 없고 오직 예수님만이 인을 떼 실 수 있기에, 전적으로 무능한 나 자신에 애통하며 예수 그리스도를 바라보아야 합니다. 말씀에서 그리스도를 두 가지로 표현합니다.

첫째, 그리스도는 다윗의 지파인 유대 지파의 사자, 다윗의 뿌 리가 되시는 분입니다.

장로 중의 한 사람이 내게 말하되 울지 말라 유대 지파의 사자 다윗의 뿌리가 이겼으니 그 두루마리와 그 일곱 인을 떼시리라 하더라_계 5:5

이십사 장로 가운데 한 사람이 울고 있는 요한을 위로하며 이야 기합니다.

"그 책을 열 수 있는 위대한 이가 있으니 그는 이기는 자요, 모든 훼방과 방해를 물리치는 큰 능력을 가진 자이시다."

그가 누구입니까? 바로 '유대 지파의 사자'입니다.

유대 지파는 유다의 후손들입니다. 유다는 야곱의 열두 아들 중 넷째로 태어났습니다. 그는 훌륭한 요셉과 달리 지질한 인생에다 집안도 그야말로 콩가루였습니다. 며느리 다말과 동침해서 베레스를 낳지 않았습니까? 그런데 하나님은 이스라엘의 열두 아들 중에서 이 유다를 예수님의 조상으로 세우셨습니다. 더 나아가 로마의 황제도 아니요, 이 세상 어떤 권세자도 아닌 유대(유다) 지파의 사자가 사탄의 목을 잡으리라고 말씀하셨습니다. 무엇이 그를 이런 영광스러운 자리에 올린 것일까요?

창세기 49장에 보면 야곱이 자기 아들들을 불러 모으고 축복하는 장면이 나오는데 유다를 향해서 이렇게 예언합니다.

"유다야 너는 네 형제의 찬송이 될지라 네 손이 네 원수의 목을 잡을 것이요 네 아버지의 아들들이 네 앞에 절하리로다"(창 49:8).

'유다'라는 이름에는 '찬양하다', '고백하다'라는 뜻이 있습니다. 유다는 늘 자기 죄를 고백하며 솔직하게 나아가는 사람이었습니다. 며느리 다말과 동침한 사건에서도 자기 죄를 보고 다말에게 "네가 나보다 옳도다"라고 고백했습니다(창 38:26). 하나님의 도움 없이는 한시도 살 수 없다고 생각하는 사람이 바로 유다였습니다. 그러니 그의 삶이 모든 이에게 찬송이 된 것입니다.

우리들교회에는 입시나 취업에서 승리했다는 청년들의 소식이 자주 들려 옵니다. 때로는 자신의 스펙으로는 붙을 수 없는 회사나 학교에 합격했다는 소식도 듣습니다. 그 비결이 무엇일까요? 저는 솔직

함이 그 답이라고 생각합니다. 보통 여러 과정을 거쳐 마지막 면접에서 당락이 결정되는데, 하나님의 말씀으로 훈련된 청년들이 면접관 앞에서조차 자기 이야기를 솔직히 합니다. 면접관들도 자신을 솔직히 드러내는 사람을 진실하게 봐 주는 것이죠. 이처럼 예수 안에서 솔직히 오픈하는 사람에게 능력이 있습니다.

이어지는 9절에서 야곱은 "유다는 사자 새끼로다 내 아들아 너는 움킨 것을 찢고 올라갔도다 그가 엎드리고 웅크림이 수사자 같고 암사자 같으니 누가 그를 범할 수 있으랴"라고 합니다. 유다가 진솔하게 자신을 오픈하며 조용히 있는 것 같아도 사자의 주권과 용기, 담대함이 그에게 있습니다. 어떤 움킨 것도 찢고 올라가는 용기와 어떤 어려운 문제도 해결할 수 있는 힘을 가졌습니다. 그러므로 그가 웅크리고 있어도 범할 사람이 없습니다.

저도 그렇습니다. 옛날에는 무섭고 두려운 것이 참 많았는데, 저의 지질한 부분까지 모두 오픈하고 나니 지금은 얼마나 용기가 생겼는지 모릅니다. 솔직히 드러낼수록 저에게 힘이 생기는 것을 느낍니다. 이 세상에 별 인생이 없다는 것을 깨닫습니다.

10절에는 그런 유다에게서 "규가 떠나지 아니하며 통치자의 지팡이가 그 발 사이에서 떠나지 아니하기를 실로가 오시기까지 이르리니 그에게 모든 백성이 복종하리로다"라고 합니다. 여기서 '실로'는 예수 그리스도를 가리킵니다. 즉, 예수 그리스도가 오시기까지 모든 백성이 유다에게 복종한다는 것입니다.

그런데 생각해 보세요. 이런 축복의 말은 요셉이 들어야 하는 것

30

아닙니까? 모든 형제가 절하는 꿈을 꾼 사람도, 하나님을 의지하여 인생의 고난을 뚫고 총리가 된 사람도, 자신을 핍박한 형제들을 용서하고 도운 사람도 요셉 아닙니까? 그러니 형제의 찬송이 될 자도 요셉이어야 마땅해 보입니다. 그런데 마지막 골인은 유다가 했습니다. 형제의 찬송이 되는 자도 유다요, 모든 아들이 유다에게 절하게 되리라고 합니다.

1등, 2등을 따지자는 것이 아닙니다. 생각지 못한 사람이 결승선을 끊고 들어왔다는 사실을 말하려는 것입니다. 왜 유다입니까?

11절에 "그의 나귀를 포도나무에 매며 그의 암나귀 새끼를 아름다운 포도나무에 맬 것이며 또 그 옷을 포도주에 빨며 그의 복장을 포도즙에 빨리로다"라고 합니다. 포도나무는 재목으로도, 관상용으로도 쓸 수 없습니다. 그야말로 열매 빼고는 아무짝에 쓸모없는 나무입니다. 그런 포도나무에 유일한 사명이 있다면 바로 그 열매가 찢기고 밟히고 먹히는 것입니다. 그러면 아름다운 빛깔의 포도즙과 포도주를 내어 수많은 사람에게 황홀한 맛을 선사합니다.

한마디로 유다의 축복은 밟혀서 즙이 되어 먹히는 축복, 즉 자기희생의 축복입니다. 고난을 통해 자기희생을 하는 데까지 나아가는 것이 주님을 따르는 길인데, 유다는 이미 자원해서 자기희생을 하고 있다는 것입니다. 승리는 오직 희생을 통해서만 가능합니다. 밟혀 즙이 되어 먹히는 축복, 어린 양이신 예수 그리스도께서 당하신 이 축복은 요한계시록뿐만 아니라 신약성경 전체를 아우르는 중요한 주제입니다.

둘째, 그리스도는 '죽임당한 어린 양'의 모습으로 나타나셨습니다.

> 6 내가 또 보니 보좌와 네 생물과 장로들 사이에 한 어린 양이 서 있는데 일찍이 죽임을 당한 것 같더라 그에게 일곱 뿔과 일곱 눈이 있으니 이 눈들은 온 땅에 보내심을 받은 하나님의 일곱 영이더라 7 그 어린 양이 나아와서 보좌에 앉으신 이의 오른손에서 두루마리를 취하시니라_계 5:6~7

성경은 완료시제를 사용하여 어린 양 예수께서 '일찍이 죽임당하셨다'고 합니다. 한 알의 밀이 땅에 떨어져 죽으면 많은 열매를 맺듯이(요 12:24), 주께서 완전히 죽어지고 썩어져 밀알이 되심으로 세상을 심판할 권세를 가지셨습니다. 즉, 십자가 죽음을 통해 심판의 권세를 공식적으로 받으신 것입니다. 주님은 그 권세로 사자같이 담대히 사탄을 심판하십니다. 그러나 구속한 성도에게는 어린 양의 모습으로 찾아오셔서 사랑을 베풀어 주십니다.

이 어린 양처럼 세상에 대하여 죽은 자는 매사에 자신이 있습니다. 나이가 어려도, 돈이 없어도 자신이 있습니다. 왜 그렇습니까? 하나님이 나의 아버지이시기 때문입니다. 요한은 열두 사도 중 하나였어도 두루마리를 펴 보기에 합당한 자가 없어서 울기만 했습니다. 어찌할 수 없는 상황 앞에서 우는 것밖에는 할 수 있는 게 없었습니다. 그러나 하나님의 어린 양이신 예수님은 보좌 앞으로 나아가서 하나님 아버지의 오른손에서 자신 있게 두루마리를 취하십니다(계 5:7). 하나님의 뜻을 따라 겸손히 죽임당하셨기에 그 책을 열 수 있게 되셨습니다. 우리에게 책을 열어 주기 위해서 희생제물로 돌아가신 것입니다.

예수님의 이러한 승리는 밟혀 즙이 되어 먹히는 자기희생이 있었기에 가능했습니다. 앞에서도 이야기했듯 승리는 오직 희생을 통해서만 가능합니다. 그래서 하나님과 동등하시면서도 자신을 희생제물로 드리신 예수님이야말로 성경, 즉 비밀의 책을 열 수 있으신 것입니다. 구원을 위해 자기를 희생하는 자는 일곱 뿔과 일곱 눈의 통찰력을 가지게 됩니다. 내가 구원을 위해 죽고자 하면 나에게도 주님이 통찰력을 허락하십니다. 유대 지파의 사자, 다윗의 뿌리로서 이기려면 어린 양처럼 일찍이 죽임당하는 것이 필수입니다.

그러므로 어릴 때부터 당하는 고난은 금을 주고도 못 삽니다. 고난을 통해 어려서부터 정욕이 십자가에 못 박히면 일곱 뿔과 일곱 눈을 가진 인생을 살게 됩니다. 날이 갈수록 권세와 통찰력이 생겨납니다. 유명한 선교사들 중에서도 십 대에 헌신한 사람이 많지 않습니까? 아직 세상 때가 덜 묻었을 때 십자가에 정욕을 못 박는 훈련을 해야 합니다.

우리들교회가 지금은 판교 채플도 생기고 휘문 채플도 시설이 많이 좋아졌지만, 과거 냉난방도 잘 안 되는 열악한 환경에서 예배를 드리던 때가 있었습니다. 그런데도 수많은 부모님이 어린 자녀들을 데리고 교회에 오셨습니다. 부모로서 자녀를 말씀으로 키워 내는 것이 최고의 사명임을 잘 알기 때문입니다. 옛날에는 교회를 가려고 십리, 이십 리를 걸어갔다는데 밥 굶을 일도, 고생도 모르는 이 시대에 우리들교회 주일학교를 다닌 것이 그 자녀들에게 최고의 추억이 되리라고 믿습니다. 고난을 통해 하나님의 말씀을 익히고 배운 최고의 기억, 최고의 유산이 될 것입니다.

요한은 십자가를 지고 갈보리 언덕을 오르며 세상 죄를 지고 가시는 어린 양 예수님을 직접 보았습니다. 유대인들은 그저 사자 같은 그리스도만 구하느라 어린 양이신 예수를 죽였습니다. 그리고 지금 요한은 이십사 장로들 사이에 서 계신, 일찍이 죽임을 당했다가 부활하여 승천하신 어린 양을 환상 가운데 보고 있습니다. 이 요한의 심정이 어땠겠습니까?

저는 모든 환상과 계시의 말씀 중의 으뜸은 죽임당한 어린 양의 환상이라고 생각합니다. 어린 양은 죽임당한 것 같지만 지금 네 생물과 장로들 사이에 서 계십니다. 그는 죽었으나 산 자입니다. '죽은 예수'가 아니라 '살아 계신 예수'입니다. 용감한 유대 지파의 사자, 다윗의 뿌리가 우리를 위해 어린 양의 모습으로 오셔서 자기 몸을 십자가에 드리심으로 화목제물이 되셨습니다. 이것을 믿는 자에게는 성경이 열릴 것입니다. 그러나 이를 믿지 않는 자, 즉 세상에 속한 자에게 성경은 영원히 비밀의 책일 뿐입니다. 똑같은 한글로 읽는데 한평생 성경이 안 깨달아지는 사람이 너무나 많습니다.

하나님은 각자에게 주어진 시대 상황과 집안 문화, 사연과 고난 가운데서 우리가 인봉을 떼기를 원하십니다. 우리가 말씀을 깨닫기를 원하십니다. 그러나 말씀은 금세 깨달아지지 않습니다. 내가 세상에 속해 있는데 성경이 어찌 깨달아지겠습니까? 문명이 발달하고 학식이 뛰어나기로 정평 나 있던 로마 사람들도 성경을 깨닫지 못했습니다. 저도 오랜 시간 성경을 읽어 왔지만 나이가 들어서야 비로소 깨달아지는 부분이 있습니다.

초대교회 교인들도 그랬습니다. 오늘날 성도들은 "오직 믿음으로 구원을 얻는다"라는 진리를 당연하게 받아들이지만, 초대교회 당시 교인들은 이를 바로 적용하기가 어려웠습니다. 동물의 각을 떠서 태우는 각종 제사를 드리다가 갑자기 그 모든 것을 폐하고 오직 예수 그리스도를 믿음으로 구원을 얻는다고 하니 하루아침에 믿어질 리 없지요. 그래서 유대교에 속한 자들이 예수 믿는 사람들을 얼마나 핍박하고 죽였습니까. 그뿐입니까? 이방인에게 복음을 전하면서 사도들 안에서도 고성이 오가곤 했습니다.

각자의 문화와 집안 사정을 이해해야 하는데 우리는 그저 '나는 옳고 너는 틀리다', '우리 집안은 옳고 너희 집안은 틀리다'가 주제가 아닙니까? 그러나 각자 믿음의 분량대로 말씀이 깨달아지기도 하고, 여전히 굳게 봉해져 있기도 합니다. 말씀이 깨달아지려면 시간이 필요합니다.

어느 집사님이 사도행전 큐티를 하며 교회 홈페이지에 올리신 나눔입니다.

저희 친정과 시댁은 모두 예수를 믿지 않습니다. 그 가운데서 저는 40여 년 동안 어렵게 교회를 다녔습니다. 유교 전통이 짙은 친정과 불교인 시댁 가운데서 무척 힘들었습니다. 주님을 믿기까지도 힘들었는데 집안의 허락을 받는 과정도 무척 난관이었습니다. 양가에 내려오는 전통을 거스르기가 고통스러웠습니다.

얼마 전, 손주들을 데리고 남편과 함께 대형마트에 갔습니다. '셋이나 되는 아이들을 어떻게 데리고 가나' 난감하던 차에 손주들의 엄마인 딸과 통화하게 되었습니다. 그런데 남편이 버럭 화를 내며 소리를 질렀습니다.

"무슨 여자가 그리 통화를 오래 해!"

제가 누구와 무슨 내용으로 통화하는지 모르고 성질부터 부린 것입니다. 남편은 아직 복음을 받아들이지 못합니다. 가풍의 영향으로 여자를 지극히 무시합니다. 처음에는 '시간이 지나면 나아지겠지' 가볍게 여기며 인간적인 소망으로 견뎠습니다. 그러나 결혼생활 내내 저를 가장 힘들게 한 것이 바로 '전화'입니다. 남편은 제가 전화를 거는 것은 물론 저에게 전화가 오는 것도 못마땅하게 여깁니다. 전화가 오는 것은 내 의지로 어찌할 수 없는 일인데 벨 소리만 울려도 화를 냅니다. 남존여비 사상에 젖어 "여자가 전화는 뭐 하러 하느냐?"고 제게 윽박지를 때면 저도 머리끝까지 화가 납니다.

남편에게는 여자 말을 듣는 것 자체가 부당한 일입니다. 심지어 남편은 그런 남자들을 무시하곤 합니다. 더욱 고통스러운 순간은 그런 남편의 모습을 대수롭지 않게 여기며 비굴함이 몸에 밴 자로 살아가는 제 모습을 발견할 때입니다. 그러면서도 저는 교회에서 성경을 열심히 가르쳤습니다. 하나님께도 죄송하고 남편에게도 미안합니다.

야고보 사도는 "이방인 중에서 하나님께로 돌아오는 자들을 괴롭게 하지 말라"고 합니다(행 15:19). 그리고 네 가지 규제 사항을 정하여 이방인 전도에 관한 논란을 종식시킵니다. 이 말씀을 묵상하는데 문득 남편이 저를 따라 교회에 나와 믿는 흉내라도 내 보려 했던 때가 생각났습니다. 불신 가정 아래서 자기만의 사상이 굳어져 복음을 받아들이지 못하는 남편이 시대 상황의 피해자라는 것, 집안 문화의 피해자라는 것이 깨달아졌습니다. 남편이 의도적으로 여자를 무시하는 것이 아니라 자기도 모르게 튀어나오는 행동이라는 것도 깨닫게 되었습니다. 그러므로 여자이자 아내인 제가 무시를 잘 당하여 그 악의 고리를 끊어야겠다고 생각했습니다.

첫째로, 습관처럼 저에게 욕을 퍼붓는 남편을 고치려 하지 말고 '끝날 때가 있겠지' 하면서 넘어가겠습니다. 둘째, 남편이 성경이 틀렸다고 할 때마다 말로 가르치려 하지 말고 불쌍히 여기며 눈물로 기도하겠습니다. 마지막으로 전화 때문에 남편의 심기가 불편하지 않도록 좀 더 조심하겠습니다.

로마가 깨어지기까지 313년이 걸린 것처럼 뿌리 깊은 사상이 살아생전 안 깨어지는 사람도 있습니다. 그러나 아내의 이러한 깨달음이, 큐티하며 말씀을 구체적으로 적용해 가는 이 과정이 인봉이 열리는 지름길인 줄 믿습니다.

'내가 하나님과 상관없이 비굴하게 살지는 않는가?', '구원을 위해 벙어리가 되어야 할 때인가, 책망자가 되어야 할 때인가?' 날마다 돌아보며, 여전히 말씀을 깨닫지 못하는 나 때문에 울어야 합니다. '내가 평생 예수를 믿었는데도 왜 내 남편, 내 자녀들은 말씀을 깨닫지 못하는가?' 인을 떼지 못하는 식구들을 위해 울어야 합니다. 내가 가르친다고 그들이 주님께로 돌아옵니까? 울어야 합니다. 구원을 위해 애통하는 것이 인봉이 열리는 인생의 결론입니다.

대단하고 거창한 일을 할 때만 하나님이 인봉을 열어 주시는 것이 아닙니다. 내가 구원을 위해 사소한 것부터 적용할 때 인봉을 열어 주십니다. 전화하는 것을 싫어하는 남편을 어떻게 섬길 수 있을까 궁리궁리하며 하나님의 음성을 들어야 합니다. 말씀이 들리지 않는 아들을 위해 울면 그 아들이 부모의 눈물을 기억할 날이 반드시 옵니다.

성경책은 비밀의 책입니다. 우리도 요한처럼 이 책을 열 자가 없어서 울어야 합니다. 오직 유대 지파의 사자요, 다윗의 뿌리, 일찍이 죽임을 당한 어린 양만이 이 책을 여실 수 있습니다. 그러므로 어린 양 예수 그리스도처럼 자기를 희생하는 것이 말씀을 깨닫는 비결입니다.

인생의 종말이 두렵습니까? 구원을 위해 희생하는 사람은 인생의 종말을 알기에 두려워하지 않습니다. 예수 그리스도를 믿는 자는 구원이요, 믿지 않는 자가 갈 곳은 지옥밖에 없습니다. 나의 연약함과 죄를 보며 자기 십자가를 지고 나아갈 때, 나뿐만 아니라 다른 사람까지 구원으로 이끄는 역사가 일어날 줄 믿습니다.

- 믿지 않는 가족, 친구, 이웃을 향한 애통한 마음이 있습니까?
- 밟혀 즙이 되어 먹히는 자기희생이 내 삶에 있습니까? 내가 구원을 위해

자원하여 희생할 때 인봉이 열릴 것을 믿습니까? 여전히 '나는 옳고 너는 틀렸다'고 하면서 남 탓만 하지는 않습니까?

몇 달 전 저는 남편에게 매를 맞고 집을 나와 한 달을 시골에서 살았습니다. 억울하고 분한 마음에 뛰쳐나왔지만, 오히려 그 시간이 주님께 더욱 집중하는 기회가 되었습니다. 기도로 새벽을 열고 저녁이면 교회 온라인 기도회에 참여하고, 수요일엔 수요예배, 목요일은 목장예배, 주일은 주일예배로 주님을 만나며 일주일을 그야말로 거룩하게 보냈습니다. 집에서는 남편의 눈치가 보여 큰소리로 기도하기가 어려웠는데 매일매일 부르짖는 기도도 할 수 있었습니다.

저는 예수를 믿지 않는 집안에서 태어났습니다. 유교 사상이 뿌리 깊은 친정과 불교를 믿는 시댁의 영향으로 예수 믿기가 무척 힘들었습니다. 특히 보수적인 남편을 견디기가 어려웠습니다. 처음에는 가볍게 여기고 '언젠가 나아지겠지' 하는 인간적인 소망으로 견뎠지만, 남편의 사업이 부도나며 경제적 어려움을 겪고 남편의 폭언과 폭력이 계속되자 몸도 마음도 피폐해졌습니다. 교회를 열심히 다니며 성경 공부를 해 보아도 '나는 피해자'라는 생각에서 벗어날 수 없었습니다. 그러다 내 죄를 보는 공동체에 들어와 말씀을 먹으며 안식을 누렸지만 '내가 잘 참아서 이만큼 살고 있다'는 생색은 여전했습니다. 또 교회를 나오면서도 기독교를 욕하고 예수님을 조롱하는 남편을 참을 수가 없었습니다.

한 달의 시골 생활 후 다시 집으로 돌아가자 남편은 전보다 더 심하게 잔소리를 하며 자신의 정당성을 주장했습니다. 그러나 그간 쌓은 예배와 기도가 제게 실력이 되었는지 이제는 '남편을 예수님으로 보자'라는 생각이 들었습니다. 인간관계로 힘들어하는 지체들에게 종종 "힘든 그 사람을 예수님으로 보라"고 처방해 주었는데, 제게 그 인봉이 열리기까지 이렇게 오랜 시간이 걸린 것입니다. 날마다 술을 먹는 남편이 못마땅했는데 남편을 예수님으로 여기려 노력하니 신기하게도 아침에 술 한 박스가 배달이 와도 화가 안 났습니다.

그러나 아직은 갈 길이 멉니다. 둘 다 지긋한 노년이 되었는데도 여전히 남편은 "그릇을 순서대로 안 두었네, 어쩌네" 하며 제게 화를 냅니다. 저도 남편의 요구에 따르고 싶지만 아무리 노력해도 남편의 수준을 맞추기가 너무 어렵습니다. 요한이 두루마리를 펴기에 합당한 자가 없어 크게 울었다고 하는데, 정말 안 되는 저 때문에 저도 눈물이 납니다(계 5:4). 그러나 이렇듯 부족한 제 모습을 인정하며 어린 양이신 예수 그리스도만 의지하며 갈 때, 주님이 제게도 성경의 비밀을 알리실 것을 믿습니다. 우리를 위해 일찍이 죽임당하신 어린 양을 따라 저도 삶에서 죽어지며 남편을 있는 그대로 사랑하기 원합니다(계 5:6).

영혼의 기도

하나님 아버지, 안 믿는 자 편에서 보면 성경은 애가와 애곡과 재앙의 말이라고 합니다. 말씀대로 살지 않으면 저주와 멸시와 재앙을 피할 수 없다고 하시니 말씀이 그저 두렵게 느껴집니다. 그러나 이런 생각이 드는 것은 여전히 내가 세상에 속했기 때문입니다.

사도 요한은 모든 인류와 백성을 위해 울었습니다. 말씀을 깨달을 자가 없어서 울었습니다. 내 옆에 식구들이 여전히 성경을 애가와 애곡과 재앙의 말로만 여기는 것을 생각하면 저도 울 수밖에 없습니다. 또한 저도 아직 안 깨달아지는 부분이 있기에 울 수밖에 없습니다. 제가 모든 것을 잘 알아서 성도들에게 인봉을 다 열어 주고 싶지만, 아무리 해도 안 되는 것이 많아 울 수밖에 없습니다. 요한이 크게 울었다는 말이 너무 이해가 됩니다.

주님, 제가 얼마나 울어야 더 많은 사람이 주님께 돌아올까요? 제게 다른 소원은 없습니다. 더 많은 사람에게 말씀이 들리는 것뿐입니다. 더 많은 성도에게 말씀이 들려서 그들이 은혜를 받는 것이 유일한 소원입니다. 아마도 저와 같은 소원을 가진 사람이 많을 것입니다. 나의 배우자가, 내 자녀가, 내 가족이 말씀의 인봉만 열면 소원이 없겠다고 고백하는 이들이 많을 것입니다.

구원 앞에 우리가 할 수 있는 것이 무엇이겠습니까? 그저 인봉을 열기 위해 요한처럼 울 수밖에 없습니다. 천국 가는 그날까지 우리가 이렇게 울면서 성경책의 인봉을 떼기 원합니다. 내 믿음의 분량대로 사람들을 주께로 인도하다가 천국에서 만나기를 소원합니다.

사랑하는 성도들이 성경의 인봉을 떼기를 원합니다. 그들에게 아버지의 말씀이 들어가게 도와주옵소서. 들리게 도와주옵소서. 깨닫게 도와주옵소서. 그들의 굳어진 생각과 사상을 뚫고 말씀이 들어가게 하옵소서. 주님, 불쌍히 여겨 주옵소서. 오직 성령님만이 이 일을 하실 수 있습니다. 예수님 이름으로 기도합니다. 아멘.

새 노래

요한계시록 5장 8~14절

02

하나님 아버지,
날마다 구원의 새 노래를 부르는 자가 되기 원합니다.
말씀해 주시옵소서. 들겠습니다.

◇✦◇

어느 집사님의 글을 읽었습니다. 이분이 주일날 오천 원을 헌금한다는 게 실수로 색깔이 비슷한 오만 원권을 헌금함에 넣고 말았습니다. 다시 꺼낼 수도 없는 노릇이고…… 집사님은 그 돈이 너무 아까워 끙끙 앓다가 예배 시간 내내 말씀 한 자 제대로 듣지 못했습니다. 그러다 문득 얼마 전 한 친구에게서 받았던 선물이 떠오르면서 이런 생각이 스치더랍니다. '그동안 하나님이 오만 원과는 비교도 안 되는 영적·육적 선물을 얼마나 많이 주셨는가!'

더구나 이 집사님은 요즘 평생 해 본 적 없는 농사를 짓고 있는데, 농사일로 수고할수록 추수감사절의 의미가 더 크게 다가온답니다. 집사님은 자신이 매일 땀 흘려 일할 수 있는 것도 하나님이 모든 것을 베풀어 주셨기 때문이라고 고백했습니다. 만약 하나님이 알맞은 햇빛과 바람, 비를 허락하지 않으시면 아무리 농부가 수고한들 헛농사가 되지 않겠습니까. 그러니 인간의 수고는 지극히 미미하다는 겁니다.

우리의 감사에는 수준이 있습니다. 가장 일차원적 감사는 내가 남보다 잘되고 부유할 때만 솟구치는 감사입니다. 이차원적 감사는 나보다 못한 사람과 비교할 때 나오는 감사입니다. 대부분 이 이차원적 감사에 머뭅니다. 마지막 삼차원적 감사는 내가 불행하고 안될 때도 범사에 감사하는 것입니다. 이런 감사야말로 진정한 감사라고 할 수 있습니다.

'감사하다'라는 뜻의 영단어인 'thank'와 '생각하다'라는 뜻의 'think'는 거슬러 올라가 보면 어원이 같다고 합니다. 즉, 감사는 생각에서부터 비롯됩니다. 『Thanks!』라는 책을 쓴 로버트 A.에먼스(Robert A. Emmons) 교수는 "감사하는 마음은 스스로 어떤 좋은 일에 수혜자가 되었음을 인식했을 때 나온다"라고 했습니다.

자녀들도 철이 들어야 비로소 부모님께 감사할 수 있습니다. 아무리 부모가 나를 힘들게 했어도 '아, 내가 부모님 덕분에 이렇게 자랐구나. 알코올중독인 부모라도 계시기에 내가 주님을 만날 수 있었구나' 깨달으면 감사하게 되는 것입니다. 그래서 철이 들수록 감사의 조건이 많아집니다. 반면에 아무리 성인이라도 마음이 아이 같으면 감사하지 못합니다. 감사의 조건을 도무지 생각하지 못하는 것입니다. 그래서 아무리 배려해도 만사에 불평하며 고마워할 줄 모르는 사람에게 우리가 뭐라고 합니까? "저 사람은 정말 개념이 없군", "도대체 생각이 없는 사람이야" 하지 않습니까?

살다 보면 처음에는 고통스러웠던 일도 훗날 전화위복 되고는 합니다. 역경이 기회로 바뀌면 슬픔은 감사로 바뀝니다. 나를 괴롭히던 사건의 이면을 깨닫고 도리어 삶이 새로워지는 것입니다. 삼차원적 감사는 이럴 때 우러납니다.

본문에서 네 생물과 이십사 장로가 새 노래를 부릅니다(계 5:9). 이 '새 노래'야말로 삼차원적 감사를 하는 사람에게서 울려 퍼지는 노래입니다. 우리가 어떤 노래를 흥얼거리면 옆 사람도 자연스레 따라 부르게 되지 않습니까? 그러므로 성도는 늘 새 노래를 부르는 삶을 살아야 합니다. 모두에게 전파할 새 노래를 불러야 합니다. 우리가 어떻게 새 노래를 부를 수 있을까요?

새 노래를 부르려면 기도를 쌓아야 합니다

그 두루마리를 취하시매 네 생물과 이십사 장로들이 그 어린 양 앞에 엎드려 각각 거문고와 향이 가득한 금 대접을 가졌으니 이 향은 성도의 기도들이라_계 5:8

이십사 장로들이 각각 거문고와 향이 가득한 금 대접을 가지고 어린 양 앞에 엎드립니다. 그런데 그 금 대접을 가득 채운 향이 곧 '성도의 기도들'이라고 합니다.

계시록의 주제는 어린 양의 심판과 구원입니다. 이어지는 6장부터는 계시록의 3대 재앙인 일곱 인 재앙, 일곱 나팔 재앙, 일곱 대접 재앙에 관한 말씀입니다. 그런데 그 전에 하나님은 예수님에 대해서 가르치시고(1장), 소아시아 일곱 교회의 실상을 알려 주시고(2~3장), 성부 하나님과 성자 예수님의 속죄 사역에 대해 이야기하십니다(4~5장). 특별히 4장과 5장에서는 하늘 보좌를 보이시면서 사람의 본분을 알려 주시고는, 그 본분대로 살려면 지침서가 있어야 한다면서 성경책에 대해 말씀해 주셨습니다. 그리고 이제는 그 지침서를 가지고 새 노래를 불러야 한다고 말씀하십니다. 우리가 기도와 새 노래로 나아갈 때 앞으로 시작될 재앙과 심판이 구원으로 바뀐다는 것입니다.

저는 이 말씀을 읽으면서 우리의 아버지이신 하나님의 마음이 느껴졌습니다. 왜, 부모가 자녀를 혼낼 때 꼭 이러잖아요. "너, 셋 셀 동안 엄마 말 듣지 않으면 혼난다! 하나, 둘, 둘 반, 둘 반에 반……." 따끔하게 야단치겠다며 엄포를 놓았어도 차마 셋을 세지 못하고 그 전에 자녀가 돌이키기를 기다립니다. 마찬가지로 하나님도 사랑의 마음으로 우리를 기다려 주십니다. "너 맴매 한다", "진짜 맴매 한다" 하시며 끊임없이 재앙과 심판을 경고하시죠. "내가 너희를 심판하겠지만 기도를 쌓아 놓으면 걱정 없다. 어린 양에게 죄 사함을 받은 자는 누구든지 심판이 구원으로 바뀔 수 있다" 하고 가르쳐 주십니다. "셋!" 하고 재앙이 정말 임하기 전에, 이렇게 "둘 반, 둘 반에 반, 둘 반에 반에 반……" 하며 경고하고, 또 경고하십니다.

게다가 주님은 우리의 기도를 금 대접에 쌓아 놓는다고 하십니다. 한 단어도 땅에 떨어져 잃어버리는 일 없이, 눈물 한 방울 사라지는 일 없이 모든 기도가 하늘나라에 쌓인다는 것입니다. 그러므로 애가와 애곡과 재앙의 말인 요한계시록은 더없는 사랑의 책입니다.

어느 집사님이 기도하면서 이렇게 고백했습니다. 자신은 교회에서 목자로 헌신하고 NGO에서 선교도 하고 있지만, 영혼 구원을 향한 애통함도 없고 말씀이 잘 깨달아지지 않는답니다. 그래서 이제는 말씀이 들려서 은혜 안에 거하게 되는 것이 소원이라고 하셨습니다. 이

런 집사님의 기도를 하나님께서 들어주실 줄 믿습니다. 그 기도가 금
대접에 담겨서 한 방울도 땅에 떨어지지 않을 줄 믿습니다.

그런데 출애굽기 30장에 보면 "네가 여호와를 위하여 만들 향은
거룩한 것이니 너희를 위하여는 그 방법대로 만들지 말라 냄새를 맡
으려고 이 같은 것을 만드는 모든 자는 그 백성 중에서 끊어지리라"고
합니다(출 30:37~38). 앞에서 이야기했듯 향은 성도의 기도를 상징하는
데, 하나님은 '너희를 위해서는 향을 만들지 말라'고 하십니다. 내 멋
대로 기도하면 응답을 받을 수 없다는 것입니다. 하나님은 우리가 주
님의 뜻대로 기도하기를 원하십니다. 하나님의 뜻대로 드리는 기도
는 곧 거룩한 기도이고, 거룩한 기도가 곧 새 노래입니다.

역대하 26장에 보면 하나님의 도우심으로 유다가 강성해지자
웃시야 왕이 마음이 교만해져서는 직접 분향을 하겠다며 여호와의
전에 들어갑니다. 제사장 아사랴가 "여호와께 분향하는 일은 왕이 할
바가 아니요. 오직 분향하기 위하여 구별함을 받은 아론의 자손 제사
장들이 할 바니 성소에서 나가소서 왕이 범죄하였으니 하나님 여호
와에게서 영광을 얻지 못하리이다" 경고해도 웃시야는 도리어 화를
냅니다(대하 26:16~18).

그러나 아사랴의 말대로 분향은 오직 구별된 제사장들에게만 주
어진 일입니다. 이것은 하나님과의 약속입니다. 그런데 모두가 이 약
속을 안 지킵니다. 한번은 결혼식 주례를 섰는데 신랑의 아버지가 믿
음이 없는 분이시기에 제가 그 자리에서 "교회에 꼭 나오셔야 해요.
이 자리에서 약속하세요"라고 권면했습니다. 그랬더니 그분이 "나가

겠습니다!"라고 굳게 약속하시더군요. 하객들도 열화와 같은 박수로 환영했습니다. 그런데 인격 높으신 그분이 약속을 어기고 교회에 나오지 않으셨습니다. 후에 아들이 "철석같이 약속하시고는 왜 교회에 안 오세요?" 물으니 "자식이 결혼하는 좋은 자리에서 안 나간다고 말할 수 있겠냐!" 하셨답니다. 그러면 안 됩니다. 하나님 앞에 약속하고 기도한 것은 반드시 지켜야 합니다.

그러면 왜 웃시야는 아사라의 경고를 귓등으로도 안 듣습니까? 마음이 교만해져서 "감히 내가 누군 줄 알고!" 하는 것이지요. 그러자 하나님이 웃시야를 쳐서 나병을 내리십니다(대하 26:19). 아무리 내가 열심히 분향하고 기도하면 뭐 합니까? 하나님은 그분의 뜻을 거슬러 교만한 마음으로 드리는 기도를 결코 기뻐하지 않으십니다.

그러면 거룩한 기도는 어떤 기도일까요? 어떤 기도가 새 노래의 기도일까요? 계시록이 기록된 당시 상황과 연관 지어 본다면 새 노래의 기도는 "고난 가운데서 울려 퍼지는 기도"라고 할 수 있습니다. 로마의 갖은 학대 가운데서 부르짖는 그리스도인들의 기도가 얼마나 간절했겠습니까?

이스라엘은 과거 애굽에서도 400년간 노예 생활을 했지만 하나님이 그들의 고통 소리를 들으사 애굽에서 꺼내 주셨습니다(출 2:24). 그런데 로마 시대에는 로마로부터 도망치지 않고 모든 학대를 견디면서 마침내 로마를 변화시켰습니다. 살아 내면서 로마를 바꿨다 이 말입니다. 그러니 주님이 그들의 간절한 기도를 특별히 금 대접에 쌓으신 것입니다. 내가 고난 가운데서도 구원의 새 노래를 부르고 거룩한 기도를 쌓으면, 장차 올 영원한 영광을 바라보고 기뻐하게 됩니다. 이러한 기도의 비밀을 하나님께서 오늘 우리에게 가르쳐 주십니다. 그러므로 낙심하거나 절망하지 말기를 바랍니다.

우리는 천국을 스스로 사모할 수 없습니다. 이 땅에서 객이 되어 400년 동안 종노릇해야만 주님의 자녀가 됩니다. 이것이 진리입니다. 그런데 우리는 자꾸 주인으로 살고자 합니다. 내가 나그네라는 것을 망각합니다. 그래서 하나님이 "너는 이 땅의 주인이 아니란다. 그저 나그네일 뿐이야" 가르쳐 주시려고 우리 식구들을 사용하십니다. 내 식구들이 속을 썩여야 '이 땅의 것은 다 헛것이구나'라는 깨달음의 기도가 나오지 않겠습니까? 내 속을 긁는 식구 때문에 우리가 교회에 나오고, 기도의 자리에도 나오는 것 아닙니까? 배우자가, 자녀가 내 말을 잘 듣고 내게 잘해 준다면 내가 교회에 왔겠습니까? 우리에게 인생은 나그넷길임을 가장 잘 가르쳐 줄 자가 바로 내 식구입니다. 그러니 한평생 내 속을 썩인 그 식구가 내 구원의 최대 공로자입니다.

고통 속에서 눈물로 간절히 올려 드리는 기도는 결코 땅에 떨어지지 않습니다. 아무리 진노의 심판이 와도 우리가 기도하면 모든 식구들이 예수님을 만나 구원될 줄 믿습니다. 하나님은 심판과 재앙이 임하기 전에 우리에게 이것을 미리 가르쳐 주십니다.

• 내 속을 썩이는 식구가 있습니까? 그를 위해 눈물 흘리며 기도의 자리로 나아갑니까? 그 식구가 내 구원의 최대 공로자라는 사실을 인정합니까?

새 노래는 구원의 노래입니다

9 그들이 새 노래를 불러 이르되 두루마리를 가지시고 그 인봉을 떼기에 합당하시도다 일찍이 죽임을 당하사 각 족속과 방언과 백성과 나라 가운데에서 사람들을 피로 사서 하나님께 드리시고 10 그들로 우리 하나님 앞에서 나라와 제사장들을 삼으셨으니 그들이 땅에서 왕 노릇 하리로다 하더라 11 내가 또 보고 들으매 보좌와 생물들과 장로들을 둘러선 많은 천사의 음성이 있으니 그 수가 만만이요 천천이라 12 큰 음성으로 이르되 죽임을 당하신 어린 양은 능력과 부와 지혜와 힘과 존귀와 영광과 찬송을 받으시기에 합당하도다 하더라 13 내가 또 들으니 하늘 위에와 땅 위에와 땅 아래와 바다 위에와 또 그 가운데 모든 피조물이 이르되 보좌에 앉으신 이와 어린 양에게 찬송과 존귀와 영광과 권능을 세세토록 돌릴지어다 하니 14 네 생물이 이르되 아멘 하고 장로들은 엎드려 경배하더라_계 5:9~14

본문에서 생물과 장로들, 그리고 그들을 둘러선 천사들이 찬송하는 모든 주제는 '예수 그리스도'에 관한 것입니다. 다시 말해 어린양 예수 외에는 이 땅에 찬양의 대상이 없다는 것입니다.

앞으로도 로마 황제 같은 세상 권세가 예수를 따르는 우리를 핍박할 것입니다. 세상에 속한 많은 사람이 "예수 믿는 유익이 무엇이냐"며 우리를 조소하고 조롱할 것입니다. 하지만 그럴 때도 우리가 해야 할 것은 찬송이고, 그 찬송의 대상은 어린 양 예수밖에 없습니다. "어린 양 예수만이 능력과 지혜와 영광과 찬송의 원천이시다. 어떠한 때에도 너희가 부지런히 기도를 쌓고, 일찍이 죽임을 당하신 어린 양 예수 그리스도만을 찬양하면 반드시 구원이 이루어진다. 앉으나 서나 우리는 예수를 찬양해야 한다" 지금 요한이 이 이야기를 하는 겁니다.

특별히 12절에 하늘 보좌에 둘러선 많은 천사가 "어린 양은 능력과 부와 지혜와 힘과 존귀와 영광과 찬송을 받으시기에 합당하도다" 하며 일곱 가지 단어로 하나님을 찬양합니다. 성경에서 '7'은 완전수로, 일곱 가지 단어로 찬양하는 것은 더는 필요한 표현이 없을 만큼 완전한 언어로 하나님을 송축하고 있음을 의미합니다. 그러자 13절에 땅에서도 "찬송과 존귀와 영광과 권능을 세세토록 돌릴지어다" 하고 네 가지 단어로 화답합니다. '4'는 땅의 수입니다. 이 땅의 만물도 모든 언어를 동원해서 하늘의 찬송에 화답하고 있는 것입니다. 이처럼 요한은 하늘에서나 땅에서나 찬송과 영광 받으실 분은 오직 어린 양, 예수 그리스도밖에 없음을 강조합니다.

그러면 왜 예수 그리스도만이 찬양의 대상이십니까? 9절에서 그리스도만이 두루마리를 취하여 그 인봉을 떼기에 합당한 분이시라고 노래하는데, 그 이유가 "일찍이 죽임을 당하사 각 족속과 방언과 백성과 나라 가운데에서 사람들을 피로 사서 하나님께 드리셨기" 때문이라고 합니다. 우리가 다 죽을 인생 아니었습니까? 그러나 그리스도의 보혈로 우리가 사망에서 생명으로 옮겨졌습니다. 주님이 십자가에서 나의 죄를 대속해 주심으로 우리가 새 생명을 얻었습니다. 그러니 주님만이 우리 삶의 이유입니다. 유일한 찬송의 대상이십니다. 내게 주신 새 생명으로 주님을 노래하는 것, 앉으나 서나 주님만이 내 구원의 근거라고 고백하는 것, 이것이 우리가 불러야 할 새 노래요, 구원의 노래입니다.

여전히 세상에서 성공한 자가 부럽습니까? 권세 가진 자들을 두려워합니까? 착한 사람, 의로운 사람, 청렴한 사람…… 인간적으로 보면 세상에 찬양할 사람이 참 많아 보이죠. 그러나 제아무리 인품과 업적이 뛰어날지라도 100% 죄인인 인간은 그 누구도 구원할 수 없습니다. 사람은 간 곳 없고 오직 구속하신 주님만이 찬양의 대상이라는 것, 이것을 깨달아야 구원을 얻습니다. 자꾸 예수 그리스도 외에 다른 것이 있다고 생각한다면 심판만이 기다릴 뿐입니다. 어떤 때에도 예수 그리스도밖에 없다면 구원이요, 엉뚱한 데서 구원을 찾으면 심판이라 이 말입니다.

11절에 그 수가 만만이요 천천이나 되는 천사들이 어린 양 예수 그리스도를 찬양합니다. 성경에서 '10'은 이 세상 전체, 또는 완성을 의미하는 수입니다. 그런데 10의 수제곱 되는 많은 천사가 그리스도를 찬양하니, 이 주님의 권세가 얼마나 뛰어납니까. 그러나 주님은 우리의 구원을 위해 그 능력을 쓰지 않으시고 힘없이 십자가에 못 박혀 돌아가셨습니다.

그러므로 구원을 이루는 길은 내 능력을 쓰지 않는 것입니다. 내게 능력이 있어도 그것을 내려놓고 주님을 따라 십자가에서 죽어질 때, 어린 양 예수 그리스도께서 모든 구원을 이루십니다. 더 나아가 셀 수 없는 무리가 둘러선 그리스도의 영광을 내게도 보이시며 나로 또 다른 셀 수 없는 무리의 구원을 위해 나아가게 하십니다. 주님이 나만 잘 먹고 잘살라고 나를 구원해 주셨겠습니까? 다른 사람의 구원을 위해 나가라고, 오직 영혼 구원에 힘쓰라고 나를 구원하셨습니다. 이스라엘 백성도 로마와 이방의 구원을 위해서 나아가지 않았습니까?

그런데 우리는 어떻습니까? 구원의 사명을 잘 감당하고 있습니까? 영혼 구원은커녕 나밖에 모르지는 않으세요? 이 우주에 하나님의 통치가 필요 없는 단 한 평의 땅도 없습니다. 그런데도 다 나밖에 모르니까, 구원을 육으로만 생각하니까, 병 낫고 돈 버는 것만이 구원인 줄 아니까 엄한 데서 구원을 찾습니다. 그러니 하나님이 하는 수 없이 우리에게 핍박도 허락하십니다. 진짜 구원의 의미가 무엇인지 깨달으라고 내 인생에 로마를 허락하시는 것입니다.

돈이 많이 생긴다고 영적으로 좋을 일이 뭐가 있겠습니까? 그런데 우리는 예수를 믿으면서도 돈에 매달리고, 날마다 인생이 재미없다고 합니다. "내가 정말 구원을 받았는지도 모르겠다"고 하면서 환경을 불평하고 남을 시기합니다. 환난이 와도 그 이유조차 깨닫지 못하고 그저 원망하고 낙심합니다. 그러나 구원 받은 자는 거기서 한 걸음 더 나아가야 합니다. 이 우주 가운데 하나님의 통치를 받지 못하는 곳을 향해서 나가야 합니다.

계시록 당시 그리스도인들은 어린 양 예수 그리스도처럼 죽음으로써 로마를 향해 나아갔습니다. 죽음으로 새 노래를 불렀습니다. 로마는 그런 그리스도인들의 새 노래를 313년 동안 듣고 보았습니다. 그러면서 "저들은 사자 밥이 되면서도 새 노래를 부르는구나, 참 대단하다!" 하지 않았겠습니까? 하루이틀 죽는다고 구원이 이루어지는 것이 아닙니다. 믿지 않는 식구들은 내가 어떤 구원의 새 노래를 부르는지 끊임없이 관망하고 있습니다. 우리 삶으로 울려 퍼지는 희생의 노래, 섬김의 노래를 통해 주님은 우주 만물을 구원하십니다.

역대상을 보면 헤만이라는 찬양대장이 나옵니다(대상 6:31~33). 예배 지도자인 찬양대장은 당시 군대 지휘관과 같은 지위를 가졌습니다(대상 25:1). 군대 지휘관은 영적 전투를 위해 최전선에서 싸우는 사람입니다. 찬양대장이라고 해서 단지 노래를 훌륭히 부르기만 하면 되는 것이 아니라는 말입니다. 예배의 지도자는 신령한 노래를 불러야 합니다. 성령 충만하지 않으면 아무리 뛰어난 성가대라도 찬양에 은혜가 없습니다.

또한 헤만은 하나님의 말씀을 가진 '왕의 선견자'로서, 곡조를 지어 하나님을 찬양하되 늘 노래에 하나님의 예언의 말씀을 담았습니다(대상 25:5). 그는 단순히 찬양하는 사람이 아니라 말씀을 선포하는 자였습니다.

이런 헤만에게는 열네 명의 아들이 있었는데(대상 25:4), 그중 여섯째 아들부터 열넷째 아들의 이름을 쭉 연결하면 하나님을 찬양하는 한편의 시가 되었다고 합니다. 그 이름들을 연결하면 이렇습니다.

"자비로우신 여호와여, 은혜를 베푸소서. 나의 하나님이여, 하나님의 도우심을 찬양하나이다. 하나님의 크고 높으신 이름과 말씀을 선포하나이다!"

이처럼 헤만은 눈만 뜨면 하나님을 찬양하고, 자면서도 하나님을 찬양하는 사람이었습니다. 앉으나 서나 하나님을 찬양했습니다. 그런데 그의 이런 능력은 타고난 것일까요? 과연 그의 삶은 늘 꽃길만 같아서 자연스럽게 찬양이 흘러나왔을까요?

'헤만의 마스길'이라는 표제가 붙은 시편 88편에는 3절부터 이런 내용이 나옵니다.

"무릇 나의 영혼에는 재난이 가득하며 나의 생명은 스올에 가까웠사오니 나는 무덤에 내려가는 자같이 인정되고 힘없는 용사와 같으며 죽은 자 중에 던져진 바 되었으며 죽임을 당하여 무덤에 누운 자 같으니이다 주께서 그들을 다시 기억하지 아니하시니 그들은 주의 손에서 끊어진 자니이다 주께서 나를 깊은 웅덩이와 어둡고 음침한 곳에 두셨사오며 주의 노가 나를 심히 누르시고 주의 모든 파도가 나를 괴롭게 하셨나이다 (셀라) 주께서 내가 아는 자를 내게서 멀리 떠나게 하시고 나를 그들에게 가증한 것이 되게 하셨사오니 나는 갇혀서 나갈 수 없게 되었나이다 곤란으로 말미암아 내 눈이 쇠하였나이다 여호와여 내가 매일 주를 부르며 주를 향하여 나의 두 손을 들었나이다…… 내가 어릴 적부터 고난을 당하여 죽게 되었사오며 주께서 두렵게 하실 때에 당황하였나이다"(시 88:3~9, 15).

어떻습니까? 헤만의 인생은 찬양할 이유가 하나도 없었습니다. 어릴 적부터 지금까지 그의 인생길은 고난뿐이었습니다. 죽은 자같이 던져지고, 왕따당하고, 가증하다고 여김을 받았습니다. 이에 그는 주의 진노가 자기 인생에 넘친다고 고백합니다(시 88:16). 주께서 사랑하는 자와 친구를 멀리 떠나게 하셨다고 부르짖습니다(시 88:18).

그런데도 어떻게 열네 아들의 이름을 모두 "찬양, 찬양, 찬양"이라고 지을 수 있었겠습니까? 만약 여러분이라면 그럴 수 있겠습니까? 헤만이 찬양대장이 될 수 있었던 이유가 바로 여기에 있습니다. 그는 어려서부터 고난을 당해 온 사람입니다. 어떤 사람은 "내가 어릴 때부터 고생한 것만 생각하면 아주 이가 갈린다"고 합니다. "어떻게 나에게 이런 고통을 주시는지 하나님이 원망스럽다" 말하는 사람도 한둘이 아닙니다. "배우자 복이 없어서, 자식 복이 없어서, 부모 복이 없어서 맨날 지질하게 산다", "예수 믿어서 되는 것이 뭐가 있느냐"가 인생의 주제입니다. 예수 믿는 것을 육의 구원쯤으로 생각하면서 앉으나 서나 '어디 복 주는 교회 좀 없나' 기웃거리고 '교회 가서 한 자리라도 차지해야지' 하는 사람도 얼마나 많은지 모릅니다.

헤만이 찬양의 최고봉에 오를 수 있었던 것은 그에게 어려서부터 고난이 있었기 때문입니다. 고난을 살아 낸 결론으로 하나님을 찬양하는 데 이르게 된 것입니다. 제가 지금 이렇게 하나님을 찬양할 수 있는 이유도 어려서부터 숱한 고난을 겪었기 때문입니다. 십자가를 온몸으로 증거하는 삶 없이는 예언자적인 찬양을 할 수 없습니다. 은혜의 찬양이 나올 수 없습니다. 세계적 테너인 파바로티가 살아 돌아와 찬양한들 우리가 은혜를 받겠습니까? 삶이 따라 주지 않고는 신령한 찬양이 나올 수가 없습니다. 그러므로 어릴 적부터 고난당하는 것이야말로 새 노래를 부르는 비결입니다.

어떤 사람은 "나는 잘된 것이 없어서 찬양할 것도 없다"라고 말합니다. 일차원적인 감사에만 머물러 있어서 그렇습니다. 또 '나는 저 사람처럼 몸이 불편하지는 않으니까', '내 배우자는 저 사람처럼 바람은 안 피우니까' 하면서 이차원적인 감사만 하기에 찬양이 나오지 않습니다. 이런 감사에만 그친다면 평생 두려움 속에서 살아가게 될 것입니다.

예수를 믿으면 당연히 고난이 따르게 마련입니다. 애통의 눈물을 흘리게 마련입니다. 핍박을 받게 마련입니다. 예수를 믿으면서도 "나는 고난이 없어" 하는 사람은 예수님을 진정으로 영접하지 않은 것입니다. 예수님, 곧 하나님의 뜻대로 사는 자에게 이 땅은 좁은 길입니다.

그렇다면 내가 받은 은사로 어떻게 신령한 노래를 부를 수 있을까요? 저는 피아노를 전공했지만 매주 설교로 많은 성도 앞에서 새 노래를 부르고 있습니다. 어떤 분들은 목장예배에서 자신의 약재료를 나누며 새 노래를 부릅니다. 어떤 분은 작곡으로, 또 어떤 분은 회사 일로, 어떤 분은 아픈 가족을 간병을 하며 새 노래를 부릅니다. 새 노래를 부르는 데에 성결한 곳, 속된 곳 차별이 존재하지 않습니다. 온 우주 가운데 새 노래를 부를 수 없는 곳은 없습니다. 교회는 거룩하고 세상은 더럽다고 생각합니까? 새 노래는 어디서나 부를 수 있어야 합니다.

저와 둘째 언니는 50여 년 전 그 어려운 시절에 음악을 전공하여 서울대학교를 졸업했습니다. 언니는 성악을 전공했는데 국립합창단에 다닐 당시 목소리가 얼마나 예쁜지 그야말로 꾀꼬리 같았습니다. 그런데 지금은 목소리가 전혀 달라져서 허스키 보이스가 되었습니다. 하지만 언니의 새 노래는 옛날 목소리와 비교할 수 없을 정도로 아름답습니다. 정말 은혜가 넘칩니다. 일류 대학교에서 성악을 전공했다고 새 노래 소리가 아름답겠습니까? 산전수전, 공중전까지 다 거치고 갈 데 올 데 없어 하나님만 부르짖게 되니까 가장 아름다운 찬양을 하게 된 줄 믿습니다.

그러니 제발 학벌 타령 그만하고 기도를 쌓으십시오. 시간 낭비하지 말고 어릴 때부터 말씀을 길로 놓고 갈 수 있도록 자녀를 가르치십시오. 우리가 구원의 새 노래를 부를 때, 내 옆에 있는 사람들도 나를 따라 새 노래를 부르게 될 것입니다.

- 하나님 앞에 어떤 기도를 쌓고 있습니까? 성공을 바라면서 육의 축복을 달라고만 기도하지는 않습니까?
- 어릴 적부터 숱한 고난을 당했어도 삼차원적인 감사 기도를 드릴 때 구원의 새 노래를 부를 수 있다는 사실을 압니까?

구원의 새 노래를 부르는 사람에게 합당한 리더십을 주십니다

9 그들이 새 노래를 불러 이르되 두루마리를 가지시고 그 인봉을 떼기에 합당하시도다 일찍이 죽임을 당하사 각 족속과 방언과 백성과 나라 가운데에서 사람들을 피로 사서 하나님께 드리시고 10 그들로 우리 하나님 앞에서 나라와 제사장들을 삼으셨으니 그들이 땅에서 왕 노릇 하리로다 하더라_계 5:9~10

우리를 하나님 앞에서 나라와 제사장 삼으셨다고 합니다. 나라는 '하나님의 다스림을 받는 자'를 의미하고, 제사장은 '하나님 앞에 다른 사람의 죄를 가지고 나아가 용서 받을 자격이 있는 자'를 말합니다. 그러니까 구원 받은 우리는 하나님 앞에 "나와 다른 사람들의 죄를 용서해 주시고 심판을 거두어 달라"고 간청할 수 있는 자라는 것입니다.

그러나 누구나 이런 기도를 할 수 있는 것이 아닙니다. 주님처럼 죽음에 이르는 순종을 하는 자, 어린 양의 노래를 부르며 섬기는 자만이 이런 기도를 할 수 있습니다. 그렇게 우리가 죽어지고 썩어져서 밀알이 될 때, 구원을 위해 만만이요 천천인 능력을 쓰지 않고 힘없이 십자가에 못 박힐 때 하나님이 리더십을 허락하십니다. 내가 죽고자 하면 리더십을 주시는 것입니다. 어린 양만이 두루마리의 인을 떼고 찬양 받기에 합당한 분이신 것도 그가 우리의 구원을 위해 십자가를 지셨기 때문입니다.

어디서도 대접을 못 받는 자는 왜 그렇습니까? 그가 그 자리에 합당한 사람이 아니기 때문입니다. 그런 사람은 모두를 곤경에 빠트립니다. 결혼을 안 해야 할 사람이 결혼을 하면 가정을 곤경에 빠트립니다. 직장에서도 그렇습니다. 그 자리에 앉지 않아야 할 사람이 앉으면 동료와 회사를 곤경에 빠트립니다.

'나는 얼마나 합당한 리더십을 가졌는가' 생각해 보기 바랍니다. 내게 맞지 않는 직책이라면 빨리 내려놓아야 합니다. 부모로서, 배우자로서 합당한 리더십이 없다면 어서 회개해야 합니다. 어떤 사람은 자녀를 학대하고도 "내 새끼 내 마음대로 하는데 누가 간섭하나?" 합니다. 정권을 틀어쥐고는 "내가 내 힘으로 얻은 권력 내 마음대로 쓰는데 무슨 상관이냐?" 하는 사람도 있습니다. 그래서 어떤 지도자들은 공금을 내 돈 쓰듯이 써 댑니다. 목회자들도 마찬가지입니다. 합당하지 않은 사람에게 리더십이 주어져서 그렇습니다.

리더십은 섬김의 자리입니다. 높은 자리로 올라갈수록 섬김의 크기도 커져야 합니다. 그래야 어떤 곳에 있어도 합당한 대접을 받습니다. 지금 내가 있는 자리에서 끊임없이 십자가를 생각해야 합니다. 부모로서, 목사로서, 목자로서, 정치인으로서, 경제인으로서, 대통령으로서 십자가를 생각하면서 섬길 때, 하나님께서 그를 그 자리에 합당한 자로 만드십니다. 그런데 사람들은 직분이 주어지면 그만큼 누리려고만 합니다. 그러니까 가정이 깨지고 교회가 깨지고 나라가 깨지는 것입니다.

내가 어린 양의 피로 구원 받은 것을 깨닫지 못한 사람은 섬기는 자리에서도 누리려고만 합니다. 그는 어떤 일에도 기쁨이 없고 만족하지 못합니다. 내가 감사하지 못하는 것은 공부를 못해서도, 내 자리가 시시해서도 아닙니다. 결혼이 잘못되어서도 아닙니다. 어린 양의 속죄 사역을 모르기 때문입니다. 삶의 진정한 의미를 깨닫지 못했기 때문입니다. "여호와는 나의 목자시니 내게 부족함이 없으리로다"고백하는 인생이 되기 위해서는 어린 양의 피의 구속이 깨달아지는 것 말고는 길이 없습니다(시 23:1). 돈이 생겨서, 이성을 만나서, 주가가 올라서 기쁠 수 있겠지요. 그러나 잠시뿐입니다.

수년 전, 한 재벌이 수천억 원을 선물투자 했다가 모두 잃었다는 기사를 읽었습니다. 대기업 총수로 돈이 넘치게 많을 텐데도 더 벌어 보겠다고 선물투자를 했다고 하니 기가 막혔습니다. 재벌 2세로 태어나 최고의 엘리트 과정을 밟고 대통령 사위까지 된 그는 세상 부의 기준을 다 충족한 사람이었습니다. 이런 그가 도대체 무엇이 부족해서 선물투자를 했을까요?

그에게 한 멘토가 있는데, 그는 다름 아닌 무속인이었습니다. 무속인 한 사람 때문에 수천억 원을 가져다 바친 것이죠. 자신은 시카고대학교 경제학 석박사 출신으로, 그야말로 똑똑한 데다 남부러울 것 없는 사람인데 무속인을 아버지처럼 신뢰하며 따랐다는 겁니다. 참 우습지 않습니까? 당시 그는 사회 지도층으로서 합당한 리더십을 가지지 못했습니다. 자리에 맞는 역할을 다하지 못했습니다. 또한 많은 국민에게 상대적 박탈감을 안겨 주었습니다. 기업인은 그 위치에서 해야 할 일이 있습니다. 정당하게 물건을 만들고 판매하며 거기서 이

윤을 추구해야지, 불로소득을 얻고자 갖은 편법을 쓰는 모습을 보여서는 안 되는 것입니다.

우리들교회에도 주식에 목숨을 거는 성도들이 있습니다. 수억을 잃으면서도 원금을 찾겠다는 의지를 불태우며 주식에서 좀체 손을 떼지 못합니다. 어린 양의 피의 구속이 도무지 안 믿어지니 허탄한 데 물질과 시간을 낭비하는 것이죠. 돈이 가지 말아야 할 사람에게 가니 그렇습니다.

창세기에는 새 노래와 반대되는 '칼의 노래'가 등장합니다. 창세기 4장에 가인의 자손들이 등장하는데 19절부터 라멕의 이야기가 나옵니다.

"라멕이 두 아내를 맞이하였으니 하나의 이름은 아다요 하나의 이름은 씰라였더라 아다는 야발을 낳았으니 그는 장막에 거주하며 가축을 치는 자의 조상이 되었고 그의 아우의 이름은 유발이니 그는 수금과 통소를 잡는 모든 자의 조상이 되었으며 씰라는 두발가인을 낳았으니 그는 구리와 쇠로 여러 가지 기구를 만드는 자요 두발가인의 누이는 나아마였더라"(창 4:19~22).

라멕은 힘과 능력, 칼과 부(富) 등 땅의 모든 것을 갖춘 자였습니다. 그런데 자격 없는 자에게 모든 것이 주어지니 이전까지 잘 지켜 오던 일부일처제가 붕괴되고 맙니다. 하나님은 한 남자와 한 여자를 짝지어 주시고 생육하고 번성하라는 사명을 우리에게 주셨습니다. 그런데 라멕은 부부간에 누려야 할 성(性)을 쾌락의 도구로 전락시켰습니다. 그에게 힘과 돈이 생겼기 때문입니다.

'아다'는 '단정하고 아름답다'라는 뜻이고, '씰라'는 '악기를 다루는 자'라는 뜻입니다. 라멕의 수중에 돈이 들어오니 자신의 눈과 귀를 즐겁게 해 줄 여자들을 골라서 데리고 삽니다. 이는 여자를 외모로 취하면서 남자의 노리개쯤으로 생각했다는 것입니다. 여기서 야발과 유발, 두발가인이 났습니다. 가축을 치는 경제 대가가 나고, 음악의 조상이 나고, 기계 문명의 창시자가 나며 인류의 문명이 시작되었습니다. 우리는 맨날 이런 것이 부럽습니다. 재벌들이 부럽습니다. 입이 헤벌어져서는 나도 그렇게 되고 싶어 안달합니다.

그런데 이렇게 모든 것을 갖춘 라멕이 무엇을 노래합니까? 23절부터 유명한 라멕의 '칼의 노래'가 등장합니다.

"라멕이 아내들에게 이르되 아다와 씰라여 내 목소리를 들으라 라멕의 아내들이여 내 말을 들으라 나의 상처로 말미암아 내가 사람을 죽였고 나의 상함으로 말미암아 소년을 죽였도다 가인을 위하여는 벌이 칠 배일진대 라멕을 위하여는 벌이 칠십칠 배이리로다 하였더라"(창 4:23~24).

칼의 노래는 사람을 죽이는 노래입니다. 라멕은 자기 능력을 과시하면서 무자비한 살상을 노래합니다. 예수 없이 모든 것을 갖춘 자의 결론이 무엇인지 여실히 보여 줍니다.

우리들교회에도 칼의 노래를 부르던 집사님이 계십니다. 이 집사님은 '내 노력으로 사회적 성공을 이루고 싶다'고 갈망하면서 골프, 도박, 술에 돈을 마구 써 댔습니다. 안마시술소를 수시로 드나들며 음란에 몸을 맡기기도 했습니다. 그 모든 것을 출세를 위한 당연한 투자라고 생각했습니다. 그러면서도 아내를 타박하고 가계부 검사까지 했습니다. 집안에 갈등이 생길 때면 아내 탓만 하고, "나의 상처로 말미암아 사람을 죽였다" 하는 라멕처럼 가난한 부모에게서 받은 상처를 가족들에게 풀었습니다. 예수를 믿고 변화되기까지 자신이 얼마나 성공을 외치면서 가족들을 죽음으로 몰았는지, 집사님은 그것이 칼의 노래인지도 몰랐다고 간증하셨습니다.

여러분은 어떻습니까? 새 노래보다 칼의 노래가 부럽습니까? 학벌과 재물과 미모를 갖춘 칼의 노래를 부르고 싶어 발버둥 칩니까? 우리가 얼마나 외모를 따집니까? 아름다운 것을 마다할 장사가 없습니다. 당장 밖에 유명한 연예인이 왔다고 해 보세요. 예배를 드리다가도 뛰쳐나가지 않겠습니까. 어떤 교회는 전도 축제 때마다 연예인을 초청하는데 그때만 교회가 아주 인산인해를 이룬답니다. 물론 때로는 복음 전파를 위해 연예인이 쓰임을 받기도 합니다. 그 아름다움만 취하며 칼의 노래를 부르려 하는 우리 마음이 문제이지요.

칼의 노래를 부르는 삶의 결론은 심판과 재앙입니다. 우리는 무속인에게 장래 일을 물어볼 것이 아니라 온 세상의 창조주이신 예수님 앞에 매일 엎드려야 합니다. 예수님은 누구와도 비교할 수 없는 최고의 자문위원이자 스승이십니다. 이렇게 차원이 다른 분이 우리의 신랑이시라 이 말입니다.

저도 때마다 내 주 예수님을 신랑 삼으며 내 자리를 잘 지켰더니 하나님이 지금의 자리에까지 이끌어 주셨습니다. 학생의 자리, 며느리의 자리, 아내의 자리, 엄마의 자리에 잘 순종했더니 목사 자리로까지 인도해 주셨습니다. 제가 힘들다고 주신 역할을 내팽개쳤다면 어찌 목회를 할 수 있었겠습니까? 왕 같은 제사장 자리를 어찌 감당할 수 있었겠습니까? 제가 유명한 신학대학을 나와서 학벌만 자랑했다면, 우리들교회와 같은 큰 교회를 맡겨 주셔도 감당하지 못했을 것입니다. 저를 힘든 섬김의 자리에 끊임없이 두셨기에 지금 이 자리를 제가 감당할 수 있게 되었다고 생각합니다. 그러니까 칼의 노래에는 답이 없습니다. 구원의 새 노래를 부를 때에만 우리가 나아갈 수 있습니다.

노예 출신의 이스라엘 백성이 무엇이 잘나서 로마를 변화시켰겠습니까? 예수님은 죽임당한 어린 양의 모습으로 이 땅을 변화시키셨습니다. 우리도 그렇습니다. 내 환경이나 능력을 자랑하지 말고 어린 양의 능력을 높여야 합니다. 그럴 때 주님이 합당한 리더십을 주실 줄 믿습니다.

어디서나 섬김의 자리에 있는 자는 리더십을 갖게 돼 있습니다. 반면에 섬김을 받으려고만 하는 사람은 있는 자리도 없어집니다. 목장에서도 언제나 솔선수범해서 섬기는 사람에게는 금세 리더십이 주어지지 않습니까? 뭐 하나 시키면 맨날 빼기나 하고 '그걸 내가 왜 해?' 하면서 섬기기를 꺼리는 사람은 주변 사람들에게 그저 걱정거리만 될 뿐입니다. 학교에서도, 회사에서도, 세상에서도 마찬가지입니다. 섬기는 자에게 리더십이 주어집니다. "내가 그 일을 하겠습니다" 하며 나서면 금세 승진도 하고 리더도 됩니다. 제가 지금 출세하는 법 알려 드리는 것입니다. 그러니 어디에 가서든 새 노래를 부르기 바랍니다. 직장에서도, 가정에서도 새 노래를 부르기 바랍니다. 시댁에 가서도, 처가에 가서도 새 노래를 부르기 바랍니다.

어느 목사님의 사모님이 교회 홈페이지에 이런 간증을 올려 주셨습니다.

저는 십여 년 전 남편과의 결혼생활이 힘들다는 이유로 세상의 조류를 따라 이혼을 마음에 품었습니다. 그러나 혼자서 세 자녀를 책임질 수는 없기에 마음을 접었고, 그 과정에서 다시 한 번 하나님을 인격적으로 만났습니다. 그 후 가정이 깨질 뻔한 위기에서 건져 주신 하나님의 구원에 감격하며 날마다 찬양과 눈물과 기도로 저의 사랑을 하나님께 드렸습니다.

시간이 흐르며 남편과의 관계도 회복되고, 목회도 너무너무 잘되었습니다. 성도들에게도 존경을 받았습니다. 아이들은 학원이나 과외에 다니지 않아도 공부를 곧잘 했습니다. 그런데 이렇게 걱정 없는 태평성대가 이루어지자, 점점 구원의 감격이 식고 하나님을 향한 눈물이 마르기 시작했습니다. 오직 세상 즐거움을 추구하기에만 바빴습니다. 건강을 위해 시작한 운동에 중독처럼 빠져들어 많은 시간과 물질과 관심을 쏟았습니다. 형식적으로 말씀을 묵상하고 기도하면서도, 사모로서 모든 예배를 드리다 보니 '나는 은혜 받은 자로서 잘 믿고 있다'고 착각했습니다.

그러나 저를 사랑하시는 하나님 아버지는 죄를 범하면 징계하겠다고 약속하신 대로 사람의 매와 인생의 채찍을 꺼내셨습니다(삼하 7:14). 제게 남편의 외도라는 심판의 사건이 찾아온 것입니다. 처음에는 이 사건을 도저히 이해할 수 없었습니다. '열심히 믿는 내게 왜 이런 일이 일어나는가' 하면서 하나님을 원망했습니다. 비명을 지를 수도 없는 충격과 배신감, 미움과 억울함으로 죽어 가는데, 어린 양 예수께서 새 노래를 배울 수 있는 우리들 공동체로 저를 인도하셨습니다.

그 새 노래는 바로 제가 죄인임을 인정하는 노래였습니다. 처음엔 '내가 피해자인데 왜 나더러 죄인이라고 하는 거야?' 하는 뒤틀린 마음이었습니다. 그러나 교회에 올수록, 말씀을 들을수록 주님이 회개하는 마음으로 바꾸어 주셨습니다. 나야말로 하나님 앞에서 범죄한 죄인이라는 사실을 깨닫게 해 주셨습니다.

저는 늘 남편에게 옳고 그름만 따지곤 했습니다. 그런 제가 얼마나 불편한 아내였을까요. 백 퍼센트 죄인인 저에게서 어떤 선한 것도 나올 수 없음을 주님이 비로소 깨닫게 하셨습니다. 제가 악취 나는 바리새인임을 깨닫게 해 주셨습니다. 주님을 사랑한다고 했지만 실상은 나를 더 사랑하는 이기적인 자라는 것을 알게 해 주셨습니다. 이런 죄인을 오래 참아 주시고, 회개의 긍휼을 베풀어 주셨으니 고난 중에 배운 이 새 노래를 주님 앞에서 부르지 않을 수 없습니다.

이제 환난 속에서 배운 새 노래, 거룩하신 하나님 앞에서 늘 죄인임을 고백하는 새 노래를 잘 부르겠습니다. 어린 양이신 주님이 어디로 가시든지 어떻게 인도해 주시든지 사명을 잊지 않고 따르겠습니다. 아멘.

목사로서, 사모로서 사역해도 구원의 감격이 식으면 얼마든지 칼의 노래를 부를 수 있습니다. 그럴 때 하나님은 천하보다 귀한 구원을 보여 주시고자 고난과 핍박을 허락하십니다. 천하 같은 로마가, 천하 같은 남편, 천하 같은 교회, 천하 같은 나라가 나를 핍박합니다. 그래야 구원이 천하보다 크다는 것을 깨닫지 않겠습니까? 우리의 모든 핍박은 반드시 있어야 할 일입니다. 그러니 제발 예수를 믿으면서도 세상과 똑같이 옳고 그름만 따지지 마십시오. 세상 잣대로 상대의 행위를 낱낱이 읊어 대며 '저딴 인간하고 못살아!' 하지 마십시오. 이것은 사탄이 주는 마음입니다.

지금 끔찍한 환경 가운데 있습니까? 그곳에서 날마다 기도하며 구원의 새 노래를 부르는 것이 우리의 사명입니다. 그것이 구원 받은 자의 태도입니다. 우리가 이 인내의 길을 잘 가면 마침내 로마도 항복할 것입니다. 로마 속에 있는 생명이 구원을 받을 것입니다. 구원의 새 노래를 부르고 기도를 쌓아서 모든 사람을 주께로 인도하는 여러분 되기를 기도합니다.

• 교회에서나 직장에서, 가정에서 섬김 받기만을 바라지는 않습니까? 먼저 섬기는 자가 될 때 리더십이 주어진다는 성경의 원리를 믿습니까?
• 지금 내가 처한 자리에서 칼의 노래를 부릅니까, 구원의 새 노래를 부릅니까?

70

내게 주신 새 생명으로 주님을
노래하는 것, 앉으나 서나 주님만이
내 구원의 근거라고 고백하는 것,
이것이 우리가 불러야 할 새 노래요,
구원의 노래입니다.

우리들 묵상과 적용

눈물을 잘 흘리지 않는 저는 요즘 아들만 생각하면 마음이 어려워 눈물을 주체할 수 없습니다. 취업하여 직장에 다니고 있는 아들은 등교를 거부하며 가족을 힘들게 하던 학창 시절 모습으로 돌아간 것 같습니다. 그런 아들을 보고 있노라면 답답하고 화도 나고 힘들어서 외면하고만 싶습니다. 하루는 그런 저를 보고 아내가 그러더군요. "당신이 어땠는지 생각해 봐. 아침마다 아들하고 씨름해서 겨우 학교에 보내고 하교 후에는 또 그 아들의 온갖 짜증을 받아 내느라 충분히 지쳤는데, 남편이 퇴근하고 오면 더한 짜증을 내서 사람을 잡았지."

직장에 다닐 때는 몰랐는데 퇴직한 지 5년이 지난 지금에야 제가 얼마나 아내를 힘들게 했는지 희미하게나마 깨달아집니다. 저의 온 신경은 아들을 향해 있는데 아들은 그걸 모릅니다. 아들의 요즘 모습은 딱 직장생활을 할 때의 제 모습입니다. 주님이 우리를 나라와 제사장들 삼으셔서 땅에서 왕 노릇 하게 하시는 것은 오직 복음과 영혼 구원을 위함인데, 저는 그저 인간적인 왕 노릇을 하며 가정에서 온갖 짜증을 부리고 '집안을 먹여 살리고 있으니 이 정도면 됐어' 했습니다(계 5:10). 아들에게서 그런 제 모습이 그대로 보이니, 참 할 말이 없습니다. 또 남편과 아들의 짜증을 받아 내느라 그동안 아내가 얼마나 힘들었을지 말하지 않아도 이제는 온몸으로 느껴집니다.

그러나 아내의 마음을 이해한다고 하면서도 저는 제 허물을 자꾸 망각하고 여전히 아내에게 "왜 그러냐" 합니다. 요즘은 아내가 그런 저를 쉽게 넘어가 주지 않습니다. 이제는 자신의 목소리를 내는 아내의 태도에 저는 아내가 예전과 달리 참지 못하는 성격으로 변했다고만 생각했습니다. 그런데 말씀을 묵상하면서, 예전이나 지금이나 아내의 힘든 마음은 변함없는데 아내를 괴롭게 한 내 악을 보면서도 여전히 아내 탓만 하는 제가 더 악한 고집쟁이임을 깨달았습니다. 악을 행하는지도 모르고 살다가 말씀을 통해 비로소 내 죄를 깨닫게 되었는데, 삶에서 구원의 새 노래를 부르지 못하는 것입니다(계 5:9).

이런 저라도 왕 같은 제사장 삼아 주시는 하나님의 은혜를 기억하며, 이제는 어린 양에게 찬송과 존귀와 영광과 권능을 돌리는 인생을 살기 원합니다(계 5:13). 힘든 환경에서도 하나님을 섬기는 아내를 귀하게 여기고, 나의 구원을 위해 수고하는 아들을 주님의 마음으로 품어 주겠습니다. "일찍이 죽임을 당하사 각 족속과 방언과 백성과 나라 가운데에서 사람들을 피로 사서 하나님께 드리신" 어린 양 예수님처럼 저도 가족의 구원을 위해 힘쓰는 가장이 되기를 기도합니다(계 5:9).

영혼의 기도

하나님 아버지, 우리에게 하늘 보좌를 보여 주시고 사람의 본분을 알려 주시고 지침서로서 성경을 주시니 감사합니다. 어떤 때에도 구원의 새 노래를 부르는 것이 수많은 사람을 주께로 인도하는 길임을 알았습니다. 우리 옆에 구원 받지 못해서 죽어 가는 영혼이 많습니다. 그런데도 우리는 구원의 새 노래보다 칼의 노래를 부르고 싶어 합니다. 그래서 우리에게 능력이 역사하지 않습니다.

우리는 입으로는 '주여, 주여' 하면서 세상 명예와 학벌, 권세와 돈과 미모가 너무나 부럽습니다. 모든 것을 갖춘 채 악하고 음란하게 세상을 산 라멕이 몸서리치게 부럽습니다. 초라한 내 환경만 보며 '내가 무슨 수로 구원의 새 노래를 부르겠는가' 합니다. 그래서 세상의 모든 것이 두렵습니다. 살고 싶지 않습니다. 내 자리에서 떠나고만 싶습니다. 이런 나를 위해 하나님께서 찾아오셔서 이렇게 말씀하십니다. "이제 인을 뗄 것인데, 재앙이 시작될 것인데 네가 언제까지 '좀 더 자자, 좀 더 졸자' 하겠는가." 이런 우리를 불쌍히 여겨 주옵소서.

우리가 구원의 새 노래를 부르도록 수고하는 사람이 생겼습니다. 힘든 사건이 오고 힘든 사람이 생겼습니다. 이제부터 기도를 쌓기 원합니다. 새로운 가치관으로 새로운 노래를 부르기 원합니다. 이 모든 사건에서 죽어지고 썩어져서 밀알이 되겠습니다. 제가 그렇게 죽기를 원하오니 주여, 우리 모두에게 합당한 리더십을 허락하여 주옵소서. 구원의 새 노래를 부르는 우리 모두가 될 수 있도록 역사하여 주옵소서. 예수님 이름으로 기도합니다. 아멘.

허락 받은 심판

요한계시록 6장 1~6절

03

하나님 아버지, 제게 온 모든 환난이
하나님이 허락하신 심판임을 깨닫기 원합니다.
말씀해 주시옵소서. 듣겠습니다.

✦✦✦

로마로부터 전무후무한 핍박을 받고 있는 초대교회 그리스도인들에게 하나님은 소아시아 일곱 교회의 모습을 통해 지상교회의 실상을 보여 주셨습니다. 그들은 선택 받은 민족이었지만 종교 다원주의에 흔들렸으며, 발람과 이세벨의 교훈을 따랐습니다. 하나님은 차지도 뜨겁지도 않은 그들을 토해내 버리고 싶을 정도라고 하셨습니다. 어찌 이것이 초대교회 성도들에게만 해당되는 이야기이겠습니까? 오늘날을 살아가는 우리도 마찬가지입니다.

그럼에도 하나님은 하늘 보좌를 보여 주시고, 사람의 본분을 알려 주시고, 인생의 지침서인 성경을 주셨습니다. 우리가 기도를 쌓고 구원의 새 노래를 부르면 심판에서 구원으로 옮겨 주겠다고 하십니다. 이제 재앙이 임하겠으나 두려워하지 말라고 안심시키십니다. 마치 엄마처럼 우리를 어르고 달래며 설득해 가십니다.

6장부터 심판의 재앙이 시작됩니다. 요한계시록은 세 가지 재앙, 즉 인 재앙, 나팔 재앙, 대접 재앙을 알려 줍니다. 그중에 첫 번째인 인 재앙은 구체적으로 '일곱 인의 재앙'입니다. 어린 양이 두루마리를 봉한 일곱 인을 하나씩 떼실 때마다 환난과 고통이 임합니다. 그리고 이 심판은 하나님의 허락을 받아 시작되었다고 합니다(계 6:4).

사람들은 이 재앙의 말씀이 미래 어느 특정한 날에 일어날 일을 예언한 것이라고 생각합니다. 물론 계시록은 종말의 일을 예언한 책이기는 하지만, 동시에 계시록의 모든 재앙은 시대마다 발생되는 공통적인 사건으로 이해해야 합니다. 하나님은 우리가 이 재앙들을 통해서 이제라도 돌아오기를 바라십니다. 그러면 어떤 재앙이 임하는지 살펴보겠습니다.

이기고 또 이기려고 하는 재앙이 옵니다

1 내가 보매 어린 양이 일곱 인 중의 하나를 떼시는데 그때에 내가 들으니 네 생물 중의 하나가 우렛소리같이 말하되 오라 하기로 2 이에 내가 보니 흰말이 있는데 그 탄 자가 활을 가졌고 면류관을 받고 나아가서 이기고 또 이기려고 하더라_계 6:1~2

어린 양이 일곱 인 중에 하나, 첫째 인을 떼십니다. 그때 네 생물 중 사자의 형상을 한 생물이 우레와 같은 소리로 "오라!" 하며 우렁차게 명령합니다. 하나님이 환난을 주시는 이유는 우리를 멸망시키려는 것이 아니요, 구원하시기 위함입니다. 즉, 심판의 최종 목표가 구원이라는 말입니다. 그 구원에 대한 열정으로 네 생물도 주님이 인을 떼실 때마다 "오라, 오라" 외치고 있습니다.

이 "오라"는 우렁찬 명령, 즉 첫째 재앙의 명령이 흰말을 탄 기사에게 내려집니다. 흰색은 승리의 색이고, 말과 활은 전쟁을 상징합니다. 그러므로 흰말을 타며 활을 가진 자는 곧 승리한 정복자를 상징합니다. 즉, 첫째 인의 재앙은 정복자의 출현을 의미합니다. "면류관을 받고 나아가서 이기고 또 이기려 하더라"는 말씀은 그가 계속적인 승리를 거두고 있음을 뜻합니다. 그야말로 완벽한 승리자의 모습입니다.

우리는 보통 흰색 하면 천사처럼 거룩하고 깨끗한 이미지, 완벽한 심상을 떠올립니다. 그런 흰색 말을 타면서 손에는 활을 가졌으니 고도의 훈련을 받은 전쟁의 전문가로 보입니다. 능력에 실력까지 겸비하고 깨끗하고 거룩한 모습으로 이기고 또 이기니, 꼭 예수님 같아 보입니다. 그래서 어떤 학자들은 이 흰말 탄 자가 예수님을 상징한다고 이야기합니다. 계시록 19장에 보면 예수님도 백마를 타고 계시기에 그렇게 연상하는 것이죠(계 19:11). 그러나 여기는 어린 양이 인을 떼며 재앙을 내리시는 장면이기에 흰말 탄 자가 예수님을 가리킨다고 볼 수 없습니다.

그런데 이렇게 예수님과 비슷해 보이는 자가 내 앞에 있다면 넘어가지 않을 사람이 누가 있겠습니까? 모든 것이 완벽한 데다 매사에 이깁니다. 점도 흠도 티도 없고 실패를 모르며 대단한 실력을 갖췄습니다. 게다가 착하기까지 해서 마치 거룩한 천사 같아 보입니다. 문제는 이런 사람은 세상에 없다는 것입니다. 그러니 착각하지 마십시오.

우리는 다 외모에 넘어갑니다. 얼마나 외모를 따지는지 모릅니다. 창세기로 예를 들어 봅시다. 우리는 유다보다 요셉을 좋아합니다. 요셉은 애굽으로 팔려 가 모진 고생을 겪었지만, 훗날 총리가 되어 어려움에 빠진 가족을 구합니다. 그뿐입니까? 시기심에 눈이 멀어 자신을 팔아넘긴 형제들을 너그러이 용서합니다. 얼마나 멋있습니까? 그러니 우리에게 요셉은 영원히 찬송 대상입니다.

반면에 그의 형제 유다는 지질합니다. 공동체를 떠나 가나안 여자와 불신 결혼을 하지 않나 급기야 며느리와 동침하는 패륜까지 저지릅니다. 이후에 자기 죄를 깨닫고 철저히 회개했지만, 인생이 하도 지질해서 인간적으로는 멸시의 대상입니다. 게다가 그와 같은 이름인 가룟 유다가 예수님을 팔아넘겼으니, 세상은 그 이름을 쓰기조차 꺼립니다. 김요셉, 이요셉, 박요셉…… 요셉이라는 이름은 많이 들어 봤어도, '김유다', '최유다'는 없지 않습니까? '유다' 하면 '저주'라는 생각이 우리 머리에 박혀 있습니다. 그러나 예수님은 이 유다의 후손으로 오셨습니다.

이처럼 우리의 고정관념은 쉽사리 바뀌지 않습니다. 유다가 구속사의 주인공이라고 아무리 이야기해도 "며느리와 동침한 유다는 지질해서 싫어. 총리 요셉만 멋있어" 하는 것이 우리 주제입니다. 그러나 죄 없는 인생이 어디 있습니까? 우리는 모두 백 퍼센트 죄인입니다. 죄인인 내 실체를 직면할 때 비로소 주님의 은혜가 우리를 뚫고 들어옵니다. 그 진리를 있는 그대로 보여 주는 인물이 바로 유다입니다. 우리가 인정하든, 인정하지 않든 유다 지파는 신구약의 우두머리 자리를 한 번도 놓친 적이 없습니다. 그러나 요셉 지파는 열두 지파에서 쭉 빠졌다가 마지막 요한계시록에서 겨우겨우 턱걸이 입성을 했습니다.

그런데도 우리는 이기는 것을 참 좋아합니다. 이기고 또 이기려

합니다. 내가 이기지 못하면 이기는 사람을 부러워하고, 나중에는 그를 두려워하기까지 합니다. 부러우니까 두려운 것이죠. 그러나 승승장구하는 인물이 있으면 이면에 신음하는 이가 반드시 생기게 마련입니다. 이기는 쪽이 있으면 지는 쪽도 있지 않겠습니까? 정복한 자는 기쁨이 넘칠지 몰라도 정복당한 자는 고통과 눈물이 넘칩니다. 그러므로 흰말 탄 자로 상징되는 세상 승리와 정복의 배후에는 늘 피와 고통과 슬픔이 존재한다는 사실을 잊어서는 안 됩니다.

이것은 1세기 로마에만 적용되는 원리가 아닙니다. 모든 시대, 모든 나라에 동일하게 적용됩니다. 이기고 또 이기려는 인간의 욕심 때문에 지금도 얼마나 수많은 전쟁이 치러지고 있습니까? 곳곳에 고통과 신음과 눈물이 들끓습니다. 평화와 번영을 앞세우는 전쟁이라고 할지라도 이면에는 사망의 고통과 기근이 따르게 마련입니다.

칼의 노래를 부른 라멕처럼 우리는 늘 이기고 또 이기려 합니다. 이것이 인생의 특징이요, 비극입니다. 여기서부터 재앙과 고통이 시작됩니다. 자족할 줄 모르고 언제나 이기려고만 하니까 얼마나 고통입니까? 우리가 예수를 처음 믿을 때도 그렇습니다. 이기는 하나님만 생각합니다. 그러나 거기서 더 나아가지 못하면 구원과는 요원해질 수밖에 없습니다. 그런 신앙은 처음엔 열심히 예배하고 기도하고 헌신할지 몰라도 시간이 지날수록 기쁨을 잃어버리고 맙니다.

그래서 하나님은 우리에게 로마 같은 세력을 허락하십니다. 스가랴 1장 6절에 보면 "내가 나의 종 선지자들에게 명령한 내 말과 내 법도들이 어찌 너희 조상들에게 임하지 아니하였느냐 그러므로 그들이 돌이켜 이르기를 만군의 여호와께서 우리 길대로, 우리 행위대로 우리에게 행하시려고 뜻하신 것을 우리에게 행하셨도다"라고 합니다. 그리고 이어지는 말씀에서 흰말을 탄 자가 하나님의 심판을 대행하는 전령자 역할을 하고 있습니다(슥 1:8~15; 6:1~8).

이것이 무슨 의미입니까? 로마라는 흰말 탄 자, 전령자를 통해서 하나님께서 이스라엘을 훈련시키신다는 것입니다. 로마가 얼마나 이스라엘을 괴롭게 했습니까? 이스라엘뿐만 아니라 여러 나라를 자신들의 속주 삼고 다스리며 그야말로 평화의 시대, 팍스로마나를 이룬 그들입니다. 오죽하면 "모든 길은 로마로 통한다"라는 말이 생겨났겠습니까. 로마 치하에서 수많은 사람이 고통 받고 죽어 갔습니다. 그런데 하나님은 이 흰말 탄 자가 자신의 심판을 대행하는 전령자라고 하십니다. 즉, 첫째 인 재앙, 로마라는 전무후무한 정복자의 등장은 하나님이 허락하신 심판이라는 겁니다.

디모데후서 3장 1, 2절을 보면 "너는 이것을 알라 말세에 고통하는 때가 이르러 사람들이 자기를 사랑하며 돈을 사랑하며 자랑하며 교만하며 비방하며 부모를 거역하며 감사하지 아니하며 거룩하지 아니하며"라고 합니다. 이기고 또 이기며 승승장구하는 로마, 많은 나라를 정복하고 대제국을 건설하여 야욕을 채우는 로마가 부럽습니까? 나도 로마처럼 되고 싶어서, 이기고 또 이기고 싶어서 안달합니까? 우리가 늘 이기려고 하는 것은 자기를 사랑하고, 돈을 사랑하기 때문입니다. 그래서 공부도 남보다 잘해야 하고, 사업도 남보다 더 잘되어야만 직성이 풀립니다.

그러나 로마 손에 주어진 승리의 면류관은 하나님이 허락하신 것입니다. 다시 말해 로마의 이김, 세상의 이김은 하나님이 허용하시는 범위까지만 가능하다는 말입니다. 그런데 우리는 이것을 몰라서 여전히 로마 같은 사람을 부러워하고 예수님처럼 대단히 여기면서 두려워 벌벌 떱니다. 그러나 흰말 탄 자, 예수님 같은 자는 결코 예수님이 아닙니다. 착각해서는 안 됩니다. 어떻게 험한 인생을 겪지 않고 주님을 만날 수 있겠습니까. 주님을 모르는데 어떻게 점도 흠도 티도 없이 맨날 이기기만 할 수 있겠습니까? 그런 천사 같은 사람은 이 세상에 없습니다. 그러니까 사람에 대한 헛된 망상을 버리기 바랍니다.

마태복음 24장 6절에 예수님은 "난리와 난리 소문을 듣겠으나 너희는 삼가 두려워하지 말라 이런 일이 있어야 하되 아직 끝은 아니니라"고 하십니다. 이기고 또 이기려는 욕심이 모든 재앙의 근원이기에 흰말 탄 자의 난리 소문이 끝이 아닙니다. 재앙은 이제 시작일 뿐입니다.

• 내 안에 예수 그리스도로 말미암는 구원의 기쁨이 있습니까? 하나님 한 분만으로 만족하는 자족함이 있습니까? 세상에서 이기는 자들을 부러워하고 두려워하지는 않습니까?

화평이 제해지는 심판이 옵니다

3 둘째 인을 떼실 때에 내가 들으니 둘째 생물이 말하되 오라 하니
4 이에 다른 붉은 말이 나오더라 그 탄 자가 허락을 받아 땅에서
화평을 제하여 버리며 서로 죽이게 하고 또 큰 칼을 받았더라_계
6:3~4

어린 양이 둘째 인을 떼시니 송아지 형상의 둘째 생물이 "오라"
하고 부릅니다. 그러자 이번에는 붉은 말을 탄 자가 나옵니다. '붉은'
색은 피를 상징합니다.

생각해 보세요. 이기고 또 이기며 정복해야 하니까 자연스레 다
툼과 전쟁이 따라오지 않겠습니까? 그러니 그 지나가는 길목마다 살
육과 피 흘림의 역사가 일어납니다. 이런 연쇄적인 재앙이 하나님의
허락 하에 일어나고 있습니다. 붉은 말을 탄 자의 임무는 땅에서 화평
을 제하여 버리는 것입니다. 이기고 이기는 역사 가운데 화평은 점점
사라져 갑니다.

그런데 성경에서 붉은 피는 전쟁을 가리키기도 하지만 그리스도
의 보혈, 곧 승리를 의미하기도 합니다. 즉, 하나님은 끊임없는 전쟁 속
에서 그리스도의 승리를 경험하게 하시며 우리를 훈련해 가십니다.

"서로 죽이게 하고 또 큰 칼을 받았다"라는 것은 인간의 악으로
말미암아 벌어지는 전쟁의 실체를 표현한 말입니다. 인간에게 내재
되어 있는 이기고 또 이기려는 욕망이 나도 죽고 서로 죽이는 심판을

자초한다는 것이죠. 내가 이기려면 상대를 죽여야 하잖아요? 이렇게 서로 죽이면서 화평이 자꾸 제해져 가니 전쟁이 올 수밖에 없습니다.

우리 주님도 "내가 세상에 화평을 주러 온 줄로 생각하지 말라 화평이 아니요 검을 주러 왔노라"고 말씀하셨습니다(마 10:34). 전도를 위해 제자들을 파송하시면서 "너희가 내 이름으로 말미암아 핍박과 미움을 받을 것인데, 그 중심에 너희를 죽이려는 가족이 있다"고 하셨죠. 그러므로 한 집안에 복음이 들어가기 위해서는 화평이 깨어지는 일이 생길 수밖에 없습니다.

여기에서 말하는 화평은 본질적인 화평이 아니라 일시적이고 외적인 화평입니다. 믿음으로 하나 되는 참된 화평을 누리기 위해 일시적인 화평은 반드시 깨어져야 합니다. 무조건 "좋은 게 좋은 거지" 하면서 거짓 화평을 깨지 못하면 본질적인 화평을 이룰 수 없습니다.

어느 자매가 집안의 화평을 위해서 부모에게 순종하는 마음으로 불신 결혼을 했다고 하더군요. 그러나 이런 화평은 깨어져야 합니다. 부모 말 잘 듣겠다고 주님 말을 안 들어서야 되겠습니까? 내가 주님의 제자로서 헌신하고자 할 때 가장 현실적인 문제가 바로 가족입니다. 목사도, 선교사도 가정에서 불화가 생길 수 있습니다. 어떤 가정은 하나님을 믿지 않는데도 정말 화목합니다. 갈등도, 문제도 없이 단합이 잘 됩니다. 그러나 구원과 관계가 없는 화평은 깨져야 할 화평입니다. 진정한 화평을 이루기 위해 일시적인 화평을 깨야 할 때가 있습니다.

가족을 너무 사랑해도, 반대로 가족에게 너무 소홀해도 합당하지 않은 사람입니다. 주님은 "내가 온 것은 사람이 그 아버지와, 딸이 어머니와, 며느리가 시어머니와 불화하게 하려 함이니 사람의 원수가 자기 집안 식구리라 아버지나 어머니를 나보다 더 사랑하는 자는 내게 합당하지 아니하고 아들이나 딸을 나보다 더 사랑하는 자도 내게 합당하지 아니하다"라고 하셨습니다(마 10:35~37). 사람의 원수가 자기 집안 식구라고 합니다. 죽일 정도로 미운 원수가 집안에 있다는 것입니다.

특히 한국 사회는 가족의 단합과 화평에 유난히 집착합니다. 유교 사상에 얽매여서 핏줄 타령을 하는 가정도 많습니다. 그러다 보니 서로에게 지나친 헌신과 공경을 기대하고, 기대만큼 돌아오지 않을 때는 서로를 죽일 듯이 미워합니다. 일례로 청주여자교도소 수형자의 10명 중 4.6명이 살인범인데, 그중에서 남편을 살해하여 들어온 사람이 가장 많다고 합니다. 살인범 중 절반에 가까운 수가 남편을 살해했다는 겁니다. 예수님보다 가족을 더 사랑하면 파국으로 치달을 수밖에 없습니다. 하나님으로 말미암은 참사랑을 모르기에 서로를 우상 삼다가 집착으로 가는 것입니다.

앞에 마태복음 말씀에서 주님은 특별히 부모와 자식 관계를 강조하십니다. 이 시대에도 자식에게 집착하고 성공만 부추기다가 지옥을 사는 집이 얼마나 많습니까? 구약의 '힌놈의 아들 골짜기'와 지옥은 어원이 같다고 합니다. 힌놈의 아들 골짜기가 어떤 곳입니까? 이곳은 구약시대에 우상의 인신 제사가 행해지던 장소로, 특히 자식을 불살라 제물로 바치는 끔찍한 일이 벌어지던 곳이기도 합니다(대하 28:3; 33:6). 오늘날 우리가 자식에게 좋은 성적, 명문대학, 성공만 강요하는 것이 결국 자녀를 우상의 제물로 바치는 것 아니겠습니까.

뉴스만 보아도 부모가 자식을, 자식이 부모를 죽이는 일이 끊이지 않고 일어납니다. 지난 2011년, 고등학생 아들이 어머니를 무참히 살해한 사건이 있었습니다. 부부가 별거한 지 5년이나 된 위태로운 가정이었는데 이 어머니의 관심사는 오직 아들의 성적과 입시뿐이었습니다. 어머니의 목표는 아들을 서울대 법대에 보내는 것이었습니다. 그래서 종이에 '서울대학교'를 크게 써서 벽에 붙여 두고, 아들을 들들 볶으며 심지어 폭력도 서슴지 않았습니다. 아들은 내신 1, 2등급의 우수한 성적을 받았지만, 어머니는 거기에 만족하지 않았습니다. 아들에게 전교 1등만을 강요했습니다. 그러나 아들의 성적은 오르기는커녕 날이 갈수록 뚝뚝 떨어졌습니다.

그러던 어느 날, 아들은 전국 5천 등의 성적표를 어머니에게 차마 보일 수 없어 60등으로 위조하여 보여 주었습니다. 그런데도 어머니는 기뻐하지 않았습니다. 오히려 매질을 하면서 전국 1등을 하라고 강요했습니다. 아들이 어머니를 살해한 그날도 어머니는 "너는 의지가 약하다"면서 아들을 마구잡이로 구타했습니다. 골프채로 때리고 야구방망이로 때렸습니다. 그런데 그날 아들의 머릿속에 다음 날 학부모 총회가 있다는 사실이 문득 떠올랐습니다. 아들은 학부모 총회에 참석한 어머니가 행여 자신이 성적을 위조한 것을 알게 될까 불안했습니다. 급기야 그는 부엌에 있던 칼로 자고 있는 어머니를 살해하기에 이르렀습니다.

그런데 더 끔찍한 사실은 이 아들이 여덟 달 동안이나 신고를 하지 않았다는 겁니다. 그는 어머니의 시체를 집에 숨겨 두고 아무렇지 않은 듯 학교를 다녔습니다. 집안 사정 모르는 아버지가 생활비를 보내 주니 아들은 마치 해방된 민족처럼 마음대로 살며 수능시험도 치렀습니다. 아버지도, 친척도, 이웃도 그 누구도 어머니의 행방을 묻는 사람이 없었습니다. 그만큼 사회 관계망으로부터 고립된 채 살아온 것입니다.

아들은 아무런 죄책감이 없었습니다. 후에 모든 사실이 발각되어 체포됐을 때 그는 어머니의 죽음보다 친구들과 관계가 끊어지는 것만 걱정했다고 합니다. 구치소로 면회를 온 아버지에게도 "여자 친구에게 연락하고 싶다. 통화하게 해 달라"는 말뿐이었습니다. 아버지는 "아이의 엄마가 얼마나 잔인한 사람인지 모른다"며 아들의 무죄를 주장했습니다. 그걸 잘 아는 사람이 왜 가정을 내팽개치고, 왜 아내에게 아들을 맡긴 겁니까? 내가 결혼했고 자식이 있으면 아무리 악마 같은 배우자라도 가정을 지켜야지요. 도저히 같이 살 수 없는 사람이라 해도 자식 때문에 살았어야죠. 이미 물은 엎질러지고 아들은 살인자가 되었는데 이제 와 "죄가 없다" 외친들 무슨 소용이 있습니까?

이런 기막힌 일은 우리에게도 얼마든지 일어날 수 있습니다. 이 아들도 본디 평범했습니다. 내신 1, 2등급을 받을 만큼 성실히 공부하던 아이였습니다. 문제는 부모입니다. 문제아는 없고 문제 부모만 있습니다. 공부 못하는 아들, 말썽 피우는 딸이 문제가 아닙니다. 자녀 문제의 배후에는 문제 부모가 있습니다. 내 야망, 내 욕심으로 자녀를 공부시키고 결혼시키고 성공시키려는 것은 우상에게 내 아이를 갖다 바치는 것과 똑같습니다. 내 자녀를 힌놈의 아들 골짜기로, 지옥으로 내모는 것입니다.

어떤 가정은 화평한 것처럼 서로 칭찬만 하면서 "보라 형제가 연합하여 동거함이 어찌 그리 선하고 아름다운고" 부르짖습니다 (시 133:1). 그러다 갑자기 남편이 실직하거나 자녀가 대학에 떨어지면 견디지 못합니다. 지금까지 화평은 다 어디로 갔는지 흔적도 없이 사라지고 부글부글 끓어오르는 분노만 남습니다. 이기고 또 이기려고 하는 내 속의 악은 못 보고 거짓 화평만 부르짖기에 그렇습니다.

그러므로 하나님이 붉은 말 탄 자를 허락하십니다. 처절하게 피눈물 흘리는 사건을 허락하십니다. 날마다 내 죄와 싸우지 않는 만남, 자기 부인과 회개가 없는 교제는 성도끼리 모였어도 그저 세상 모임에 불과합니다. 사건이 생기면 본색이 드러나는 모임입니다. 그러니 화평할 수 없습니다. 겉으로는 화평해 보여도 거짓 화평일 뿐입니다.

첫째 인 재앙, 곧 흰말 탄 자의 재앙이 국제적ㆍ외부적 분쟁이라면, 둘째 인 재앙, 붉은 말 탄 자의 재앙은 내부적 분쟁입니다. 그러나 이 분쟁 역시 하나님께서 허락하셨습니다. 하나님이 이 전쟁을 제한하지 않으시면 세상은 자멸하고 맙니다. 그러니 우리는 하나님을 믿고 나아가야 합니다. 하나님만이 이 모든 재앙을 끝내실 수 있습니다.

● 우리 집의 화평은 일시적 화평, 거짓 화평은 아닙니까? 우리 집에 온 사건이 일시적 화평을 제함으로 영원한 화평을 이루시려는 하나님의 계획임을 깨닫고 있습니까?

- 일시적인 화평을 제하기 위해 하나님 앞에 드러내어 깨뜨려야 할 것은 무엇입니까?

기근의 심판이 옵니다

셋째 인을 떼실 때에 내가 들으니 셋째 생물이 말하되 오라 하기로 내가 보니 검은 말이 나오는데 그 탄 자가 손에 저울을 가졌더라
_계 6:5

어린 양이 셋째 인을 떼시자 사람의 모습을 한 생물이 "오라" 합니다. 이어서 검은 말 탄 자가 등장합니다. 그의 손에는 저울이 들려 있습니다. 저울의 기능이 무엇입니까? 무게를 측정하는 것입니다. 저울을 든 검은 말 탄 자의 등장은 심각한 기근 상황을 상징합니다. 이기고 또 이기려 하니까 다툼이 일어나고, 그럴수록 화평이 제해져서 다툼은 곧 전쟁으로 이어집니다. 그러면 어떻게 되죠? 기근이 드는 것이 당연하지요.

가정도 마찬가지입니다. 서로 사랑하며 연합해야 할 부부가 서로 이기려고만 하니까 점점 화평이 제해지고 전쟁이 일어납니다. 그러다 결국 기근이 옵니다. 부부가 한마음이 안 되니 아무것도 할 수 없습니다. 회사에 나가도 일이 손에 안 잡힙니다. 자식들은 공부에 집중하기가 어렵습니다. 마음에 상처만 가득해집니다. 온 가족이 갈수록

염려만 늡니다. 자유도, 여유도 사라집니다. 모든 것을 이해타산적으로만 생각합니다. 집안 공기는 점점 삭막해지고 가정 경제도 메말라 버립니다.

저도 이기고 또 이기려 하다가 화평이 제해져 결국 기근이 왔습니다. 제 욕심을 따라 부잣집에 시집을 갔는데 10원 한 푼 제 맘대로 써 보지 못했습니다.

그러나 하나님은 우리를 불쌍히 여기셔서 고난을 허락하되 '한계가 있는 고난'을 주십니다.

> 내가 네 생물 사이로부터 나는 듯한 음성을 들으니 이르되 한 데나리온에 밀 한 되요 한 데나리온에 보리 석 되로다 또 감람유와 포도주는 해치지 말라 하더라_계 6:6

당시 한 데나리온은 노동자의 하루 품삯이었습니다. 그것으로 밀 한 되, 보리 석 되는 살 수 있었다고 합니다. 즉, 한 데나리온을 남기신다는 것은 기근을 허락하시되 굶지는 않게 하시겠다는 말입니다. 또한 감람유와 포도주도 공급하겠다고 하십니다. 그러니 이 고난은 우리를 죽이시려는 것이 아니라, "너희 빨리 돌아오라" 하시는 고난입니다. 견딜 만한 고난입니다. 저도 고난의 시간에는 괴로워 죽을 것만 같았는데 지나고 나서 보니 굶지도 헐벗지도 않았습니다. 하나님이 밀 한 되, 보리 석 되는 공급해 주셨습니다.

그런데도 절대로 주님 앞으로 나오지 않는 사람이 너무 많습니다. 이제 일곱 인 중에 셋째 인을 뗐고, 앞으로 일곱 나팔 재앙과 대접 재앙이 남았는데도 절대 돌아오지 않습니다. 요한계시록이 끝날 때까지도 절대 주님께 나오지 않습니다. 말씀이 들리지 않으니까, 이기고 또 이기려고만 하니까 주식에 무리하게 투자하면서 인생을 겁니다. 그러니 화평할 날이 없습니다. 삶에 기근이 옵니다.

우리들교회에도 오래도록 신앙생활을 하면서도 여전히 주식 중독에서 벗어나지 못하는 집사님이 계십니다. 그분에게는 이 요한계시록의 재앙이 자신의 이야기로 들리지 않습니다. 하나님은 애타게 "빨리 돌아오라!" 말씀하시는데, 이분은 도무지 돌이키지 않습니다. 말씀이 들리지 않아서 그렇습니다. 제가 안타까운 마음으로 그분을 향해 날마다 외치고 설교해도 전혀 다른 소리로 듣습니다. 주식을 끊기는커녕 도리어 하나님이 꿈을 주셨다면서, 대박을 향해서 더 나아갑니다. 주식을 하는 게 문제라는 말이 아닙니다. 이분이 돈 넣고 돈 먹기를 할 요량으로 허구한 날 주식에만 인생을 걸고 있으니까 그게 안타까워서 그렇지요. 이분이 교회 개척 멤버인데 그때부터 지금까지 큐티로, 설교로 계시록을 얼마나 읽어 왔겠습니까. 그런데도 말씀이 안 들리는 겁니다. 여러분, 이것이 남의 이야기로 들립니까?

우리는 요한계시록을 읽으면서 "도대체 이 책은 왜 이렇게 어려운가!" 합니다. 당시 그리스도인을 거세게 핍박하던 로마가 이 말씀을 알아들어서는 안 되었기에 그렇지요. 로마야 그렇다 쳐도 하나님을 믿는 우리가 말씀을 못 알아들어서야 되겠습니까? 어렵다고 하면서 제껴 두면 되겠습니까? 로마처럼 안 믿기로 작정하면 내가 믿고 싶은 대로 믿게 됩니다. "돌아오라!" 하시는 주님 말씀이 안 들립니다. 로마를 부러워하면서, 일시적인 화평이 진짜라고 믿으면서 살아갑니다. 아직 기근이 오지 않아서 그렇습니다. 아직 먹고살 만해서 그렇습니다. 아직도 손에 쥐고 있는 것이 많아서 그렇습니다. 그러나 예수 그리스도가 내 인생에 우뚝 서기 위해 기근은 반드시 있어야 할 일입니다.

"보라 내가 오늘 너를 여러 나라와 여러 왕국 위에 세워 네가 그것들을 뽑고 파괴하며 파멸하고 넘어뜨리며 건설하고 심게 하였느니라"(렘 1:10).

건설하고 심으려면 뽑고 파괴하고 파멸하고 넘어뜨리는 일이 선행되어야 합니다. 내가 주의 진정한 자녀로 세워지기 위해서는 십자가가 먼저라는 것입니다. 십자가를 거쳐야만 부활이 있습니다.

전쟁과 내란의 결과 기근까지 든 암담한 현실에서도 하나님은 감람유와 포도주는 해치지 말라고 하십니다. 이것이 무슨 뜻입니까? 우리에게 "지금이라도 돌아오라"고, "너희가 영원히 나와 함께 살았으면 좋겠다"라고 말씀하시는 것입니다. 우리를 끝까지 기다리시는 것입니다. 여러분은 언제까지 하나님을 기다리시게 하겠습니까?

우리는 이기고 또 이기는 로마를 부러워하고 두려워합니다. 그러나 아무리 로마가 많은 나라를 정복해 평화의 시대를 이루었어도, 이면에는 전쟁과 반란과 기근과 사망이 끊임없이 따랐습니다. 로마가 이룬 평화는 진정한 평화의 왕이신 예수 그리스도의 통치와는 결코 비교할 수 없습니다. 이 세상 어떤 나라의 승리도 예수 그리스도의 승리와는 비교할 수 없습니다.

그러면 우리는 이 기근을 어떻게 해결해야 할까요? 지금 내게 닥친 기근이 하나님께서 허락하신 일이라는 것을 인정해야 합니다. '내가 언젠가는 대박을 쳐야 하는데 왜 하필 지금 기근이 왔는가!' 하지 말고, 하나님께서 허락하신 기근이라는 것을 인정해야 합니다. 대박의 꿈이 아니라 하나님의 꿈을 꿀 때 인생의 기근도 해결됩니다.

● 내가 지금은 죽을 것처럼 힘들어도 이 기근이 하나님께서 허락하신 고난이라는 사실을 인정합니까? 나를 죽이고자 하심이 아니라 빨리 돌아오라고 주시는 기근임을 알고 있습니까? 밀 한 되, 보리 석 되는 공급해 주신 고난이라는 것을 인정합니까?

어린 양만이 진정한 해결책입니다

내가 보매 어린 양이 일곱 인 중의 하나를 떼시는데……_계 6:1a

일곱 인을 떼시는 분은 어린 양입니다. 어린 양이 심판을 시작하셨습니다. 그러니 끝낼 분도 어린 양입니다. 즉, 이 모든 전쟁과 기근은 주님이 시작하셨고 주님이 끝내신다는 것입니다. 주님이 어떤 분입니까? 나를 위해 죽으신 분, 내게 새로운 인생을 허락하시는 분입니다. 우리가 눈앞에 펼쳐지는 전쟁과 기근과 고난 가운데서도 담대할수 있는 것은 사나 죽으나 우리는 어린 양의 은혜 안에 거하는 자들이기 때문입니다.

어린 양 예수님은 우리에게 모든 것을 주지는 않으십니다. 그러나 우리에게 필요한 것은 모두 허락하십니다. 비록 그것이 고난이라고 할지라도 말입니다. 그러니 우리는 합력해서 선을 이루시는 능력의 하나님을 믿고 나아가야 합니다. 일찍이 죽임을 당하신 어린 양을 신뢰하면서 나아갈 때 우리에게 담대함이 생깁니다.

이 땅을 사는 우리가 불러야 할 새 노래의 내용이 무엇이었습니까? "어린 양에게 찬송과 존귀와 영광과 권능을 세세토록 돌릴지어다"라고 했습니다(계 5:13). 오직 어린 양에게 찬송과 존귀와 영광과 권능이 있는데 왜 자꾸 다른 사람들과 비교하며 세상을 부러워합니까? 왜 엉뚱한 곳에서 찬송과 존귀와 영광과 권능을 구합니까? 그러니 기대와 달리 실패하고, 실패할 때마다 부들부들하는 것입니다. 화평이 제하여지는 것입니다.

몇 년 전, 한 집사님이 요한계시록 말씀을 큐티하면서 나누어 주신 간증입니다.

하나님은 일곱 인을 하나하나 떼어 가시는 과정을 보여 주시면서 우리가 인생을 어떻게 보아야 하는지 가르쳐 주십니다. 어떻게 예수님의 십자가 구속 관점으로 인생을 볼 수 있는지 가르쳐 주십니다. 우리가 고난을 겪으나 말씀으로 인생이 해석되고, 삶이 구속사적으로 해석되는 것이 바로 일곱 인을 떼며 우리 인생의 비밀을 보여 주시는 하나님의 은혜가 아닐까 생각합니다.

본문 말씀처럼 저도 위풍당당한 흰말을 타고 성공을 향해 이기고 또 이기는 인생을 사는 것이 목표였습니다. 그래서 날로 화평이 제하여 지는데도 그저 경쟁자들을 무찌르기 위한 큰 칼을 갖기만 원했습니다. 제가 차지할 것들을 저울에 재면서 사망과 음부에 이르는 길을 가고 있었습니다. 이기고 또 이기려는 욕심으로 점철된 인생이었습니다. 아무리 부정하려고 해도 하나님 보시기에 악한 인생이었습니다.

그러다가 심장병에 걸리고 그제야 저는 주님을 찾게 되었습니다. 사업에서 위기를 겪고 나서야 인생을 말씀으로, 구원의 관점으로 보는 은혜를 받았습니다. 이를 통해 예배가 회복되고 주님을 인격적으로 만나게 되었습니다. '고난이 축복'이라는 말씀의 참뜻을 깨닫고, 말씀 듣는 구조 속에 묶여 있는 것이 얼마나 복된 인생인지도 알게 되었습니다.

생각해 보면 고난의 사건들은 일곱 인을 하나하나 떼어 주시는 하나님의 은혜였습니다. 주님의 말씀을 증거하지 않는 인생, 죽어짐이 없는 인생이 어찌 하나님의 오른손에 있는 책을 볼 수 있겠습니까?

제 인생의 몇 번째 인이 떼어졌는지 아직 확실히 모르겠습니다. 그렇지만 인생의 여정 속에서 또다시 원하지 않는 고난들이 찾아오더라도, 하나님이 나를 위해 예비해 놓으신, 심판의 일곱 인이라고 생각하겠습니다. 그 인이 하나하나 떼어질 때마다 하나님이 인생의 목적과 비밀을 보여 주실 것을 믿으며 감사하는 삶을 살도록 하겠습니다. 아멘.

지금 여러분은 몇째 인을 떼는 재앙 가운데 있습니까? 저도 인을 떼시는 수많은 사건을 경험하면서 지금까지 왔습니다. 이기고 또 이기려 하다가 화평이 제해지고 기근을 맞았지만, 어린 양의 보호하심으로 이 자리에 서게 되었습니다.

결혼 후 저는 알 수 없는 동여맴과 미움을 당하며 살았습니다. 미움도 어린 양과 함께, 믿음의 공동체와 함께 받아야지 혼자서 미움을 받아 내려고 하면 사람이 추해지게 마련입니다. 화평이 깨져 버립니다. 저도 화평이 깨졌습니다. 거짓 화평이 제하여져야 구원이 이루어진다는 사실을 그때는 몰랐습니다. 그래서 위장된 화평, 일시적 화평을 유지하기에 급급했습니다.

그러다가 예수님과 본질적 화평을 이루게 된 일이 있었습니다. 결혼하고 5년 동안 시집살이를 했는데 처음에는 잘 참아 내는 듯했습니다. 그러나 이것이 진심으로 이룬 화평이었겠습니까? 저야말로 이기고 또 이기려는 자의 최고봉이었는데요. 그 치열하다는 음대 입시 경쟁에서 이겨 서울대학교를 가고 피아노 강사까지 하지 않았습니까? 그런 제가 시집살이 아래서 피아노도 못 치고, 책도 못 읽고 TV는커녕 라디오도 못 듣고, 외출도 못 하며 지냈으니 얼마나 속에서 악 소리가 났겠습니까? 그런데도 당시 저는 무엇을 어떻게 해야 하는지 몰랐습니다. 그저 하루하루 버티는 것이 전부였지요. 교양이 하늘을 찔러서 매력이 하나도 없었습니다.

그러다 하루는 친구 돌잔치에 잠깐 다녀왔습니다. 시부모님의 허락을 받고 다녀온 것인데도 조금 늦게 귀가하자 시부모님은 저를 모멸 차게 야단하셨습니다. 그 일로 시집살이 5년 만에 드디어(?) 제가 폭발했습니다. 대학 다닐 때 입던 빨간 겉옷을 걸쳐 입고 그길로 저는 집을 나가 버렸습니다. 남편이 사 준 옷도 많았지만 그것들은 다 두고 내가 내 힘으로 산 옷을 골라 입은 것입니다. 그런데 제가 어디 갈 곳이 있었겠습니까? 그저 둑방길을 하염없이 왔다 갔다 하다가 마침 저를 잡으러 온 도우미 아주머니에게 붙잡혀서 집으로 끌려왔습니다. 그때 시부모님이 얼마나 저를 야단치시던지요. "본 데 없는 집 딸이 어디서 이런 행동을 하네? 네 애비, 애미 데려오라우" 하시는데 저도 참을 수가 없었습니다. 그래서 제가 대꾸를 했습니다.

"어머니! 제가 시집을 왔지 감옥에 온 것이 아니잖아요. 제가 왜 못 나갑니까? 제가 왜 책도 못 읽고 죄인처럼 살아야 합니까? 저는 죄인이 아니에요. 저는 격리시켜야 하는 전염병 환자가 아니에요!"

그러니 어떻게 됐겠습니까? 과연 시어머니가 제가 부르짖는 소리를 듣고 "그랬구나, 미안하다" 하셨겠습니까? 온 집안이 난리가 났습니다. 시어머니는 그야말로 기절하기 직전이셨죠. 그 일 후 저는 3일 동안 방에서 나가지 않았습니다. 남편은 늘 새벽에 나가서 밤늦게야 들어오니 무슨 일이 있었는지도 모르고, 어머니도 아무 말 안 하신 눈치였습니다. 아마도 아들이 모든 사실을 알면 당장 저를 내쫓으리라 예상하고 아무런 이야기도 하지 않으셨던 것 같습니다.

그런데 하루는 에스겔 말씀을 묵상하는데 에스겔과 제가 똑같은 처지에 있는 겁니다. 에스겔도 집 밖에 못 나가고 벙어리가 되어서 동여맴을 당하지 않습니까? 그런데 하나님께서 그런 에스겔에게 인분불에 떡을 구워 먹으라고 명하시니 에스겔이 "아하, 주 여호와여" 탄식합니다. 제가 참다못해 "어머니!" 하고 외친 것처럼 에스겔도 "하나님!" 하고 외친 것입니다. 그러고는 "주 여호와여 나는 영혼을 더럽힌 일이 없었나이다. 어려서부터 지금까지 스스로 죽은 것이나 짐승에게 찢긴 것을 먹지 아니하였고 가증한 고기를 입에 넣지 아니하였나이다"라고 합니다(겔 4:12~14). 쉽게 말하면 "하나님, 나는 어려서부터 모범생이었어요. 나는 율법을 잘 지켰고 부정한 떡을 먹은 일이 없어요. 그런데 왜 제가 인분 불에 떡을 구워 먹어야 합니까!" 하고 난리를 친 것입니다. 다행히 하나님은 그런 에스겔을 "이런 근본도 없는 놈 같으니!" 하고 혼내지 않으셨습니다. 대신 "알았다, 그럼 인분 말고 쇠똥으로 감해 주겠다" 하셨습니다(겔 4:15).

저도 에스겔처럼 주님의 계획 속에 있는 인생이기에 시부모님께 난리를 치고 대들었는데도 쫓겨나지도, 이혼당하지도 않았습니다. 그때 해결할 길이 없고 방법도 몰라서 3일 만에 다시 집을 나왔는데 이번에도 역시 갈 곳이 없었습니다. 친정에 갔지만 반기는 사람 하나 없고, 수중에 돈 한 푼이 없어 찾은 곳이 기도원이었습니다. 그런데 그곳에서 제가 주님을 만났습니다. 곤고한 저를 주님이 만나 주셨습니다. 그뿐입니까? 이후에 살림도 나게 해 주셨습니다.

그렇게 분가한 후로 아침저녁으로 시부모님을 찾아뵈었는데, 만일 처음부터 따로 살며 아침저녁으로 찾아가야 했다면 생색이 나지 않았을까요? 그러나 전에는 종일 시부모님 얼굴을 대하다가 이제 는 아침저녁에만 잠깐 뵈면 되니 별로 어려운 일도 아니었습니다. 하나님이 인분을 쇠똥으로 감해 주셨습니다.

제가 시집살이 5년 만에 쏟아내듯 한 말 중에 사실 틀린 것이 있습니까? 할 말을 했습니다. 그런데 저는 왜 긴 세월 동안 그런 말을 못하고 살았을까요?

총 48장으로 이루어진 에스겔서의 긴 내용 중에 에스겔이 하나님께 "못하겠다!" 소리친 것이 초반 4장의 이야기입니다. 즉, 에스겔이 치기 어린 시절, 연약했던 때의 외침이었습니다. 마찬가지로 당시 제가 할 수 있는 일도 시어머니께 악 소리 내는 것밖에 없었습니다. 하나님이 그런 제 연약함을 잘 아셨습니다. 그래서 비록 치기 어린, 아이 같은 외침이었지만 제가 그런 환경 가운데서 죽지 않고 살았다는 것만으로도 주님은 '네가 예수 이름 때문에 미움을 받았다'고 쳐 주셨습니다.

그때 제가 무엇을 할 수 있었겠습니까? 기도할 줄도 몰랐습니다. 양육 한번 받아본 적 없었습니다. 그저 "화평케 해 주옵소서, 화평케 해 주옵소서" 기도할 뿐이었습니다. 할 말이 없으니 "화평케 해 주옵소서"만 반복했습니다. 그런 걸 보면 제 마음이 보통 복잡한 게 아니었나 봅니다. 얼마나 속이 부글부글 끓었으면 화평만 죽어라 외쳤겠습니까. 그만큼 제게 화평이 없었습니다. '내가 왜 이러고 살아야 하는가'라는 생각만 들었습니다. 그런데 나도 모를 힘으로 시어머니와의 일시적인 화평을 깸으로써 주님과 온전한 화평을 이루게 됐습니다.

그렇다고 해서 여러분도 "어머니!" 하며 대들라는 것은 아닙니다. 당시 저는 믿음이 어렸기에 하나님이 그런 제 수준대로 인도해 주신 것입니다. 거짓 화평을 깨고 집을 나가 기도원에 갔는데 얼마나 마음이 곤고했겠습니까? 그야말로 이혼당하기 직전이었습니다. 제 발로 집을 나갔지만 쫓겨난 것이나 다름없었습니다. '내 힘으로는 결혼생활도 제대로 못 해 내는구나'라는 생각에 처량했습니다. 그렇게 땅 끝까지 곤고해졌기에 주님을 만난 것입니다.

그러니 이 모든 일이 하나님이 허락하신 심판이 아니고 무엇이 겠습니까? 하나님께서 시어머니와 남편도 구원해 주시고, 저도 지난 날을 약재료 삼아 이렇게 쓰임 받고 있으니 정말 허락 받은 심판 맞습 니다. 그래서 저는 앞으로 일곱 인 재앙, 일곱 나팔 재앙, 일곱 대접 재 앙이 모두 닥친다 해도 어린 양이 반드시 저를 보호하시리라고 확신 합니다. "내가 사망의 음침한 골짜기로 다닐지라도 해를 두려워하지 않을 것은 주께서 나와 함께 하심이라 주의 지팡이와 막대기가 나를 안위하시나이다"라는 다윗의 고백처럼 어린 양은 저를 지켜 주셨습 니다(시 23:4).

아직도 "내가 왜 이런 일을 겪어야 합니까" 원망하고 불평합니 까? 내가 틀린 것 하나 없어도 온 사방이 "틀렸다" 하는 답답한 환경에 사로잡혀야 우리가 비로소 훈련이 됩니다. 모두가 나를 상식적으로 대해 준다면 거기서 무슨 훈련을 받겠습니까? 낮아지고 낮아져야 주 님을 만날 수 있습니다. 제가 돈 한 푼 없이 기도원에서 지내도 남편은 저를 찾으러 오지 않았습니다. 그러나 그렇게 씻을 수 없는 죄인처럼 홀로 남아 피투성이가 되었을 때 제가 주님을 만났습니다. 이 정도 고 난이 아니면 제가 주님을 만날 수가 없는 겁니다. 그러므로 어린 양을 따라 우리도 십자가 길을 걸어야 합니다. 어린 양이 요구하시는 삶을 따라 살기로 작정해야 합니다. 그것이 어린 양의 보혈로 허락 받은 심 판을 통과하는 비결인 줄 믿습니다.

이기고 또 이기려고 하는 것이 재앙의 근원입니다. 그럴수록 화평이 제해집니다. 그러나 우리가 일시적인 화평을 깨면 영원한 화평을 누리게 됩니다. 하나님은 그것을 원하십니다. 내가 일시적인 화평을 제하지 않으면 기근이 찾아옵니다. 결혼생활에 기근이 오고, 가족 간에 기근이 오고, 물질의 기근이 옵니다. 기근은 내가 고난을 하나님이 허락하신 심판으로 받아들이지 않고 끝끝내 내 힘으로 이기려고 할 때 옵니다. 어린 양만이 진정한 해결책입니다. 어린 양이신 예수님의 인도하심을 따라가는 우리가 되기를 바랍니다.

- 지금 당하는 모든 고난이 하나님이 허락하신 심판이라는 것을 인정하고 있습니까? 이 고난이 내 삶의 결론이라는 사실을 인정합니까?
- 이 고난을 시작하신 분도, 끝내실 분도 어린 양뿐이라는 사실을 믿으며, 그분의 이끄심대로 따라가고 있습니까?

그렇게 씻을 수 없는 죄인처럼
홀로 남아 피투성이가 되었을 때
제가 주님을 만났습니다.
이 정도 고난이 아니면
제가 주님을 만날 수가 없는 겁니다.
그러므로 어린 양을 따라
우리도 십자가의 길을 걸어야 합니다.

저는 평범한 가정에서 성장했습니다. 공부도, 외모도, 성격도 평범해 존재감 없이 살아왔습니다. 1등이라는 자리는 늘 나와는 상관없는 자리였고, 그랬기에 누군가를 이기고 또 이기려고 하며 살아왔다고 생각하지 않았습니다(계 6:2). 그런데 결혼 후 평범한 제 인생이 흔들리며 혼돈과 흑암 그 자체가 되었습니다. 제게 남편은 나만 사랑하고 나를 행복하게 해 줄 것만 같은 흰말 탄 자였습니다. 그런데 그런 남편이 결혼과 동시에 직장을 그만두더니, 부동산 투기업자들과 어울리며 각종 소송에 휘말렸습니다. 낯선 채권자들이 집으로 찾아오고, 결국 집 안 곳곳에 경매 딱지가 붙었습니다. 우리 부부는 날마다 피 흘리는 전쟁을 하며 이혼을 부르짖었습니다. 내 죄라고는 그저 열심히 산 것밖에 없는데 왜 이런 고난들이 찾아왔는지 도무지 해석되지 않아서 원통하기만 했습니다. 급기야 저는 심한 우울증에 걸려 자살까지 생각하고 밤에 잠이 들 때면 아침에 눈이 떠지지 않기를 바랐습니다.

그러던 중 말씀이 있는 공동체로 인도함을 받았습니다. 설교를 듣는데 "우울증은 내 욕심 때문이다"라는 목사님의 말씀에 머리를 한 대 얻어맞은 듯 큰 충격을 받았습니다. 처음엔 그 말씀이 쉽게 인정되지 않았습니다. 하지만 가만히 묵상해 보니 제 마음 깊은 곳에 나를 사랑하고 돈을 사랑하는 탐심, 이기고 이겨서 누구보다 행복하고 싶은 욕심이 똬리를 튼 것이 보였습니다. '남편도, 자녀도, 물질도 내 욕심대로 따라오지 않으니 내가 우울한 것이구나' 깨달아지면서 비로소 목사님의 말씀이 인정되었습니다. '남편이 조금 더 돈을 잘 벌어왔으면······', '자녀가 조금 더 공부를 잘했으면······' 하면서 늘 '조금 더' 바라는 제 욕심 때문에 화평이 제해지는 심판이 올 수밖에 없었습니다(계 6:4).

그럼에도 하나님은 저를 불쌍히 여기셔서 밀 한 되, 보리 석 되의 은혜를 공급해 주셨습니다(계 6:6). 남편은 호텔의 야간 경비원으로, 저는 어린이집 교사로 일하게 해 주신 것입니다. 무엇보다 이기적인 저를 고난당한 자들의 친구 되게 하셔서, 구원의 약재료를 나누며 이타적인 삶을 살게 하셨습니다. 또 불신자였던 남편이 교회에 나와 세례를 받는 구원의 역사도 베풀어 주셨습니다. 나 혼자 잘 먹고 잘살다 영원한 심판을 면하지 못할 인생이었는데 이 땅의 화평이 깨어지는 사건으로 우리 가정을 구원해 주시니 참 감사합니다. 진정한 화평을 누리고 전하게 하시는 하나님을 찬양합니다!

영혼의 기도

하나님 아버지, 제가 얼마나 이기고 또 이기려고 하던 자였는지 주께서 아십니다. 저는 거룩하고 깨끗하며 고도의 훈련을 받은 흰말을 탄 자 같았습니다. 마음먹으면 안 되는 것이 없는 줄 알았습니다. 그것이 재앙의 시작이라는 사실을 제가 몰랐습니다.

가난한 집 딸로 태어나 내 힘으로 세상 승리를 얻으니 그 교만의 깊이와 넓이가 하도 커서 하나님은 저를 동여매실 수밖에 없었습니다. 그러나 하나님이 저를 동여매셨기에 제 속이 얼마나 더럽고 추악한지 알았습니다. 저는 얼마든지 남을 미워할 수 있는 사람이었습니다. 위선자였습니다.

결국 제게 기근이 왔습니다. 물질의 기근이 오고, 결혼생활에 기근이 오고, 행복이 마르는 기근도 왔습니다. 아무것도 가진 것 없이 그 겨울에 정말 초라한 처지가 됐습니다. 수중에 돈 한 푼 없이 이혼당할 일만 남은 처지가 됐습니다. 그러나 아무것도 할 수 없던 그 자리에 주님이 저를 찾아오셨습니다.

주님, 제가 에스겔처럼 결혼 5년 만에 소리를 지른 것은 결국 돌아가신 친정어머니의 기도가 쌓였기 때문이었습니다. 모든 것이 어린 양의 인도하심과 보호하심이었습니다. 제 힘으로는 아무것도 할 수 없는데, 그런 제 인생을 인분에서 쇠똥으로 감해 주시니 감사합니다. 주님이 날마다 인도해 주셔서 여기까지 올 수 있었습니다.

그러나 아직도 이기고 또 이기려는 것이 많아서 마음속에 화평이 제해질 때가 많습니다. 주여, 불쌍히 여겨 주옵소서. 에스겔의 천국 성전이 저와 우리 성도님들의 인생에 지어지길 원합니다. 우리 가운데 기근이 올 때 하나님의 음성을 들음으로 허락 받은 심판에서 구원을 얻기를 바랍니다. 일찍이 죽임당하신 어린 양을 우리가 의지하고 신뢰할 수 있도록 주님, 역사하여 주옵소서. 하나님이 시작하셨으니 하나님이 끝내지 않으시면 끝날 수 없는 심판입니다. 어린 양의 이름을 부르면서, 오직 어린 양 뜻대로 사는 우리가 되도록 역사하여 주옵소서. 우리의 모든 사건이 말씀으로 해석되게 하옵소서. 예수님 이름으로 기도합니다. 아멘.

어린 양의 진노

요한계시록 6장 7~17절

04

하나님 아버지, 어린 양의 진노를 통해
하나님의 사랑을 깨닫고
주께로 돌이키는 자가 되기를 원합니다.
말씀해 주시옵소서. 듣겠습니다.

어린 양은 온유한 분입니다. 우리의 구원을 위해 일찍이 죽임을 당하심으로 이 땅에서 자기의 능력을 쓰지 않으셨습니다. 그런데 온유한 어린 양이 진노하신다고 합니다(계 6:16). 오죽하면 진노하실까요? 날마다 화내는 사람보다는 늘 상냥하다가 한번 마음먹고 화내는 사람이 더 무섭지 않습니까? 어린 양은 왜 진노하실까요? 또 어떻게 진노하실까요?

음부의 죽음으로 진노하십니다

7 넷째 인을 떼실 때에 내가 넷째 생물의 음성을 들으니 말하되 오라 하기로 8 내가 보매 청황색 말이 나오는데 그 탄 자의 이름은 사망이니 음부가 그 뒤를 따르더라 그들이 땅 사분의 일의 권세를 얻어 검과 흉년과 사망과 땅의 짐승들로써 죽이더라_계 6:7~8

어린 양이 넷째 인을 떼십니다. 그러자 독수리 같은 생물이 "오라" 하고, 사망이라는 이름의 청황색 말을 탄 자가 나옵니다. 청황색은 핏기 없는 창백함, 곧 시체와 질병, 죽음을 상징하는 색입니다.

이기고 또 이기려고 하다가 화평이 제해져서 기근이 온다고 했습니다. 인생에 기근이 찾아오면 우리는 사망의 유혹에 빠집니다. 청황색 말의 초청에 응하고 싶습니다. 그런데 이 사망이란 이름에는 음부가 뒤따른다고 합니다. 사망에는 지옥의 고통이 따라온다는 것입니다. 이것이 세상의 사이클입니다.

삶이 있으면 반드시 죽음도 있게 마련이지요. 그러므로 우리는 죽음을 잘 준비해야 합니다. 오직 어린 양께 나오는 것이 죽음을 준비하는 최선의 길인데 말씀이 들리지 않으니 사망 뒤에 음부가 뒤따른다는 사실을 모릅니다. 그래서 준비 없이 살다가 검과 흉년과 사망과 땅의 짐승들에게 속수무책으로 무너집니다(계 6:8). 육적·정신적·영적 외로움이 닥치면 쉽게 죽음을 생각하기도 합니다. 고난의 때일수록 죽을 이유가 도처에 깔려 있는 것만 같습니다. 이 땅은 거대한 공동묘지와 같아서 수많은 사람을 삼키고도 여전히 입을 쩍 벌린 채 우리가 오기를 기다리고 있습니다. 지옥을 미리 보면 끔찍해서라도 절대 가지 않으려 할 텐데 지옥의 고통이 그저 남의 일이라 음부를 우습게 여기고 죽음을 준비하지 않습니다.

하나님이 왜 진노하시겠습니까? 이 땅에서 음부를 겪어 보라는 것입니다. 이 땅에서 미리 음부를 겪는 것이 축복 중의 축복이기에 그렇습니다. 음부를 미리 맛보면 '이 지옥을 어떻게 영원토록 겪을 수 있어? 절대 안 돼!' 하고 경각심을 갖지 않겠습니까.

그런데 정작 현실은 어떻습니까? 우리나라는 자살의 문제가 갈수록 심각해지고 있습니다. 미모의 연예인들이 스스로 목숨을 끊는 일이 해마다 일어납니다. 예쁘고 똑똑한 아나운서가 악성 댓글 때문에 자살하고, 국민 여배우로 불리던 유명 배우가 결혼생활에 실패했다는 이유로 목숨을 끊었습니다. 모두 대중에게 큰 사랑을 받던 사람들인데 왜 이런 극단적인 선택을 합니까? 자존심은 높은데 자존감이 낮아서 그렇습니다. 자존감은 남의 평가와 상관없이 스스로 자신의 품위를 지키는 것입니다. 반면에 자존심은 남에게 굽히지 않으면서 자신의 품위를 지키는 것입니다. 비슷해 보여도 큰 차이가 있습니다.

그러면 우리가 어떻게 자존감을 회복할 수 있을까요? 다른 길이 없습니다. 내가 "100% 죄인"이라는 것을 깨닫는 것뿐입니다. 죄로 인해 죽을 수밖에 없던 나를 구원해 주신 예수 그리스도를 위해서만 살기로 작정해야 합니다. 우리는 오직 주 안에서만 자존감을 회복할 수 있습니다. 나는 죽고 구속하신 주님만 내 안에 사시면 함부로 죽을 수도, 함부로 살 수도 없는 인생이 됩니다. 내 신분을 깨달았는데 어떻게 죽을 수 있겠습니까?

그런데 자꾸 이기고 이기려 하다가 내 뜻대로 안 되니까 죽으려 합니다. 어찌 매사에 이길 수 있겠습니까. 이기는 사람은 소수이고, 대부분 실패와 절망을 겪으며 살아갑니다. 이것을 인정하지 못하고 "나는 이기기만 해야 해. 실패란 있을 수 없어!" 한다면 사망의 초청을 받을 수밖에 없습니다. 구원은 나의 행위와 의로 이루어지는 것이 아닙니다. 끊임없이 내 행위로 이기려고만 하니, 자기 기준에 이기지 못한 것이 있으면 죽고 싶은 겁니다.

제아무리 윤리적이고 도덕적인 사람도 그렇습니다. 스스로 정해 놓은 윤리 수준에 도달하지 못하면 화평이 제해지고 기근을 겪다가 끝내 죽음으로 갑니다. 하지만 나는 간 곳 없고 오직 어린 양에게만 찬송과 존귀와 영광과 권능이 있다는 것을 알면, 그 어린 양이 내 안에 살아 계심을 믿으면 죽을 이유가 없습니다. 그것이 곧 자존감이 회복되는 길입니다.

대단히 높은 윤리의식을 가졌다고 해도, 어떤 강한 자라도 사망의 초청 앞에 당해 낼 자가 없습니다. 인간이 가진 것 없고 배운 것이 없어서 자살합니까? 그렇지 않습니다. 부와 권세, 학식과 미모, 명예 등 모든 것을 갖춘 사람이 허탈하게 생을 마감하는 것을 우리가 얼마나 많이 보았습니까. 한 나라의 대통령을 지내고도 인생이 해석되지 않아서 스스로 목숨을 끊습니다. 이들은 흰말을 타며 활을 든 사람, 고도의 훈련을 받은 사람들입니다. 이기고 또 이긴 사람들입니다. 그런데도 예외 없이 청황색 말을 탄 자의 초청을 받아들입니다. 스스로 의롭고 잘났다고 생각하기에 세상에 뿌리를 굳게 박는 것입니다. 자존심을 굽히지 않기 위해 목숨을 버리는 일도 불사합니다. 그러나 건강한 자존감은 하나님 안에서 나 자신을 바로 볼 때만 생겨납니다.

에스겔 8장에 보면, 하나님이 에스겔의 머리털 한 모습을 잡고 올리셔서 그를 예루살렘 성전으로 이끄십니다(겔 8:3). 그러시고는 그에게 성전을 가득 채운 각양 곤충과 가증한 짐승, 더러운 우상을 보이며 성전의 실상을 밝히 드러내시죠(겔 8:10). 이것이 무엇을 의미합니까? 우리 각자도 성전이기에 내가 얼마나 말할 수 없는 죄인인지, 내가 얼마나 더럽고 추악한 죄인인지를 깨달으라는 것입니다. 가득가득한 내 죄를 보는 것이 자존감이 회복되는 길입니다.

그러니 우리도 내 힘을 빼고 주님께 붙들려야 합니다. 에스겔을 보세요. 언제든 주님을 따라 올라갈 준비가 되어 있으니까 머리털 한 모숨만 잡혀도 단숨에 들어 올려집니다. 그랬더니 내 죄가 보입니다. 그런데 자신이 잘났다는 사람은 세상에 깊이 뿌리 박고 있기에 엉덩이가 무겁습니다. 주님이 머리털 한 모숨이 아니라 머리채를 잡아 올리셔도 자존심을 내세우면서 따라가지 않습니다. 그렇게 내 힘으로 버티면 머리털이 뽑히기밖에 더합니까? 주님을 위해서 살면 자존감을 얻지만, 나를 위해 살면 자존심 때문에 망합니다. 욕심이 잉태한즉 죄를 낳고 죄가 장성한즉 사망에 이르는 것입니다(약 1:15).

어떤 아내가 남편의 무능력과 언어폭력을 참지 못해 이혼을 준비하다가 도리어 자신의 불륜 사실이 드러났습니다. 그러자 너무 수치스러운 나머지 자신의 차에 연탄불을 피워 놓고 자살을 했습니다. 한 보험설계사는 불륜이 발각되자 수치심을 견디지 못하고 그 자리에서 한강에 뛰어들었다고 합니다. 그런데 악하고 음란하지 않은 인생이 있습니까? 우리는 다 죄인입니다. 수치가 드러나면 겸허히 죗값을 치르고 주 안에서 자존감을 회복하면 됩니다. 자살을 선택하는 것은 이기고 또 이기려는 죄성 때문입니다.

그런데 한 가수는 여자로서 말할 수 없는 수치를 당하고도 생명을 선택했습니다. 정말 죽음 말고는 길이 없는 것 같은 일생일대의 수치가 드러났는데도, 그녀는 머리털 한 모숨을 붙잡고 가시는 하나님께 순종했습니다. 수치의 사건을 통해 도리어 자존감이 회복된 그녀는 지금 누구보다 잘 살아가고 있습니다.

프로이드는 인간의 정신을 빙산에 비유합니다. 그는 수면 위에 드러난 작은 부분이 의식이고, 수면 밑의 큰 부분을 무의식이라고 했습니다. 그런데 인간의 정신에서 대부분을 차지하는 이 무의식이 인간의 행동을 지배한다고 합니다. 즉, 내가 의식적으로 착하게 살려고 해도 그것은 일각의 노력일 뿐, 내 행동 대부분이 무의식에 영향을 받는다는 것이죠.

그녀가 당시 생명의 선택을 할 수 있었던 데는 부모님에게서 받은 사랑과 신앙교육이 큰 역할을 했습니다. 어려서부터 그녀의 집에는 늘 노래가 함께했다고 합니다. 그러니까 그녀의 무의식 속에 풍성히 자리하고 있던 사랑과 신앙이 위기의 때에 큰 영향을 발휘했다는 것입니다. 비록 한때 죄에 넘어지고 큰 수치를 당하기도 했지만, 오히려 그 사건이 그녀의 무의식 속 자존감을 일깨워 그녀를 수치의 자리에서 일어나게 했습니다.

내 행복은 다른 사람에 의해 정해지지 않습니다. 내게 건강한 자존감이 없기 때문에 다른 사람의 칭찬과 비판에 목을 매는 것입니다. 자존감이 빵점짜리라 그렇습니다. 인간은 모두 악하고 음란한 죄인인데, 왜 그런 인간의 말 한마디에 울고 웃고 합니까? 왜 사람의 일로 "죽네, 사네" 합니까?

저도 그랬습니다. 주님을 만나기 전에는 자존감이 아주 빵점이었습니다. 날마다 시부모님 눈치, 남편 눈치를 보면서 노예처럼 살았습니다. 시어머니와 남편의 말 한마디에 천국과 지옥을 오르락내리락했던 사람이 바로 저였습니다. 그러다 정말 죽기 직전에 구출이 되었습니다. 설움과 분노가 목구멍까지 찼을 때 "어머니!" 부르짖으면서 살아났습니다. 제가 그러지 않았다면 완전히 맛이 가지 않았겠습니까. 제정신인 사람이 가진 돈도 없이 무작정 집을 나와 둑방길을 왔다 갔다 했겠습니까. 아차 잘못 생각하면 청황색 말을 탄 자의 초청을 받고 음부의 길로 들어설 뻔했습니다. 그러나 그동안 쌓인 친정어머니의 기도로 제가 살아났습니다. 어머니의 기도가 결정적인 순간에 제 무의식에 존재하던 자존감을 회복시킨 줄 믿습니다. 그래서 우리는 항상 자녀를 위해 기도하고 삶으로 본을 보여야 합니다.

우리는 하나님께 늘 축복을 구합니다. 그런데 무엇이 축복입니까? 그저 자녀가 시험을 잘 보고 남편이 승진하는 것만 축복이니까 불합격하고 밀려나면 전자동으로 "죽고 싶다"가 나옵니다. 자존심이 조금만 상해도 죽고 싶은 것입니다. 그러나 어린 양을 진정으로 만난 자는 어떤 일에도 일희일비하지 않게 됩니다. 이것이 진정한 축복입니다. 하나님이 우리에게 진노하시는 것은 어린 양을 빨리 만나라는 사인(sign)입니다. 어떤 문제든 어린 양 예수님을 만나야 해결되지 환경이 바뀌는 게 해결이 아닙니다.

• 죽고 싶을 정도로 수치를 당한 경험이 있습니까? 머리털 한 모숨을 붙잡고 가시는 하나님께 순종하며 내 안의 더러운 것을 발견하고 있습니까?
• 자존감은 낮고 자존심만 높아서 사망의 길로 가고 있지는 않습니까?

영생의 죽음으로 어린 양의 진노를 표출하십니다

9 다섯째 인을 떼실 때에 내가 보니 하나님의 말씀과 그들이 가진 증거로 말미암아 죽임을 당한 영혼들이 제단 아래에 있어 10 큰 소리로 불러 이르되 거룩하고 참되신 대주재여 땅에 거하는 자들을 심판하여 우리 피를 갚아 주지 아니하시기를 어느 때까지 하시려 하나이까 하니 11 각각 그들에게 흰 두루마기를 주시며 이르시되 아직 잠시 동안 쉬되 그들의 동무 종들과 형제들도 자기처럼 죽임을 당하여 그 수가 차기까지 하라 하시더라_계 6:9~11

지금까지 네 가지 재앙이 숨 가쁘게 이어져 왔습니다. 안 믿는 자 편에서 보면 이 재앙들이 얼마나 무섭겠습니까? 그러나 요한계시록은 그저 재앙과 심판을 이야기하는 책이 아닙니다. 우리를 향한 주님의 세심한 배려와 위로가 가득 담겨 있다는 사실을 전제하고 읽어야만 합니다.

이제 다섯째 인을 떼십니다. 그렇다면 과연 이 재앙의 시대에 교회는, 믿는 우리는 어떻게 해야 할까요? 주님은 교회를 향해 순교하라고 하십니다. 주님의 백성은 하나님의 말씀과 그들이 가진 증거로 말미암아 죽임을 당할 텐데, 순교자의 수가 차기까지 박해를 겪어야 한다고 하십니다. 세상도 재앙을 당해 죽어 가는 가운데서 믿는 자들도 죽임을 당하니 말씀을 모르는 세상 사람들이 보기에는 똑같은 죽음 같아 보이지 않겠습니까? 그래서 성도들의 순교도 재앙 속에 넣으셨습니다.

재앙의 시대에 믿는 사람이라고 영적 전투를 피할 수 있는 것이 아닙니다. 주께서 우리를 보호하신다는 것은 재앙을 면하게 하신다는 말씀이 아닙니다. 재앙 속에서 패하지 않게 하신다는 의미입니다. 우리로 불속에 들어가지 않도록 보호하시는 것이 아니라, 불속에 들어가더라도 임마누엘 되시는 하나님이 함께해 주시겠다는 겁니다.

똑같은 죽음이지만 음부의 죽음이 있고 영생의 죽음이 있습니다. 똑같은 사건을 만나도 어떤 사람은 지옥을 살고 어떤 사람은 천국을 경험합니다. 나는 죽어지고 썩어지며 밀알이 되어서 천국을 경험하는데, 다른 사람들은 그런 나를 보고 '저런 고난을 겪으면서 어떻게 살지' 할 때가 있지 않습니까? 다 자기 믿음대로 해석하고 분석합니다.

8절까지가 고통의 세상이라면 9절부터 11절까지는 고난의 세상입니다. C. S. 루이스는 이렇게 말했습니다.

"순교는 기독교 정신에서 최고의 가치이자 완전한 덕이다. 그렇다면 순교자만 구원 받는가? 우리가 보기에 한평생 순탄한 인생을 살았지만 '나는 은혜로 살았다'고 고백하는 사람들도 있다."

그리스도인의 희생을 생각해 볼 때 평범한 자기부정을 통해 구원을 이루어 가는 사람이 있는가 하면, 끔찍한 순교를 통해서 구원을 이루는 사람도 있습니다. 과연 하나님은 어떤 사람에게 어떤 역할을 주시는 걸까요? 그걸 우리가 알 수 있습니까? 그러니 신앙인들에게도 '왜 고난을 겪는가'가 아니라 '왜 어떤 사람들은 고난을 겪지 않는가'가 주제가입니다. '왜 나만 이렇게 고난을 겪는가' 하면서 날마다 불평합니다.

그런데 이 고난을 대하는 태도에서 우리 믿음의 분량이 드러납니다. 우리들교회에서는 입시를 치르는 학생들에게 늘 외치는 구호가 있습니다.

"붙회떨감!", "붙으면 회개하고 떨어지면 감사하라!"

이것이 무슨 뜻입니까? 만일 대학에 떨어지면 그 고난 가운데서 하나님을 더욱 부르게 될 테니 불합격도 감사할 일 아닙니까? 하나님이 그만한 믿음의 분량이 되는 줄 아시고 떨어지는 시련을 허락하신 것이죠. 반면에 한 번에 대학에 척 붙은 사람은 떨어지는 시련을 감당할 수 없으니까, 믿음의 분량이 그 정도에 못 미치니까 하나님이 붙이신 것입니다. 그러니 나의 믿음 없음을 회개해야 하죠.

어느 집사님이 목장 식구들에게 이런 문자메시지를 보냈다고 합니다.

"할렐루야! 감사하게도 우리 아들이 ○○대학교에 불합격했습니다. 이 일도 하나님이 주신 것이기에 속되다 하지 않고 감사함으로 받을 수 있어서 또한 감사합니다. 아들은 떨어지면 하나님께 엄청 엄청 화낼 거라고 하더니, 막상 떨어지니까 담대하게 받아들이고 있습니다. 수시 시험 후 푹 쉬고 싶었다면서 곧바로 버스를 타고 고등부 수련회가 열리고 있는 원주로 떠났습니다. 하나님 앞에 가서 실컷 울고 싶다면서 말이죠."

어떻습니까? 대학에 떨어지고 나니 정말 곤고함이 생겼잖아요. 하나님 앞에 가서 실컷 울고 싶다면서 자기 의지로 교회 수련회에도 갔습니다. 이것이 바로 감당할 믿음이 있는 모습입니다. 자녀를 이렇게 양육시켜 두면 아무리 실패하더라도 다시 일어납니다.

그런데 두 달 후 이 아들이 드디어 대학에 붙었습니다. 이번에는 집사님이 이렇게 문자메시지를 보냈습니다.

"할렐루야! 우리 아들이 △△대학교에 최종 합격했습니다. 그래서 제가 아들에게 이렇게 말했지요. '너, 목사님 말씀처럼 회개해야 해! 네가 얼마나 믿음이 연약하면 붙여 주셨겠니? 하나님이 붙여 주신 것이니 하나님께 감사의 영광을 돌려드려!'"

여러분도 이런 적용을 하면서 살아갑니까? 대학에 단번에 붙어 보세요. 제 발로 교회 수련회에 가고 싶겠습니까? 그 시간에 친구들이랑 놀러 가고 싶겠지요. 그러니 "왜 나한테만 이런 고난을 주시나, 왜 나만 이렇게 어렵고 힘들게 살아야 하나" 불평 좀 그만하라는 말입니다. 하나님이 내 믿음의 분량에 따라 오죽이나 맞게 고난을 주셨겠습니까? 순교의 상(賞)도 아무에게나 주시는 것이 아닙니다. 순교를 내 힘으로 합니까? 하나님이 힘 주시니까, 불속에 들어가도 뜨겁지 않게 해 주시니까 합니다. 그래서 순교자는 죽음 앞에서도 담대합니다. 죽는 순간에도 천국을 누립니다.

어떤 사람은 시집살이하느라 힘들어 죽겠다고 합니다. 그런데 저는 똑같이 시집살이를 겪고도 도리어 하나님의 은혜를 경험했습니다. 하나님을 인격적으로 만나고 나서부터는 시집살이가 힘들지 않았습니다. 음부의 죽음에서 영생의 죽음으로 바뀌며 천국을 누리게 됐습니다. 어린 양의 진노 가운데서 하나님의 사랑을 깨닫게 된 것입니다. 하나님의 진노를 통해 제가 훈련됐습니다.

10절에 순교자들이 "거룩하고 참되신 대주재여!" 외치며 하나님만이 경배의 대상이심을 인정합니다. 그러고는 "땅에 거하는 자들을 심판하여 우리 피를 갚아 주지 아니하시기를 어느 때까지 하시려 하나이까" 기도합니다. 쉽게 말해 "언제까지 이런 악을 이 세상에 두시겠습니까?" 묻는 것입니다. 그러자 하나님이 "순교자의 수가 차기까지"라고 응답하십니다. '아직 잠시 동안 쉬되' 하나님이 공의로 심판할 때가 얼마 남지 않았다고 하십니다. 하나님이 의인의 기도를 들으시며 반드시 신원해 주시는 것을 확신케 하는 말씀입니다.

그러니 우리는 이 '잠시 동안'인 기다림의 시간을 잘 인내하기만 하면 됩니다. 주님의 음성을 듣고 기다리는 것이 안식입니다. '왜 세상이 안 변하나. 왜 저 사람은 아직도 예수를 모르고 나를 괴롭히는가?' 할 필요가 없습니다. 오늘 주님이 "너, 기다려라" 하시면 "네" 하고 기다리면 됩니다.

그렇다고 '주님이 언젠가 보복해 주시겠지' 하면서 기다리라는 말도 아닙니다. 우리가 구할 것은 보복이 아닙니다. "저 못된 로마가 제발 망하게 해 주세요", "저 바람피우는 남편 다리 좀 똑 부러지게 해 주세요"라는 기도는 성숙한 기도라고 할 수 없습니다. 10절에 순교자의 기도는 "하나님의 참되심을 밝혀 주소서. 악이 더 이상 기승부리지 못하게 해 주소서"라는 간구입니다.

앞서 언급한 세종에 관한 드라마에 이런 이야기가 나옵니다.

세종이 자신의 아버지를 죽였다고 오해하던 똘복은 신분을 세탁한 뒤 궁의 관원으로 들어가 세종을 죽일 기회만 호시탐탐 노립니다.

그런데 아버지가 남긴 유서를 발견하고 그는 완전히 새로운 삶을 살게 됩니다. 과연 유서의 내용은 무엇이었을까요?

똘복의 아버지는 노예 신분에다 조금 모자란, 일명 반푼이었습니다. 그는 주인 심온 대감을 구하고자 목숨을 걸고 밀지를 전하지만 사실 그 밀지는 오히려 심온을 궁지에 빠뜨리는 것이었습니다. 글을 읽지 못해 적의 계략을 알아채지 못한 것입니다. 그 결과 그는 역모에 가담했다는 이유로 죽임을 당합니다. 목숨을 내놓고 모두가 꺼리는 일을 했는데 돌아온 것은 죽음뿐이었습니다.

그는 죽어 가면서 아들에게 남길 유서를 써 달라고 심온에게 부탁합니다. 생각해 보세요. 얼마나 억울한 죽음입니까. 여러분이라면 어떤 유언을 남기겠습니까? '아비는 억울하게 죽었다. 그러니 내 원수를 갚아 달라' 해야 하지 않겠습니까? 그런데 그의 유서에는 이렇게 쓰여 있었습니다.

"내가 글자를 몰라 이런 일이 일어났다. 그러니 너는 글자를 배워서 주인 대감을 더 잘 섬겨라."

저는 이것이 의인의 간구라고 생각합니다. 의인은 똑똑한 사람이 아닙니다. 똘복의 아비같이 바보 같아 보이는 사람이 늘 의인입니다. 보고 배운 것 없어도, 진실로 아들을 사랑하고 주인을 사랑하니까 훗날 그 아들이 큰일을 하지 않습니까? 삶으로 가르치는 것만 남습니다. 이것이 순교자의 기도입니다.

내 자존심을 세우며 '나 죽어 버릴 거야!' 한다고 바람피운 배우자가 회심의 눈물을 흘립니까? 천만의 말씀입니다. 내가 죽어도 눈 하나 깜짝하지 않습니다. 내가 구원을 위해 죽어지고 썩어져 밀알이 되어도, '그게 나와 무슨 상관인가' 하는 로마 같은 사람들이 얼마나 많은지 모릅니다. 높은 바위틈에 거하며 거기서 영원히 살리라고 착각하기에 그렇습니다. 그래서 주님이 인내하는 우리에게 육의 부활을 의미하는 흰 두루마기를 주십니다(계 6:11). "너는 혼자가 아니다, 모든 사람의 수가 차기까지 기다려라" 하시면서 말입니다.

하나님의 어린 양도 세상을 구원하기 위해 기다리고 계십니다. 때가 차기까지 세상의 심판을 연기하고 계십니다. 그런데 세상은 이 사실을 모르기에 꿈쩍하지도 굴하지도 않고 제멋대로 살아갑니다. 주님은 그런 자들에게 이제 우주적 죽음을 예고하십니다.

- 실패하면 감사하고 성공하면 회개하라는 믿음의 원리를 삶에서 적용하며 살아갑니까?
- "저 못된 로마가 망하게 해 주세요" 하며 보복을 바라는 기도만 하지는 않습니까? 어린 양의 진노에서 하나님의 사랑을 깨닫습니까?

해, 달, 별이 떨어지는 우주적 재앙을 내리십니다

12 내가 보니 여섯째 인을 떼실 때에 큰 지진이 나며 해가 검은 털로 짠 상복같이 검어지고 달은 온통 피같이 되며 13 하늘의 별들이 무화과나무가 대풍에 흔들려 설익은 열매가 떨어지는 것같이 땅에 떨

122

어지며 14 하늘은 두루마리가 말리는 것같이 떠나가고 각 산과 섬이 제자리에서 옮겨지매 15 땅의 임금들과 왕족들과 장군들과 부자들과 강한 자들과 모든 종과 자유인이 굴과 산들의 바위틈에 숨어 16 산들과 바위에게 말하되 우리 위에 떨어져 보좌에 앉으신 이의 얼굴에서와 그 어린 양의 진노에서 우리를 가리라 17 그들의 진노의 큰 날이 이르렀으니 누가 능히 서리요 하더라_계 6:12~17

어린 양이 여섯째 인을 떼시자 해가 검어지고, 달은 피같이 되며, 큰바람에 열매가 떨어지듯 별들이 땅에 떨어집니다. 그러자 세상의 강한 자들이 바위틈에 숨어서 "진노의 큰 날이 이르렀으니 누가 능히 서리요?" 합니다. 절대 망할 것 같지 않던 사람도 우주적 재앙에 딱 직면하면 넘어질 수밖에 없습니다. "어린 양의 진노 앞에 누가 능히 서리요?" 누구든 이 질문 앞에 서야 합니다.

우주의 별들이 서로 충돌하지 않는 것은 하나님이 끈으로 매어 두셨기 때문입니다. 과학에서는 이것을 중력이라고 하지요. 그러나 하나님이 손을 한번 딱 놓으시면 이 중력도 하찮게 됩니다. 온 우주가 재앙을 맞습니다. 해가 빛을 잃고, 달이 떨어지고, 천체 질서가 무너집니다. 맑고 아름답던 하늘은 온데간데없이 사라지고, 지진과 해일로 산도 섬도 옮겨져 이 땅은 그야말로 지옥이 따로 없게 됩니다.

제아무리 부자라고 이런 재앙을 피할 수 있겠습니까? 내 인생 전체를 뒤흔드는 재앙 가운데서 중심 잡고 제자리에 서 있을 사람이 누가 있겠습니까? 돈, 지위, 명예, 외모 다 가졌어도 예수로 말미암은 자존감이 없으면 누구도 내게 닥친 우주적인 재앙을 해석하지 못합니다. 그러니까 몇 대 부자, 명문 출신 이런 것 부러워하지 마십시오.

여러분 인생에 해, 달, 별이 떨어졌습니까? 그것이 축복입니다. 해, 달, 별이 떨어지면 우리가 발 딛고 살아가는 이 땅이 얼마나 불안한 곳인지 알게 됩니다. 하나님이 한번 흔드시면 모든 것이 한순간에 무너집니다.

여섯째 인이 떨어졌습니다. 우리는 여기서 이 재앙을 대하는 인간의 반응에 주목해야 합니다. 소위 잘나간다는 사람들이 다 두려워 떨고 있습니다. 임금들과 왕족들, 장군들과 부자들과 강한 자들, 모든 종과 자유인이 굴과 산들의 바위틈에 숨었다고 하지 않습니까(계 6:15)? 여기서 '종'은 가난하지만 종노릇하는 자들, 곧 부와 권력에 비굴하게 붙어 함께 바위틈에 거하게 된 자들을 가리킵니다.

오바댜서는 에서의 후손인 에돔을 향해서 심판을 선포하는 말씀입니다. 오바댜 1장에 이런 말씀이 나옵니다.

"너의 마음의 교만이 너를 속였도다 바위틈에 거주하며 높은 곳에 사는 자여 네가 마음에 이르기를 누가 능히 나를 땅에 끌어내리겠느냐 하니"(옵 1:3).

에돔의 수도 페트라는 높은 산에 위치하여 그야말로 천연 요새와 같은 곳이었습니다. 누구도 그들을 땅에 끌어내릴 자가 없어 보일 만큼 난공불락의 성이었습니다. 그러니 아무리 겸손한 척해도 그 중심에 교만이 자리할 수밖에 없었습니다. 그런데 주님은 "너의 마음의 교만이 너를 속였다"라고 하십니다. 나도 속고 남도 속이는 것, 그것이 교만입니다.

오래된 포도주는 가만히 두면 맑아 보입니다. 그러나 포도주 통을 조금만 흔들면 가라앉아 있던 찌꺼기가 올라오며 금세 혼탁해집니다. 또 그 찌꺼기가 다시 가라앉기까지 정말 오랜 시간이 걸립니다. 교만한 사람도 이와 같습니다. 겉은 말간 포도주, 빛깔 좋은 포도주이기에 스스로도 고고한 줄 착각합니다. 그러나 누가 와서 조금만 흔들어 보십시오. 그 속에 감추어진 갖은 찌끼들이 올라와 금세 본성이 드러납니다.

바위틈에 거하는 에돔을 요즘에 비유하자면, 공부 잘하는 자녀를 둔 부모가 아닐까 생각합니다. 부모에게 자식은 곧 나 자신이기에 잘난 자녀를 둔 부모는 꼭 내가 잘난 줄로 착각합니다. 자식을 우상 삼아 바위틈에 거하고 있으니 누가 와서 끌어내리지도 못합니다. 정말 우주적인 재앙이 오기 전에는 내려오지 못합니다.

과거 저희 집안은 이북에 땅이 많았습니다. 한집에서 14대가 이어져 내려올 만큼 전통과 권세를 자랑하던 집안이기도 했지요. 그러니 교만도 대단하지 않았겠습니까? "누가 능히 나를 땅에 끌어내리겠느냐"가 저절로 나왔을 것 같습니다. 또 부자들이 굉장히 교양이 있잖아요. 그 시대에도 자식들을 얼마나 공부시켰는지 온 집안사람이 대단한 학벌을 지녔습니다. 베를린대학교에 일본 유학까지 보내고 자식 교육에는 남녀 차별도 없었습니다.

그러다 6·25 전쟁이 터졌는데, 저희 아버지만 상황을 지켜보려 내려오셨다가 그길로 분단이 되는 바람에 홀로 남쪽에 남게 되셨습니다. 다른 분들은 북쪽 땅에 쌓은 대단한 지위를 지키느라고 아무도 내려오지 않으셨습니다. 그런데 절대로 망할 것 같지 않던 우리 가문이 공산주의가 들어서면서 딱 망했습니다. 공산 체제 아래 그 금쪽같던 땅을 모조리 압수당한 것이지요. 그야말로 해, 달, 별이 떨어지는 우주적인 재앙이 집안에 닥쳤습니다. 가족 중에 제일 부족한 사람이 아버지였는데, '이남의 상황을 살펴보라'는 집안의 사명(?)을 받고 내려 보내졌다가 홀로 수지맞으신 것입니다.

그러나 우리 집안에 흘러 내려오는 교만의 저주는 쉬이 끊어지지 않았습니다. 우리 자매들은 별 과외 공부도 없이 좋은 학교에 척척 들어갔는데, 그러다 보니 제 속의 교만도 뿌리 깊어졌습니다. 그래서 고등학교 때 집안이 쫄딱 망했어도 그 일로 위축이 되지는 않았습니다. 그 정도 망해서는 제가 바위틈에 거하는 에돔 족속에서 시온 산에 피하는 이스라엘 족속이 될 수 없었습니다.

"네가 독수리처럼 높이 오르며 별 사이에 깃들일지라도 내가 거기에서 너를 끌어내리리라 여호와의 말씀이니라"(옵 1:4).

그러나 아무리 바위틈에 거하고, 더 높은 별 사이에 깃들지라도 교만한 자는 하나님이 반드시 끌어내리십니다.

"혹시 도둑이 네게 이르렀으며 강도가 밤중에 네게 이르렀을지라도 만족할 만큼 훔치면 그치지 아니하였겠느냐 혹시 포도를 따는 자가 네게 이르렀을지라도 그것을 얼마쯤 남기지 아니하였겠느냐 네가 어찌 그리 망하였는고"(옵 1:5).

이것이 무슨 뜻입니까? "도둑이 와도 자기 취할 것을 취하면 조금은 남기고 간다. 포도 따는 자도 자기가 취할 만큼만 취하면 남기고 간다. 그런데 너는 바위틈에 거하더니만 어찌 그렇게 쫄딱 망했니?" 하는 겁니다.

제가 그랬습니다. 집이 망해도 오뚝이처럼 일어나고, 엄마가 돌보아 주지 않아도 불사조처럼 살아나 공부했습니다. 그러다 보니 아무리 고난이 와도, 교회를 다녀도 예수님을 인격적으로 만나지 못했습니다. 그러다 저에게도 쫄딱 망하는 우주적 재앙이 찾아왔습니다. 바로 남편과의 결혼생활이었습니다. 남편과의 결혼으로 모든 해, 달, 별이 떨어지고 음부의 죽음을 겪다가 정말 죽기 직전에 제가 예수님을 만났습니다.

그런데 생각해 보세요. 제가 이렇게 어렵게 예수님을 만났으니 '짠' 하고 보여 줄 것이 있어야 하지 않겠습니까? 그런데 가만 보니 큰 형부도, 작은 형부도, 제 남편까지도 먼저 세상을 떠났습니다. 도대체 집안에 남자가 없습니다. 어떻게 이런 일이 있을 수 있습니까? 온 자매가 열심히 예수를 믿으면서 영혼 구원을 위해 헌신하는데도 말입니다. 그러나 저는 이 일이 아버지 가문으로부터 14대째 내려온 교만을 하나님이 심판하신 사건이라고 생각합니다. 물론 친정어머니의 믿음으로 말미암아 우리 집안이 수천 대의 복을 받고 있다는 것 또한 잘 압니다.

제 아버지가 생전에 하루는 이러시는 겁니다. 과거에 수수팥떡은 소작인들만 먹었다고 하더군요. 그래서 누가 수수팥떡을 좋아한다고 하면 "저 사람은 소작인 집안이구나" 이렇게 생각된다는 겁니다. 어쩜 이런 말을 아무런 가책도 없이 하시는지…… 그러면서도 부잣집 아들에다 성품이 좋다 보니 어머니가 무슨 말만 하면 "용서하라우", "미워하지 말라우" 하셨습니다. 이런 말만 들으면 성인군자가 따로 없지 않습니까? 믿음은 없어도 성품이 착하신 분이었습니다. 그래서 예수 믿기가 더욱 힘드셨죠.

반면에 어머니는 늘 냄새나는 몸뻬 차림으로 화장실 청소며 온갖 궂은일을 도맡아 하시면서 삶으로 믿음을 보여 주셨습니다. 어린 양의 진노를 몸소 보여 주신 것입니다. 저는 어머니의 희생 덕분에 아버지 집안에 대대로 내려오던 교만의 저주가 끊어졌다고 생각합니다. 그런 어머니의 삶이 없었다면 오늘날의 저도 없었을 것입니다.

우리 삶은 조상들의 삶의 결론입니다. 어떤 것도 우연한 일은 없습니다. 민수기에 보면 아들 없이 죽은 슬로브핫의 딸들에게도 기업을 분배하는 장면이 나옵니다(민 27:1~7). 여자는 절대 기업을 받을 수 없었던 당시 사회상을 생각해 보면 얼마나 큰 축복입니까. 그런데 친정어머니의 믿음으로 말미암아 우리 자매들에게도 이 슬로브핫의 딸들과 같은 축복이 임했습니다. 어떤 고난에서도 바위틈에 거하며 내려오지 못하던 제가 해, 달, 별이 떨어지는 우주적 재앙에서 인생이 해석되고 제 주제를 깨닫게 되었잖아요.

이렇게 내 인생이 해석되는 것이 축복입니다. 나를 너무도 괴롭게 하는 남편을 통해서 제가 말씀이 간절해지고 하나님을 사모하게 되지 않았습니까? 아무리 힘들게 살았어도 우리 친정집에는 저를 우주적 재앙으로 다스려 줄 사람이 아무도 없었습니다. 제가 "남편이야말로 나를 하나님 믿게 한 최고의 공로자"라고 날마다 외치는 게 괜한 말이 아닙니다. 남편 덕분에 제가 어린 양의 진노에서 구원을 받았습니다. 그래서 남편을 위해서 제 생명을 내놓고 기도할 수 있었습니다. 하나님이 그런 제 기도를 들으시고 마침내 남편의 구원도 이루어 주셨습니다.

나를 힘들게 하는 그 사람 때문에 내가 하나님 앞에서 간절해져야 합니다. 어린 양의 진노를 지나며 구원을 향해 나아가야 합니다. 진노에만 머물러 있으면 노예근성에 젖어 비굴한 길을 걸을 수밖에 없습니다. 부자들과 함께 높은 산 바위틈에 있으려고 종노릇하는 자가 딱 이런 사람입니다. 이들은 고생만 지지리 하며 영적 지경은 좀체 넓어지지 않습니다. 얼마나 안타까운 인생입니까?

여러분은 지금 어떤 고난을 당하고 있습니까? 그 안에서 절실하게 주님을 사모하며 애통하고 있습니까? "나는 애통이 안 돼, 기도도 안 돼" 합니까? 그냥 지지리 고생만 하다가 끝내겠습니까? 고생이 고난으로 바뀌고, 비로소 예수님을 만나 사명 감당하는 인생을 살아야 하지 않겠습니까? 이런 우주적 재앙을 당하고도 변화되지 않으면 어떡합니까. '지금 내가 겪는 고난이 우연이 아니구나, 집안 대대로 내려온 죄악의 결론이구나' 이것을 깨달으면 진정한 안식이 찾아옵니다. 이제 삼사 대의 저주를 끊고 수천 대의 축복으로 나아가야 하지 않겠습니까? 그러면 이 재앙을 통해서 하나님은 우리에게 어떤 축복을 주시려는 걸까요?

- 해, 달, 별이 떨어지는 우주적 재앙 가운데서도 여전히 바위틈에 거하면서 "누가 나를 땅에 끌어내리겠느냐" 하고만 있지는 않습니까?
- 내 고난이 집안 대대로 내려오는 저주를 끊으시려는 어린 양의 심판이라는 것을 인정합니까? 내 고난이 해석이 됩니까? 그 안에서 주님을 사모하며 애통하고 있습니까?

하나님의 본심은 아직도 기회가 있다는 것입니다

내가 보매 청황색 말이 나오는데 그 탄 자의 이름은 사망이니 음부가 그 뒤를 따르더라 그들이 땅 사분의 일의 권세를 얻어 검과 흉년과 사망과 땅의 짐승들로써 죽이더라_계 6:8

우리에게 재앙을 주시는 하나님의 본심은 과연 무엇일까요? 주님은 재앙을 통해 우리에게 아직 기회가 있다는 것을 알려 주고자 하십니다.

"여호와의 말씀이니라 너희를 향한 나의 생각을 내가 아나니 평안이요 재앙이 아니니라 너희에게 미래와 희망을 주는 것이니라"(렘 29:11). 하나님이 우리에게 주시려는 것은 재앙이 아니라 평안이요, 미래와 희망입니다. 앞에 6장 6절에서도 재앙을 허락하되 "감람유와 포도주는 해치지 말라" 하신 하나님입니다. 또한 여섯째 인을 떼며 우주적인 재앙을 내리면서도 "땅 사분의 일만 죽이라"고 당부하십니다.

땅의 사분의 일만 심판하시겠다는 것입니다. 아직 사분의 삼이 남았습니다.

우리는 고난 앞에 "내 인생은 끝났다"고 하지만, 주님은 "사분의 삼이 남았다"고 하십니다. 즉, 하나님이 세상의 회개를 기다리고 계신다는 것입니다. 우리는 "하나님, 왜 나를 고통 가운데 내버려 두십니까? 왜 오랫동안 침묵하십니까?" 원망하지만 하나님은 내가 죄악 가운데서 회개하기를 원하십니다. 나와 내 옆의 모든 사람이 회개하기를 기다리십니다. 우리의 끝없는 죄악을 바라보시며 숯검정같이 타버린 가슴으로 끝까지 기다리십니다. 우리는 어린 양의 진노 가운데서 이런 애타는 주님의 모습을 볼 수 있어야 합니다.

만약 어린 양에게 진노라는 품성이 없다면 완전한 인격체라고 말할 수 없을 것입니다. 문제 많은 자녀를 한 번도 야단치지 않는 부모를 참 부모라 할 수 있습니까? 인간의 품성 중에서 진노가 가장 강한 힘을 발휘합니다. 상대를 너무 사랑하기에 진노해서라도 바른길로 인도하려는 것입니다.

저는 결혼식 주례를 볼 때 양가 부모 중에 불신자가 있다면 그 자리에서 교회에 다니겠다는 약속을 반드시 받아 냅니다. 물론 약속하고도 교회에 안 오시는 분도 많습니다. 그래도 만인 앞에서 약속했으니 늘 뒤통수가 당기지 않겠습니까? 그런 저를 교양 없다고 느끼실지도 모르겠지만 이것은 귀여운(?) 위협에 불과합니다. 예수를 믿지 않으면 진노의 인생길을 걸을 수밖에 없습니다. 누구도 예외 없이 "진노의 큰 날이 이르렀으니 누가 능히 서리요"라는 질문 앞에 직면해야 합니다.

어린 양의 진노 앞에 누가 설 수 있습니까? 오직 어린 양의 사람들만 설 수 있습니다. 그러므로 우리는 주님 오실 그날까지 세상을 대비시키는 사명을 감당해야 합니다. 마지막 같아도 아직 사분의 삼이 남았다고 하지 않습니까? 어린 양과 하나 된 우리를 통해 세상에 주의 진노가 나타나야 합니다. 그러려면 나부터 거룩한 삶을 살아야 합니다. 우리가 주님의 강림을 바라보면서 구별된 삶을 살 때, 나로 인해 세상은 어린 양의 진노를 느끼게 될 것입니다.

요즘 기독교인들이 각종 물의를 일으키며 하루가 멀다고 뉴스 헤드라인을 장식하니, 기독교가 '개독교'라는 말을 듣습니다. 이는 하나님이 우리에게 책임을 물으시는 것입니다. 늘 예수 믿는 사람이 중심이고 주인공이라고 하지 않았습니까? 세상에 어린 양의 진노를 나타내시고자 주님은 믿는 자의 허물을 먼저 드러내십니다. 믿는 우리가 먼저 회개하고 거룩한 삶을 살라고 어린 양의 진노를 우리에게 부으시는 것입니다.

다른 사람들이 믿는 나를 통해 어린 양의 진노를 느끼려면 어떻게 해야 합니까? 내가 망해야 합니다. 망한 가운데서 예수 그리스도를 보여야 합니다. 저희 어머니는 3대째 믿는 가정에서 자라셨지만 믿음은 그다지 없었습니다. 그러다 시집와서 아들을 낳지 못하는 고난을 통해 주님을 인격적으로 만나셨습니다. 아들 하나 낳기 위해 섬김이 요란하다 못해 눈살을 찌푸리게 할 정도로 지나쳤지만, 아들을 낳지 못해 겪은 수모와 고난을 통해 회개하고 주님을 뜨겁게 만나게 되셨습니다. 그 후로 어머니는 평생 직분 없이 교회를 섬기며 생색 한 번

내지 않으셨습니다. 동네 궂은일과 남의 집 빨래까지 도우며 전도하시고, 먹고살 만한 형편인데도 늘 똥내 나는 몸뻬 차림으로 화장실 청소를 도맡아 하셨습니다. 그런데 이런 어머니의 모습이 제게는 꼭 재앙의 모습 아니겠습니까? 여전히 엄마만 생각하면 가슴이 떨리는 게 있습니다.

이것이 바로 어린 양의 진노를 보여 주는 삶입니다. 세상 사람들은 죽었다 깨어나도 못할 적용을 길로 놓고 걸어가야 합니다. 그런데 우리는 교회에서는 설교 잘 듣고 세상에 나가서는 딴소리합니다. 적용하기 싫다면서 '교회를 떠나자' 합니다. 꽃길만 걷게 해 달라고 부르짖어 기도합니다.

어린 양의 우주적 재앙에서 살아남으려면 지금 고난당하고 있는 그 자리에서 복음을 전해야 합니다. 내 자녀가 문제투성이입니까? 그 자녀와 고통을 함께 당하면서 복음을 전해야 합니다. "나중에 이 문제가 다 해결되거든 그때 하나님을 전하겠다" 합니까? 하나님은 그런 사람 절대로 안 쓰십니다. 별 인생 없고, 별 자녀 없습니다. 내 자녀는 하나님의 자녀입니다. 천국 가면 내 자녀, 네 자녀 구분 없이 구원 받은 자녀만 만납니다. 내 아이만 끼고도는 게 인생 망하는 지름길이라, 이 말입니다. 지금 고통스러운 그 자리에서 "하나님의 말씀 때문에 살아났다" 끊임없이 전하는 자는 지금도 살아나고 후에도 살아날 줄 믿습니다. 더불어 그 자녀도 복을 받게 될 줄 믿습니다.

고대에는 전쟁이 끊임없었기에 성경에는 과부가 많이 등장합니다. 그런데 제가 과부이지 않습니까? 또 여선지자 드보라의 남편 랍비

돗은 '번개'라는 뜻인데, 이 번개 같은 남편과 살던 드보라가 이스라엘의 사사가 되었습니다(삿 4:4). 제 남편이 딱 번개 같은 사람이었잖아요. 그러니 성경만 보면 다 내 이야기를 하는 겁니다. 어떤 환경에서도 하나님이 저를 이렇게 쓰셨습니다.

재앙당하는 걸 누가 기뻐하겠습니까? 그러나 지금 어린 양의 진노 가운데 있다면, 하나님이 나에게 왜 이런 진노의 잔을 주셨는가 생각해 보기 바랍니다. 조상부터 대를 이어 내려온 죄가 있다면 내가 먼저 회개하기 바랍니다. 나를 정금 같게 하시고자 지금의 사건과 환경이 걸어오고 걸어갑니다. 나를 정금같이 만드시려는 것이 하나님의 본심입니다. 어린 양의 본심입니다.

좋은 교회는 특징이 무엇입니까? 주를 위해 희생하는 사람이 많다는 것입니다. 서머나 교회가 그런 교회였습니다. 버가모, 두아디라, 사데, 라오디게아 교회는 겉은 화려할지 몰라도 자기 욕심만 채우기에 급급했습니다. 그러나 하나님은 "어느 때까지 하시려 하나이까"라는 순교자들의 물음에 "그들의 동무 종들과 형제들도 자기처럼 죽임을 당하여 그 수가 차기까지 하라"고 말씀하십니다(계 6:10~11). 주님은 순교자의 수를 채워 가기 원하십니다. 그런데 누가 주님을 위해 희생하겠습니까?

"사랑은 죽음같이 강하다"고 합니다(아 8:6). 죽음도 사랑을 갈라놓을 수 없습니다. 우리가 주님을 진정 사랑한다면 주를 위해 죽을 수도 있어야 하지 않겠습니까? 만약 주님이 우리가 죽기를 기다리고 계시다면 어떻게 해야겠습니까? 죽어야 합니다. "죽으면 죽으리이다"

했던 에스더의 패기를 보여 주어야 합니다(에 4:16). 그럴 때 이 땅에서 죽고 천국에서 영원히 사는 복을 누리게 될 줄 믿습니다.

어린 양이 나를 사랑하시므로 진노하신다는 말이 이해됩니까? 어린 양의 진노는 이 땅에서 미리 음부를 경험하게 하여 그 음부에 가지 않게 하시려는 하나님의 사랑입니다. 음부를 경험해 보지 않으면 지옥이 얼마나 무서운 곳인지 알 수 없지 않겠습니까? 그래서 고난이 축복입니다.

지금 해, 달, 별이 떨어지는 우주적 재앙 가운데 있습니까? 죽을 것 같아도 사분의 삼을 남겼다고 하십니다. 이런 어린 양의 사랑을 깨닫기 바랍니다. "네가 미워서 고난을 주는 것이 아니라 어린 양의 진노를 면하라는 뜻이다" 말씀하시는 하나님의 음성을 듣기 바랍니다.

• 내게 내려진 어린 양의 진노가 미리 음부를 경험하게 하여 지옥으로 가지 않게 하시는 하나님의 간절한 사랑이요, 축복임을 깨닫습니까?

목회자 자녀인 저는 학교와 교회에서 인정받고자 모범생으로 살았습니다. 친구들은 저희 아빠가 존경스럽다며 저를 부러워했지만 아빠의 실상은 달랐습니다. 엄마를 때리며 밥상을 엎고 저와 동생을 밤새 매질하고는 다음 날 아무렇지 않게 강대상에서 설교를 하시는 분이었습니다. 아빠는 "구원 받으려면 행위가 온전해야 한다"라고 늘 강조하셨지만, 정작 자신은 가족에게 폭력과 폭언을 퍼붓고 저와 동생의 학비를 가로채는 목회자의 탈을 쓴 사기꾼 같았습니다. 급기야 이단에 빠져서는 "이 세상 목사들은 전부 사기꾼이고 내가 성도를 천국으로 인도하는 진짜 목사"라는 이상한 논리를 펼치기까지 하셨습니다. 저는 이중적이고 이상한 아빠도, 자식들을 보호해 주지 못하는 엄마도 미워서 집을 떠나고만 싶었습니다.

그러다 취업 후 바라던 대로 독립을 하고 당시 직장 동료였던 지금의 남편과 교제를 시작했습니다. 자연스럽게 남편이 다니던 교회의 예배에도 참석하게 되었는데, '행실이 온전하지 못하면 지옥에 간다'는 아빠의 설교와는 다르게 지체들의 간증 속에 담긴 회개와 적용에 무척 놀랐습니다. '이 교회는 다르다'고 느껴져 이후 교회 등록을 하고 남편과 함께 다니며 결혼도 하게 되었습니다.

그런데 몇 해 전, 엄마가 극단적 선택을 했다는 전화를 받았습니다. 정신없이 달려가 보니 엄마는 이미 이 세상에 없고, 유서는 자식들을 향한 원망의 글로 가득 차 있었습니다. '내가 엄마를 죽였나' 죄책감이 밀려오고, 뜻밖에 아빠의 외도 사실까지 드러나면서 정말 해, 달, 별이 떨어지는 우주적 재앙을 맞은 것만 같았습니다(계 6:12~13). 저를 더욱 힘들게 한 것은 아빠의 태도였습니다. "엄마의 자살은 내 잘못이 아니라 엄마의 선택이다!" 하며 장례를 치르자마자 외도녀와 살림을 차리시는데, 그야말로 바위틈에 숨어서 '어린 양의 진노에서 우리를 가리라' 외치는 자가 따로 없어 보였습니다(계 6:15~16).

　　그러나 주님이 말씀을 통해 저를 끊임없이 설득하심으로 점차 아빠의 죄가 아닌 제 죄가 더 보이기 시작했습니다. 사람들의 칭찬과 인정에 목을 매고, 교만에 싸여 '내가 무슨 잘못이 있냐'가 늘 주제가였던 제 악함이 깨달아진 것입니다. 그러면서 자존감이 회복되고 "어린 양의 심판을 보이며 구별된 삶을 살라"는 말씀이 들렸습니다. 여전히 저는 아빠가 밉습니다. 그러나 한편으로는 아빠를 너무 사랑하기에 아빠의 구원의 때가 차기까지 잘 기다리고 싶습니다(계 6:11). 다 잃은 것 같아 보여도 같은 말씀을 듣는 가족과 목장 지체들이 저에게 남은 사분의 삼이라고 생각합니다. 저로 사망의 고난에서 음부로 떨어지지 않게 하신 주님, 감사합니다(계 6:8).

영혼의 기도

하나님 아버지, 어린 양이 진노하시는 깊은 뜻을 알게 해 주시니 감사합니다. 그러나 우리 마음속에 여전히 이기고 또 이기려는 욕심이 있기에 청황색 말을 탄 자의 초청을 받고 음부에 떨어질 위기에 놓일 때가 있습니다. 자존감이 자존심을 덮지 못합니다. 모든 사람을 위해서 영생의 죽음을 죽겠다고 하면서도 "주님, 언제까지 이렇게 참아야 할까요?" 하며 기다리지 못할 때도 있습니다.

그러나 주님은 우리에게 순교자의 수가 차기까지 기다리라고 하십니다. 우리에게 재앙을 주시는 하나님의 본심은 그 재앙을 통해 우리에게 아직 기회가 있음을 알려 주는 것이라고 하십니다. 이 땅에서 음부를 미리 경험하게 하여 진짜 음부에 가지 않게 하시려는 하나님의 사랑이 우리에게 절절히 와닿기를 원합니다. 재앙 속에서도 바위틈에 숨어 "누가 능히 나를 끌어내리겠느냐" 자존심만 내세우지 않고, 우리의 머리털 한 모숨을 잡아 올리시는 하나님의 손에 들어 올려져 내 죄를 보게 하옵소서. 나의 가증을 보고 주 안에서 건강한 자존감이 회복되게 하옵소서.

우리 인생에 해, 달, 별이 떨어져서 주님 앞에 나왔습니다. 그러나 비록 우주가 망했을지라도 사분의 일만 망한 것이라고 하십니다. 아직 사분의 삼이 남았다고 하십니다. 어린 양의 진노에서 벗어나려면 내가 이 진노를 몸으로 보여야 한다고 하십니다. 진실한 언어를 쓰고, 범사에 감사하고, 안 믿는 사람들은 죽었다가 깨어나도 못 갈 길을 가면서 거룩을 삶으로 보이라고 하십니다. 우리가 어린 양의 진노를 몸소 보이며 많은 사람을 어린 양에게로 인도하는 사명을 감당하게 하옵소서. 하나님의 때가 차기까지 거룩하고 구별된 삶을 살 수 있도록 주여, 역사하여 주시옵소서. 그리하여 어린 양의 진노를 통해 구원을 보이는 인생 되게 하옵소서.

아버지 하나님, 우리가 하나님의 사명을 잘 받들어 하나님의 충성된 일꾼이 될 수 있도록 역사하여 주시옵소서. 예수님 이름으로 기도합니다. 아멘.

PART 2

인침을 받으라

인침을 받은 자
십사만 사천

요한계시록 7장 1~8절

05

하나님 아버지, 하나님의 구원은
완전함을 믿으며 나의 환경이 어떠하든
인침 받는 인생이 되기 원합니다.
말씀해 주시옵소서. 듣겠습니다.

◇◆◇

성경에서 '십사만 사천'과 관련된 구절만큼 왜곡하여 해석되는 말씀은 없을 것입니다. 신천지를 비롯한 수많은 이단은 자신들이 십사만 사천에 속한 자들이라고 주장합니다. 주님 오시는 날 자신들만 들림을 받고 다른 교회들은 심판을 받는다나요. '십사만 사천'은 자기네 교파에서 충성을 다한 보상으로 선택 받은 사람의 수라는 겁니다. 어떤 이단은 "십사만 사천은 몸의 피를 깨끗이 하여 이 땅에서 죽지 않고 영원히 살게 될 사람들을 가리킨다"고도 말합니다. 도대체 이 십사만 사천이 무엇이기에 수많은 이단이 멋대로 가져다 그릇된 해석을 내놓는 걸까요?

계시록은 심판과 구원이 절묘하게 이중주를 이루는 책입니다. 한쪽에서는 심판이 이루어지고, 다른 한쪽에서는 구원의 역사가 진행됩니다. 이제 일곱 인 중에 여섯째 인까지 떨어졌습니다. 극한 환난 가운데서 일곱째 인이 떨어지기 직전입니다. 그런데 이렇듯 재앙의 말씀이 선포되는 가운데서 구원 받은 무리가 찬란하게 등장합니다. 성경에서는 이것을 '중간계시'라고 합니다. 요한계시록의 특징은 이 중간계시가 정말 중요하다는 것입니다. 7장의 중간계시는 일곱 인 재앙이나 일곱 나팔 재앙에 관한 계시보다도 중요합니다. 왜 그럴까요? 제아무리 악이 판을 치고 재앙이 임할지라도, 그리스도께서 택한 자들을 구원하실 것을 나타내기 때문입니다. 구원 받은 자는 반드시 하나님의 택함을 받습니다. 과연 하나님은 재앙 가운데서 어떻게 구원의 인을 쳐 주실까요?

사방의 바람을 붙잡으십니다

이 일 후에 내가 네 천사가 땅 네 모퉁이에 선 것을 보니 땅의 사방의 바람을 붙잡아 바람으로 하여금 땅에나 바다에나 각종 나무에 불지 못하게 하더라_계 7:1

네 천사가 땅 네 모퉁이에 섰다고 합니다. 성경에서 '4'는 땅의 수입니다. 그러므로 '땅 네 모퉁이'는 온 세상을 가리키죠. 그런데 땅의 사방에서 바람이 분다고 합니다. 여기서 '바람'은 하나님의 심판을 상징합니다. 즉, 땅의 사방의 바람은 지금까지의 재앙, 곧 흰말, 붉은 말, 검은 말, 청황색 말의 다른 형태입니다. 이기고 또 이기려 하고, 화평이 제해지고, 기근이 들고, 사망이 오는 사건입니다.

세상은 어느 곳에서든 악한 바람이 불 수 있습니다. 가령 하나님께서 사람이 하고자 하는 대로 내버려 두신다고 생각해 봅시다. 한순간에 사탄의 충동을 받아 투기의 바람, 미움의 바람, 분노의 바람, 폭력의 바람이 집집마다 일어나지 않겠습니까. 이 세상은 달궈진 화덕같아서 언제라도 악으로 달려갈 준비가 되어 있습니다(호 7:4). 내 안에서 악이 언제고 활동할 수 있습니다. 그래서 악에 휘둘리는 사람을 가리켜 "사탄이 역사하는구나"라고 이야기하는 것입니다.

아무리 평안한 집안이라도 그렇습니다. 가족 한 명이 가출하면 어떻게 되겠습니까? 온 집안에 바람이 붑니다. 남편이나 아내, 아버지나 어머니가 외도하면 바람 정도가 아닙니다. 태풍이 불어서 집이 전부 날아가 버립니다. 학벌의 바람, 폭력의 바람, 유혹의 바람, 질병의 바람, 이데올로기의 바람, 하극상의 바람 등 우리 인생을 쥐고 흔드는 바람이 너무도 많습니다. 그뿐입니까? 환경이 편한 바람도 복음의 역사가 멈추어질 수 있는 바람입니다.

저는 요새 제일 무서운 바람 중 하나가 SNS(Social Network Service) 바람이라고 생각합니다. 그야말로 바람을 넘어서 열풍에, 광풍입니다. 특히 십 대들이 이 바람에 정신을 못 차립니다. 도무지 휴대전화를 내려놓지 못합니다. 그러니 그 세대에 복음이 설 자리가 없습니다. 말씀 한 줄이 들어갈 틈이 없습니다. 요즘 한국이 복음을 전하기 가장 어려운 나라라고 합니다. 너무 잘살아서 그렇답니다. 과거에 가난하던 때는 매달릴 데가 주님밖에 없었는데, 그 시절을 모르는 요즘 젊은 세대는 내게 피해를 준다 싶으면 부모님도 부정하고 제도를 부정하고 심지어 주님마저 부정합니다. 자라 온 환경이 너무 다르기에 그렇습니다.

이들은 디지털 문명을 놀이터 삼아 성장한, 이른바 디지털 원주민입니다. 그러니 아날로그 원주민인 기성세대와는 달라도 너무 다르지요. 그들과 소통도 어렵고 감정을 공유하기도 힘듭니다. 이들은 각종 디지털 콘텐츠에 무방비하게 노출되어 있다 보니 악하고 음란한 것들에 쉽게 빠지기도 합니다. 또 개인주의가 강해 자신의 유익이 우선이고, 누가 내게 피해 주는 것을 극도로 싫어합니다. 하기 싫은 일은 하지 않고, 억압 받고 강요당하는 것을 끔찍하게 여깁니다.

이러한 1020세대의 특징을 종합해서 각계 전문가들이 '파란 세대'라는 말을 추출해 냈다고 합니다. 'FARAN'은 Frustration(좌절), Aim(목표, 목적), Risk taking(위험 감수), Amusement(재미), Network(네트워크)의 첫 글자를 따서 만든 신조어로, 한자로는 시련을 의미하는 '파란(波瀾)'과 동음입니다. 즉, 이 세대가 '파란을 몰고 왔다'는 겁니다. 그도 그럴 것이 사춘기 자녀를 둔 부모는 "집안에 파란이 일며 하루하루가 살얼음판을 걷는 것 같다"라고 입을 모아 말합니다. 이 아이들이 언제 뛰쳐나갈지 알 수 없기 때문이죠.

그렇다면 어른인 우리에게는 어떤 바람이 붑니까? 한 취업 포털에서 직장인 1,930명을 대상으로 '직장 내 허풍'에 관한 설문 조사를 했습니다. "귀하의 직장 내에는 허풍을 떠는 동료가 있습니까?"라고 물었더니, 허풍을 심하게 떠는 대상으로는 51.3%가 상사를, 36.7%가 동료 직원을 꼽았다고 합니다. 다시 말해, 10명 중 9명은 상사와 동료를 보며 속으로는 '허풍 떨고 있네' 한다는 겁니다.

그밖에도 '남자와 여자 중에 누가 더 허풍을 많이 떠는가?'라는 질문에는 86.4%가 남성, 13.6%가 여성이라고 답했습니다. 여자보다 남자가 6배나 더 허풍을 떤다는 것입니다. 그러면 어떤 허풍을 떠는가 보니, 1위는 '내가 다 해 봤어. 이건 이렇게 하면 돼'라는 말이고, 그 뒤로 '나만 믿어! 내가 다 해결해 줄게', '내가 왕년에 잘나갔다고!', '신입 때는 다 이렇게 했어', '사장님이 나를 제일 신뢰하시잖아', '회사? 당장이라도 때려치울 수 있지!', '월급? 그건 용돈이야 용돈', '누구? 말만 해 내가 다 연결해 줄게', '스카우트 제의 받았어', '외모나 성격이나 나 정도면 상위 1%이지'라는 말들이 올랐다고 합니다.

한편 '본인이 허풍을 떤 적 있느냐?'라는 질문에는 24.3%가 '그렇다'라고 답했다고 합니다. 이유를 묻자 1위가 '자존심을 지키기 위해서'이고, '재미 삼아서', '부족한 부분을 감추기 위해서', '불만을 표출하기 위해서', '상황을 모면하기 위해서', '스트레스를 풀기 위해서' 허풍을 떨었다고 답했습니다. 직장을 오가는 모든 사람이 허풍을 떨고 있는 겁니다.

허풍에 '풍(風)' 자가 바람을 뜻하지 않습니까? 그러니 허풍 역시 바람입니다. 우리가 무심코 내뱉는 허풍 하나 때문에 이리저리 휘날리고 휘둘립니다. 결혼을 약속할 때 우리가 얼마나 허풍을 떱니까? 서로가 떠는 허풍에 넘어가서 불신 결혼을 하고, 가정 파탄으로까지 이어집니다. 입시나 입사 면접을 볼 때도, 사업을 하면서도 허풍을 떨어대다가 쫄딱 망하는 일이 부지기수입니다.

그뿐입니까? 어떤 사람들은 사기꾼의 허풍에 깜빡 속아 곤욕을 치릅니다. 요즘 어르신들은 물론이고 명문대생, 석·박사고 할 것 없이 보이스피싱에 속수무책으로 당한다고 합니다. 심지어 판검사도 속는다니 정말 이 보이스피싱이야말로 사기의 종결자 아닙니까?

"내가 선생님을 잘 아는데요. ○○에 사시죠? △△대학교에 출강하시죠?"하면서 수백, 수천, 수억 만원을 순식간에 털어 간답니다. 이런 사방의 바람을 생각하면 정말이지 무서워서 살 수가 없습니다.

그런데 하나님의 천사들이 네 모퉁이에 딱 지키고 서 있다고 합니다. 바람이 땅에나 바다에나 각종 나무에 불지 못하도록 붙들고 있다고 합니다. 이 땅의 사방에서 악한 바람이 부는데 하나님이 그 바람을 붙잡아 주시고 택한 자들의 이마에 인을 쳐 주십니다. 그러면 어떤 자들에게 이 구원의 인을 쳐 주실까요?

- 내 인생에는 어떤 바람이 불고 있습니까? 부도의 바람, 외도의 바람, 이혼의 바람, 자녀 고난의 바람 앞에서 인생의 뿌리까지 흔들리지는 않습니까?
- 내가 하나님만 의지할 때 주님이 그 바람을 붙잡아 주실 것을 믿습니까?

인침을 받은 자는 자신의 가증함을 보는 사람입니다

2 또 보매 다른 천사가 살아 계신 하나님의 인을 가지고 해 돋는 데로부터 올라와서 땅과 바다를 해롭게 할 권세를 받은 네 천사를 향하여 큰 소리로 외쳐 3 이르되 우리가 우리 하나님의 종들의 이마에 인치기까지 땅이나 바다나 나무들을 해하지 말라 하더라_계 7:2~3

쾌락과 음란, 사상과 배신…… 이 땅의 수많은 악의 세력들이 지금도 끊임없이 복음을 훼방하고 있습니다. 그러나 다른 한쪽에서는 복음이 흥왕하도록 하나님의 천사가 택한 백성들에게 인을 칩니다. 이 땅에 성행하는 수많은 악을 우리가 어떻게 막겠습니까. 우리 힘으로는 막을 수 없지만 하나님이 막아 주십니다. 말씀으로 막고 진리로 막아 주십니다.

3절에 하나님의 천사가 "땅이나 바다나 나무들을 해하지 말라"고 합니다. 왜 하필 땅과 바다, 나무일까요? 강풍이 불면 가장 먼저 피해를 입는 것이 땅과 바다, 나무잖아요. 정말 생생한 상징적 표현입니다. 노아 시대에 홍수 심판이 임했을 때 비바람이 몰아치며 땅의 모든 생명이 멸망했지만, 노아와 그 가족만은 하나님이 계획하신 방주 안에서 안전하게 살아남았습니다. 말씀대로 하나님이 사방의 바람을 붙잡으신 것입니다.

사방의 바람은 땅에서 불지만 구원의 바람은 하늘에서 붑니다. 그래서 생명과 구원, 축복의 장소를 상징하는 '해 돋는 데'서 올라온 천사가 땅의 바람을 붙잡은 천사에게 "바람을 계속 붙들어 달라" 합니다. "하나님께서 구속하신 성도의 이마에 내가 인을 치겠으니 그때까지 바람을 붙잡고 있으라"는 것입니다. 출애굽 당시 문설주에 어린 양의 피를 바른 이스라엘 백성은 죽음의 화를 면했던 것처럼(출 12:23), 하나님이 "너를 구원해 주겠다" 하시며 그분의 백성의 이마에 인을 쳐 주시는 것입니다.

'바람을 붙잡는다'라는 것은 고난과 핍박을 사라지게 하시겠다는 뜻이 아닙니다. 요한계시록이 기록된 당시 이스라엘에는 로마의 핍박이라는 무서운 바람이 불었습니다. 그렇지만 아무리 무서운 핍박의 바람이 불어도 그것이 복음의 활동까지 막지는 못했습니다. 핍박하는 자가 두려워도 우리가 복음을 전할 수 있는 것은 하나님이 바람을 붙잡아 주시기 때문입니다.

사실 복음은 핍박의 시대에 더 잘 전해졌습니다. 오히려 배부르고 등 따뜻한 평탄한 때에 복음이 이빨도 안 들어갑니다. 그러니 환경이 문제가 아닙니다. "지금이 핍박의 시대인가, 태평성대의 시대인가"는 중요하지 않습니다. 하나님이 바람을 붙잡아 주셔야 합니다. 하나님이 바람을 붙잡아 주지 않으시면 우리 중에 인 맞을 자가 한 명이라도 있겠습니까? 그런데도 우리는 환경이 문제라고 합니다. 맨날 "왜 나만 이런 고난을 겪어야 하느냐"고 불평하면서 자꾸 '이 길에 답이 있을까, 저 길에 답이 있을까' 기웃거립니다. 그러니 내게도, 내 가족에게도 복음이 뚫고 들어오지 못합니다.

인을 치신다는 것이 무엇입니까? 우리 눈에 보이지는 않지만 말씀으로 그를 거듭나게 하여 하나님을 확실히 믿는 자로 만드신다는 뜻입니다.

에스겔 3장에 보면 하나님이 에스겔에게 파수꾼의 사명을 주신 후 그를 훈련하고자 말 못하는 자가 되게 하시고, 동여맴을 당하게 하여 집 밖에도 나오지 못하게 하십니다. 8장에서는 에스겔을 들어 올려 예루살렘 성전으로 데려가셔서 온갖 가증한 악이 판치는 성전의 환상을 보여 주십니다. 그러시고는 성읍을 관할하는 천사들에게 "더러운 성전을 청소하겠으니 전부 죽이라"고 명령하시죠. 그러자 에스겔이

"아하, 주 여호와여 예루살렘을 향하여 분노를 쏟으시오니 이스라엘의 남은 자를 모두 멸하려 하시나이까" 하며 탄식합니다(겔 9:8).

그런데 하나님이 죽이라는 명령과 함께 "너는 예루살렘 성읍 중에 순행하여 그 가운데에서 행하는 모든 가증한 일로 말미암아 탄식하며 우는 자의 이마에 표를 그리라"고 말씀하십니다(겔 9:4). 이것이 바로 하나님의 종들의 이마에 인을 치시는 것입니다. 누구 이마에 표를 그리라고 하셨죠? 성전을 보며 탄식하고 우는 자입니다. 성전의 가증함을 보고 탄식하는 자입니다.

바울은 "너희도 성령 안에서 하나님이 거하실 처소가 되기 위하여 그리스도 예수 안에서 함께 지어져 가느니라"고 했습니다(엡 2:22). 성전의 주인은 예수님이시고 그 예수님이 우리 안에 거하시니 우리 몸도 성전입니다. 그러므로 우리는 나의 가증을 보고, 교회의 가증을 보고, 집안의 가증을 보며 탄식하고 울어야 합니다. 애통해야 합니다. 주님은 이렇게 성전의 가증을 보며 애통하고 탄식하는 사람들을 인쳐 주십니다.

내 죄에 대해 애통하지 않으면서 "가정의 기강을 바로잡겠다, 나라의 기강을 바로 잡겠다, 교회의 기강을 바로잡겠다" 합니까? 가정과 교회, 나라를 바로잡기 위해서는 먼저 나의 가증을 보며 탄식하고 울어야 합니다. "자신의 가증을 보고 탄식하는 자를 내가 반드시 구원하겠다!" 주님이 지금 이 이야기를 하고 계신 것입니다. 그런데 우리는 내 죄, 내 가증에는 하나도 애통하지 않습니다. 그러니 예수를 전하러 나가면 "예수는 좋은데 너는 싫어", "말씀은 좋은데 너는 싫어"라는 말을 듣는 것입니다.

어떤 사람은 "더럽다"는 말을 입에 달고 삽니다. 정치판도 더럽고 세상도 더럽고 교회도 더럽답니다. 그러나 내 더러움, 내 가증함을 먼저 보고 그것 때문에 울기를 바랍니다. 하나님이 예루살렘 성전을 더럽게 여기신 것은 제사장과 지도자들이 동방의 태양신을 예배하고 담무스 우상을 경배하면서도 자기 죄를 깨닫지 못했기 때문입니다. 우리도 교회에 나와서 예배드리고 봉사하지만, 사실 마음 깊은 곳에는 기복이 여전합니다. 영혼 구원에는 관심 없고 오직 나 잘되려고, 내 안녕을 위해서, 내 가정 복 받으려고 예배하고 봉사하는 경우가 얼마나 많습니까? 이런 나의 가증함을 적나라하게 보아야 합니다. 내 죄, 내 가증을 보고 탄식하며 울어야 합니다.

그러고 보면 기복 신앙에 젖어 있는 것만큼 슬픈 인생이 없습니다. 지금이야 자기 열심에 겨워서 슬픈지 모르지요. 그러나 사건이 생겼을 때 신앙의 현주소가 딱 드러납니다. 해석도, 해결도 안 됩니다. 이를테면, 배우자나 자식의 어떠한 잘못이 드러났다고 합시다. 이때 그저 기복 신앙에만 머물러 있는 사람은 '너는 어찌해서 그 모양이냐?' 손가락질부터 합니다. 내 죄를 먼저 돌아봐야 하는데, 그러면 내 가증함이 보여서 울며 탄식하게 되는데, 그러면 인 친 자가 되는데 그저 남 탓만 하니 무엇 하나 해결되는 일이 없습니다. 맨날 인생이 슬픕니다.

어떤 사건이든, 고난이든 그 속에서 내 가증함을 보면 주님이 인 쳐 주십니다. 그러니 내 죄가 보이지 않는 것만큼 큰 저주가 어디 있겠습니까? 나의 가증을 보고 회개하면 수천 대의 복을 받을 텐데, 그게 너무 어려운 것입니다. 모든 문제를 그저 사건으로만, 표면적으로만 생각하니까 본질적인 해결책을 찾지 못합니다. 겉만 말간 교만으로 모든 것을 감추려고만 합니다. 말씀을 도무지 적용하지 못합니다. 그러나 어떤 때에도 먼저 자신의 악을 보고 울며 탄식하는 자들은 주님이 이마에 표해 주십니다. 구원하겠다고 약속해 주십니다.

• 지금 나는 무슨 일로 탄식하고 있습니까? 내 가증에 대해서는 애통하지 않으면서 가정의 기강을 바로잡겠다, 나라의 기강을 바로잡겠다, 교회의 기강을 바로잡겠다 하지는 않습니까?

택하신 자는 반드시 인 쳐 주십니다

내가 인침을 받은 자의 수를 들으니 이스라엘 자손의 각 지파 중에서 인침을 받은 자들이 십사만 사천이니_계 7:4

요한계시록에는 유독 상징이 많습니다. 이는 당시 로마의 핍박을 피해 그들이 알아들을 수 없는 표현들로 쓰였기 때문입니다. 그중 유독 상징적인 숫자가 많이 등장합니다. 성경에서 7은 완전수요, 10은 만수(滿數)입니다. 그 만수의 세제곱, 즉 1,000은 삼위 하나님의 수로서 역시 완전수입니다. 예를 들어, 엘리야 시대에 '바알에게 무릎을 꿇지 않은 칠천 명'은 완전수 7과 만수 10의 세제곱인 1,000을 곱한 수입니다(왕상 19:18). 따라서 이 칠천 명은 완전하게 구원 받을 사람들을 상징합니다.

요한계시록에서도 '십사만 사천'이라는 수가 나옵니다. 자신의 가증함을 보고 애통하며 탄식하는 자들을 하나님이 완전히 구원하실 것인데, 이 구원 얻을 자의 총수로 십사만 사천이라는 숫자가 상징적 계시로 등장하죠.

그러면 이 십사만 사천은 어떤 수로 이루어졌습니까? 12와 12를 곱한 수에 만수인 10의 세제곱을 곱한 수입니다. 여기서 '12'는 또 무엇을 의미하죠? 갑자기 허공에서 뚝 떨어진 숫자일까요? 구약의 열두 지파와 신약의 열두 사도가 딱 떠오르지 않으세요? 구약의 열두 지파로부터 구원의 역사가 시작되고, 신약의 열두 사도로부터 신약 교회가 시작됐잖아요. 구약의 12지파 곱하기 신약의 12사도, 거기에 삼위 하나님을 가리키는 만수 10의 세제곱을 곱한 수가 바로 '십사만 사천'입니다. 이것은 나라와 족속을 불문하고 시대와 공간을 초월해서 어린 양의 피로 구속함을 입은 모든 성도를 빠짐없이 포함한, 완전과 충족을 상징하는 수입니다.

하나님은 실수로 143,999명만 구원하거나 혹은 더해서 144,001명을 구원하지 않으십니다. 이는 하나도 빠뜨릴 수 없고 더할 수도 없는 수입니다. 여기에는 "나의 자녀를 반드시 책임지겠다"는 하나님의 강력한 뜻이 담겨 있습니다. 문자적인, 숫자로서의 십사만 사천이 아닙니다. '과연 인 맞은 자가 누릴 권리와 자격이 대단하구나!' 이것을 깨달아야 합니다. 우리도 이 십사만 사천에 들어가기에 힘써야 합니다.

지금은 비록 교회가 초라해 보여도, 이전에도 이후로도 지상 최대의 고난을 부여 받은 집단이라 해도 이 십사만 사천에 우리가 속해 있음을 믿어야 합니다. 자긍심을 가져야 합니다. 그러나 이는 내 행위나 공로로, 내 노력으로 된 것이 아닙니다. 오직 하나님의 은혜입니다. 내가 하나님 나라의 백성이라는 그 하나 때문에 하나님이 나를 책임지십니다.

한 경제지에서 〈당신의 소득은 이미 태어날 때부터 결정되었다〉라는 제목의 칼럼을 읽은 적이 있습니다. 칼럼을 쓴 기자는 "냉정한 현실이지만 태어날 때부터 당신의 소득은 이미 80%가 정해져 있었다"라고 말합니다. 물론 경제학자들의 의견이 다 다르기에 이것이 절대적인 진리라고는 말할 수 없습니다. 기자는 미국의 경제학자 브랑코 밀라노비치(Branko Milanović)의 저서 『가진 자, 못 가진 자』의 내용을 인용합니다. 밀라노비치의 말에 따르면 "출생국가의 평균소득이 10% 증가하면 개인 소득도 10% 올라간다"고 합니다. 즉, 우리가 부유할 것인가 가난할 것인가가 국가에 의해 결정된다는 말입니다. 국가 내 불평등이 전 세계 소득 분포에서 미치는 역할은 지극히 미미하다고 합니다. 결론은 부유한 나라에 살아야 개인도 부유해질 수 있다는 것입니다.

그러니 부자가 되고 싶어도 나만 잘나서는 불가능합니다. 내가 속한 나라가 부자여야 합니다. 그만큼 내가 어디에 속해 있는가가 중요합니다. 마이크로소프트의 창업자인 빌 게이츠(Bill Gates)나 투자의 귀재로 불리는 워런 버핏(Warren Buffett)이 만일 가난한 나라에서 태어났다면 그런 부를 쌓을 수 있었을까요? 나라가 빈곤한데 나 홀로 부자라면 십중팔구 비리와 연루됐을 것입니다. 산업화나 문화 수준이 떨어지는 나라에서 부자가 될 방법은 권력층과 결탁하여 독과점하거나 특혜를 얻는 것밖에 없기 때문입니다.

역사적으로 기독교 가치관을 기반으로 세워진 나라가 경제적으로도 부유한 것을 봅니다. 우리나라도 그렇습니다. 가난한 조선이라는 나라에 선교사들이 들어와서 교회를 세우고 학교를 세웠습니다. 하나님이 은혜를 베풀지 않으셨다면 우리나라가 이렇게 부강해질 수 있었을까요? 그런 대한민국이 지금은 가장 전도하기 어려운 나라가 되었습니다.

강대국 국민은 잘살고 후진국 국민은 못살고 이런 이야기를 하려는 것이 아닙니다. 우리가 어디에 속했는가가 그만큼 중요하다는 말입니다. 나라가 부유해야 국민도 부유하다는데 그렇다면 하나님 나라의 국민이요, 천국 시민권을 가진 우리는 어떻겠습니까? 부자는 떼 놓은 당상 아니겠습니까? 하나님의 인 치심 안에 들어가는 것만이 영생의 부자가 되는 길입니다. 이것은 내 힘으로 되는 일이 아닙니다. 하나님의 백성으로, 하나님 나라의 국민으로 다시 태어나야 합니다. 행위로 구원 받는 것이 아니라 내가 하나님의 백성으로 다시 태어나기만 하면 영생을 얻는다는 것, 이것을 믿는 자는 주님이 반드시 인 치시는 줄 믿습니다.

• 하나님 나라의 백성으로 다시 태어나야 영생의 부자가 된다는 사실을 믿습니까?

차별 없이 인 쳐 주십니다

유다 지파 중에 인침을 받은 자가 일만 이천이요 르우벤 지파 중에 일만 이천이요 갓 지파 중에 일만 이천이요_계 7:5

인침 받은 자들이 하나님 나라로 화려하게 입성합니다. 메시아가 오신 지파답게 유다 지파가 처음에 등장합니다. 콩가루 같던 유다 지파가 1위로 입성합니다. 유다야말로 자타가 공인하는 '가증(可憎)한 지파' 아닙니까? 시아버지와 며느리가 동침하여 계보가 이어진 부끄러운 역사를 가진 지파입니다. '유다' 하면 이것만 생각납니다. 그러나 유다는 그 가증함으로 영적 지경이 넓어진 사람입니다. 자신의 가증함을 깨닫고 회개하며 수치를 드러냄으로 이스라엘의 영적 장자로 우뚝 섰습니다.

가나안 정복 전쟁 당시 "이 산지를 내게 주소서!" 자청하며 험산준령 헤브론을 점령한 갈렙도 유다 지파입니다(수 14:12). 이 헤브론 땅은 훗날 성지(聖地)가 되었습니다. 유다는 가장 많은 성읍을 차지하고 지경도 나날이 넓어졌습니다. 이처럼 늘 영적 싸움에 앞장서고 자기 가증을 보며 나아가는 사람이 하나님 앞에서 1등입니다.

두 번째로 입성한 지파는 르우벤입니다. 그 조상 르우벤은 아버지의 첩 빌하와 통간하여 장자의 권리를 빼앗겼고, 그 후손 또한 별 활약이 없었지만 마지막에는 이렇게 두 번째로 입성합니다. 세 번째로 갓 지파입니다. 갓은 레아의 여종 실바의 소생으로, 한마디로 서출입니다. 서출 신분이어도 상위로 입성합니다.

> 아셀 지파 중에 일만 이천이요 납달리 지파 중에 일만 이천이요 므낫세 지파 중에 일만 이천이요_계 7:6

아셀 지파가 네 번째로 입성합니다. 그도 야곱의 첩 실바의 소생이지만 상당히 상위권으로 입성했습니다. 다섯 번째는 납달리입니다. 납달리가 누구 소생입니까? 라헬의 여종(빌하) 소생입니다. 그러니 라헬에게 속한 자녀 중 최고로 성공한 사람이 납달리입니다. 여섯 번째로 므낫세가 입성합니다. 므낫세는 요셉의 아들로 비록 장자의 기입을 받지는 못했지만 요셉보다도 먼저 입성합니다.

> 시므온 지파 중에 일만 이천이요 레위 지파 중에 일만 이천이요 잇사갈 지파 중에 일만 이천이요_계 7:7

일곱 번째로 시므온 지파가 입성합니다. 그 조상 시므온은 누이인 디나가 히위 족속의 세겜에게 강간당하자 레위와 함께 히위 족속을 무참히 살해했습니다(창 34:24~31). 또한 그 후손들은 광야에서 우상

숭배에 가담하여 이스라엘을 도탄에 빠트리기도 했습니다(민 25장). 이 일로 지파 백성의 많은 수가 죽임당하고 훗날엔 유다 지파에 복속됐는데(수 19:1~9), 이렇게 죽지도 않고 살아서 일곱 번째로 입성합니다.

여덟 번째로 레위 지파가 입성합니다. 앞에서 이야기했듯 레위는 시므온과 함께 살상을 저지른 살인자입니다. 그로 인해 레위 자손은 흩어져 살게 되리라는 저주를 받았지만, 금송아지 사건 때 유일하게 하나님 편에 서면서 제사장 지파로 복원되는 영광을 누렸습니다(창 49:7; 출 32:26~29).

그런데 보세요. 제사장 지파로서 모든 사람의 존경을 한 몸에 받았던 레위 지파가 1, 2등도 아니고 여덟 번째로 골인합니다. 그러니 구원에는 진짜 진짜 차별이 없습니다. 그만큼 하나님이 레위 지파에게 책임을 많이 물으신 것입니다.

아홉 번째로 잇사갈 지파가 입성합니다. 창세기 49장에서 야곱은 잇사갈을 가리켜 "우리 사이에 꿇어앉은 건장한 나귀"라고 하면서 "그는 쉴 곳을 보고 좋게 여기며 토지를 보고 아름답게 여기고 어깨를 내려 짐을 메고 압제 아래에서 섬기리로다"라고 축복합니다(창 49:14~15). 1등 할 생각도 없고, 늘 놀기 좋아하고, 조용히 섬기면서 별 특징도 없는 것 같은 잇사갈인데 아홉 번째로 입성합니다.

> 스불론 지파 중에 일만 이천이요 요셉 지파 중에 일만 이천이요 베냐민 지파 중에 인침을 받은 자가 일만 이천이라_계 7:8

열 번째로 스불론 지파가 입성합니다. 레아 자손 중에서는 가장 꼴찌입니다. 그래도 요셉보다는 앞서 들어갑니다. 드디어 꼴찌에서 두 번째로 요셉 지파가 입성합니다. 우리가 그토록 우러러보는 요셉인데, 턱걸이로 겨우겨우 입성을 합니다. 마지막 열두 번째는 베냐민 지파입니다. 사사기에서 레위인의 첩을 욕보이고 동족상잔의 비극을 일으켜 멸절 직전까지 갔던 베냐민이 가장 마지막에 입성을 합니다 (삿 19~20장).

그런데 열두 지파 중에 안 보이는 지파가 있습니다. 바로 단 지파와 에브라임 지파입니다. 단은 적그리스도를 상징합니다. 가나안 정복 전쟁 당시 유다 지파는 앞장서서 땅을 점령한 반면 단 지파는 여호수아의 명령을 거역했습니다. 자신들에게 주어진 땅은 점령하지 않고 혼자 북쪽으로 멀리 올라가서는 명하지 않은 레셈(라이스) 땅을 빼앗고 후에는 거기로 아예 이사를 가 버립니다(수 19:47; 삿 17~18장). 평온하고 인진해 보이는 땅에 혹해서 공동체를 떠나 버린 것입니다.

우리도 그러지 않습니까. 말씀을 적용하기 싫다고, 맨날 지질한 이야기나 하는 교회랑은 격이 안 맞는다고, 내 인생에 도움이 안 되는 이 집구석에서는 못 살겠다고 사명을 마다하고 슬쩍 떠나 버립니다. 그러면 단 지파처럼 생명책에서 영원히 지워지는 수가 있습니다. 우리는 사명의 인생이기에 사명을 마다하면 십사만 사천에 속할 수가 없습니다. 사명을 가볍게 여기면 안 됩니다.

또한 에브라임은 북이스라엘에 금송아지 숭배를 가져온 여로보

암의 조상이기에 이름이 빠져 있습니다. 여호수아를 배출한 대단한 지파이지만, 결국 인 맞은 자의 행렬에는 들지 못합니다.

그런데 이름이 빠진 두 지파와 11, 12위로 턱걸이 입성한 요셉과 베냐민 지파에는 공통점이 있습니다. 모두 라헬에게 속한 자녀라는 것입니다. 이처럼 라헬은 이스라엘에 많은 문젯거리를 던져 준 인생입니다. 그런데도 우리는 "나도 라헬처럼 사랑 받아 보고 싶어", "요셉 같은 총리 아들 낳아 보고 싶어" 하면서 라헬처럼 사는 것을 평생소원 삼습니다. '사랑은 라헬처럼, 아들은 요셉처럼'이 주제가입니다.

언젠가 유명한 한 배우가 TV쇼에 출연해 사랑에 관해 이야기하는 것을 들었습니다. 이 배우의 사랑론(?)에 의하면 세상에는 여러 가지 형태의 사랑이 있다는 겁니다. 아내에 대한 사랑, 애인에 대한 사랑이 다르다며 지금도 애인을 만나고 있다나요. 그는 "요즘 세상 분위기가 살벌한데 사랑이 있어야 상대를 배려할 수 있다"면서 자신의 애인 이야기를 털어놓았습니다. 어찌나 예쁜지 첫눈에 반했고 생애 유일하게 사랑한 여인이랍니다. 자기 부인이 시퍼렇게 살아 있는데 이런 이야기를 너무도 당당하게 합니다.

그는 또 "나같이 자유롭고 잘생기고 건강한 사람이 연애하지 말라는 법이 어디 있느냐"면서, 자기 아내는 통이 큰 여자이니 서로 시간을 갖고 행복하고 건강하게 살아가자며 아내에게 덕담 아닌 덕담까지 했습니다. 여러분, 정말 이런 사랑을 받고 싶습니까? 어떤 사람은 "저 배우도 하는 사랑, 나라고 못 할 게 뭐냐!" 하면서 어리석은 길을 따라갑니다.

또 요셉은 어떻습니까? 공동체를 떠난 단 지파보다도 유다를 더 힘들게 한 지파가 요셉의 소생 에브라임입니다. 그들은 북이스라엘을 대표하는 지파로서 평생 원수처럼 유다를 괴롭혔습니다. 왜, 불신자보다 예수 믿는다고 하면서 곁에서 교묘히 괴롭히는 사람들이 더 힘들잖아요. 고정관념으로 똘똘 뭉쳐서 예수 잘 믿는 사람들을 무시하고, 자기 가증을 보는 성도들을 지질하게 여기는 지파가 바로 요셉입니다. 그래서인지 성경 속 지파들의 계보에 요셉 지파는 늘 빠져 있다가 마지막에야 턱걸이로 입성합니다. 이런 요셉을 보며 낙타가 바늘귀 못 들어가듯 이 땅에서 강성한 자는 구원의 상을 받기가 힘들다는 것을 새삼 실감합니다.

본문에 하나님 나라에 입성하는 지파들을 보십시오. 정실 소생, 첩실 소생 차이가 없습니다. 장자와 차자를 차별하지도 않습니다. 평신도나 제사장의 구분도 없습니다. 결론은 평생 자기 죄와 가증을 보는 자가 가장 자존감이 높은 자라는 겁니다. 서출에다 살인하고 간음했던 자들이 상위로 입성합니다. 잘나디 잘난 모범생은 턱걸이로 입성합니다. 세상에서 이기고 또 이기는 자가 아니라 그야말로 평범한 자, 섬기는 자들이 구원의 반열에 오릅니다.

그러나 천국에 가면 순서가 없습니다. 1위부터 12위까지 입성 순서는 조금 달라도, 각 지파가 똑같이 일만 이천이라고 합니다. 유다도 일만 이천, 베냐민도 일만 이천입니다. 상급은 모두 같습니다. 이것이 중요합니다. 어떤 환경에 있든 구원은 똑같이 누리는 것입니다. 부자가 누리는 구원, 가난한 자가 누리는 구원이 다르지 않습니다. 물론

이 땅에서 서로 믿음의 분량은 다르겠지요. 그러나 구원은 하나님께로부터 오는 것이기에 천국 상급은 똑같습니다.

언젠가 한 방송 프로그램에서 가수 A씨가 자신의 이야기를 진솔하게 하는 것을 보았습니다. 그는 자신이 크리스천인 것을 밝히면서 아내의 권유로 성경을 읽고 지독한 우울증을 극복했다고 고백했습니다. 우울 증세가 조금 남아 있는 것 같았지만 하루아침에 낫는 병은 아니지요. 사생아로 태어나 어린 시절을 고아원에서 보낸 그는 고등학교도 또래보다 2년 늦게 들어갔습니다. 남들은 좀체 겪지 못할 힘든 일들을 지나왔지만, 그럼에도 훌륭하게 성장하여 실력 있는 가수까지 되었으니 얼마나 은혜입니까.

그런데 이 A씨가 활동하던 그룹의 리더 B씨는 전혀 다른 어린 시절을 보냈습니다. 유명한 기타리스트의 아들로 B씨 역시 어릴 때부터 기타 실력을 인정받아 탄탄대로를 달렸습니다. 그래서 배고픈 로커들에게 늘 시기와 부러움의 대상이었답니다. B씨가 출연한 토크쇼도 우연히 보았는데 그는 방송 내내 무척 여유 있어 보였습니다. 말 한마디 더 하려고 애쓰지도, 괜히 돋보이려 하지도 않고 다른 출연자가 자기에 대해 어떤 이야기를 해도 변명하거나 반박하지 않았습니다. "내가 그랬나?" 하면서 시종일관 웃어 보였습니다. 어떻게 그렇게 기타를 잘 치느냐고 물어보니 "음악적으로 여건이 좀 좋았지요"라며 너무도 겸손하게 말하는 것입니다.

A씨는 뭘 해도 절박해 보입니다. 목소리도 절박하고 표정도 절

박합니다. 암에 걸린 아내 이야기를 하는데도 절박합니다. 경제적으로도 녹록치 않습니다. 방송에 좀 나오는가 싶더니 폭력 시비가 붙었다는 기사가 나고, 요즘은 통 얼굴을 볼 수 없습니다. 그 인생에 바람 잘 날이 없어 보였습니다. 그런데 인생이 험산준령인 A씨도, 절박할 것 없어 보이는 B씨도 음악을 통해서 사람들의 마음을 움직이고 있습니다. A씨나 B씨나 그의 인생사가 어떻든지 우리는 그들의 음악에 열광합니다.

구원도 그렇습니다. 좋은 환경에서 평탄하게 자란 사람은 또 다른 사람에게 그 은혜를 나누어 줄 수 있습니다. 사연 많은 사람은 그 사연을 살아 낸 간증이 다른 사람에게 은혜가 됩니다. '아, 아파도 저렇게 사는구나', '고난 가운데 소망이 있구나!' 참된 위로를 주지 않겠습니까. 그러니 사연 많다고 부끄러울 것도 없고, 사연 없다고 자랑할 것도 없습니다. 그저 각자에게 역할이 있을 뿐입니다. 어떤 삶이든 메시지를 줄 수 있습니다.

우울증이 있으면 어떻습니까. 부모 없이 고아로 살면 어떻습니까. 성격이 못될 수 있지요. A씨를 보면서 그 사연이 어떠하든 우리가 주 안에서 살아 내면, 살아만 준다면 인침 받고 올라가겠구나 생각했습니다. 어떤 모범생보다도 우리에게 감동을 주잖아요. 낮고 낮은 인생일지라도 하나님이 구원하고 인도하고 쓰십니다.

하나님은 우리 모두를 구원하기 원하시는데, 인침 받은 자의 명단에 에브라임과 단 지파가 빠졌습니다. 인간의 어리석음 때문에 두 지파가 빠졌습니다. 그러나 하나님은 에브라임은 요셉으로, 가룟 유다는 맛디아로 바꾸어 주심으로 열두 지파와 열두 사도의 수를 빠짐없이 채워 주셨습니다. 이것이 무엇을 의미합니까? '12 곱하기 12 곱하기 10의 세제곱' 이 중에 한 숫자라도 빠지면 십사만 사천을 이룰 수 없지 않습니까. 그만큼 구원을 완전하게 이루어 주시겠다는 것입니다. 주님의 구원 역사에는 한 치의 오차도 없다는 것입니다. 그러니 이 '십사만 사천'이 얼마나 위로와 감사의 수인지 모릅니다.

목사가 평신도보다 높다고 생각하는 분도 계시겠지요. 저도 목사로서 많은 사람을 양육하고 교회를 이끌다 보니 가끔 그렇다고 착각할 때가 있습니다. 그러나 저보다 더 열심히 교회를 섬기고 헌신하는 성도들을 보면 저의 수고가 아무것도 아님을 깨닫습니다. 제가 목회를 하는 것도 결국 영혼 구원을 위함인데, 이름도 빛도 없이 수고하는 성도나 강단에서 말씀을 선포하는 저나 무엇이 다르겠습니까. 하나님은 누구의 수고는 높게 쳐 주시고 누구의 수고는 하찮게 여기시는 분이 아닙니다. 구원을 위한 우리의 모든 수고를 하나님이 결코 잊지 않고 인 쳐 주실 것입니다. 모두 똑같이 일만 이천의 구원의 상급으로 갚아 주실 것을 믿습니다. 구원에는 높고 낮음, 잘나고 못나고의 차별이 없습니다.

조나단 에드워즈(Jonathan Edwards)는 미국의 대표적인 신학자이자 목회자로, 미국에 종교개혁을 가져왔다고 평가 받는 위대한 인물입니다. 그 가계도도 화려하여 부통령, 선교사, 국회의원 등 유력한 인물이 꽤나 많습니다. 그런데 그의 직계 5대손인 드와이트 에드워즈(Dwight Edwards) 목사는 조금 다른 사연을 가졌습니다. 그에게는 세 아들이 있는데, 그중 두 자녀는 심각한 학습 장애를 앓고 다른 한 자녀는 경중 뇌성마비를 앓고 있습니다. 그러나 그는 이렇게 고백합니다.

"진정한 자녀 사랑은 부모의 기준에 부응하도록 자녀를 키워 내는 것이 아닙니다. 자녀가 하나님이 준비하신 자리로 나아가도록, 하나님의 영광에 붙들리도록 도와야 합니다. 나의 아이들이 그 길을 가는 데 장애가 도움이 되었다면, 나는 아빠로서 아이들에게 줄 수 있는 최고의 선물을 선사한 셈입니다. 모든 장애에는 하나님의 소명이 있습니다."

우리 자매들은 한결같이 강하고 무서운 남편을 만나 에스겔이 동여맴을 당했듯 매여서 살았습니다. 자매들끼리 모여 함께 쇼핑한 기억도 없습니다. 그저 각자의 남편에게 복종하면서 살았습니다. 그러나 그 고난의 시절을 거치면서 모든 고난 속에는 하나님의 소명이 있다는 사실을 깨달았습니다. 또한 삶으로 보여 주신 어머니 덕분에 우리 자매들 안에도 아픈 가정들을 향한 불붙는 사랑이 생겼습니다. 어머니는 정말 최고의 선물을 우리에게 주고 천국에 가셨습니다.

여러분은 자녀를 위해 무엇을 주겠습니까? 내가 원하는 기준에 부응하도록 키우시렵니까, 하나님의 소명을 발견하도록 키우시겠습니까? 하나님의 인 치심 받는 자녀로 키우려면 어떤 선물을 남겨야 할까요? 내 삶으로 보이는 것만 남습니다. 하나님은 자신의 가증을 보고 울며 통곡하는 자를 인 친다고 하십니다. 택한 자는 반드시 인 치십니다. 차별 없이 인 치십니다.

• 남보다 좋은 환경이라고 우월 의식에 젖어 있지는 않습니까? 사연 많은 인생을 살아오면서 주눅 들지는 않았습니까? 우리가 이 땅에서 어떻게 살았든 주님을 믿기만 하면 똑같이 구원의 상급을 받는 것을 믿습니까?

우리들 묵상과 적용

의과대학 선후배로 만난 남편은 엄격했던 아버지와 달리 따뜻하고 배려심이 많은 사람이었습니다. 그런 남편이 좋아서 결혼하여 저는 소아과 개업의로, 남편은 대학병원에서 일하며 부부가 바쁘게 살았습니다. 그런 어느 날 우리 가정에 재앙이 닥쳤습니다. 남편이 한 유명인을 수술하며 방송에 자주 출연했는데, 이를 본 과거 외도녀의 남자친구가 남편을 협박해 온 것입니다. 마치 땅의 사방의 바람이 부는 것처럼 남자는 전화로 악한 말을 쏟아내고, 남편이 근무하던 병원에 불륜 사실을 폭로하는 이메일을 뿌려 댔습니다(계 7:1). 남편은 극심히 고통스러워했고, 저는 그런 남편을 향한 배신감과 함께 열심히 이룬 가정이 무너지는 것이 허무해 울고 또 울었습니다.

그러나 이 재앙을 계기로 저 때문에 예수님이 십자가에 달리시고 피 흘리셨음이 비로소 깨달아졌습니다. 설교 말씀과 목장예배를 통해 남편을 우상 삼으면서도 늘 옳고 그름으로 지적하고 무시했던 저의 죄를 보게 되었습니다. 겉으로는 겸손한 척했지만 늘 내가 옳다고 여기며 매사 묻지 않고 혼자 결정한 교만을 회개하게 되었습니다. '나에게 눌린 남편이 얼마나 힘들었을까' 생각하니 남편의 바람이 이해되고 미안한 마음도 들었습니다. 이 환난의 센 바람이 행위와 공로를 내세우며 살아온 제 인생의 결론임을 깨닫게 되었습니다. 이렇게 남편의 바람 사건에서 저의 악함을 보고 회개하니, 하나님이 "해하지 말라" 명하심으로 외도녀의 남자도 더 이상 우리 부부를 협박하지 않았습니다(계 7:3).

그러나 은혜도 잠시, 사방의 바람이 한차례 지나가고 나자 안일해진 저는 목자 직분까지 내려놓고 쉬었습니다. 하나님이 그런 저를 두고 볼 수 없으셨는지 우리 가정에 두 번째 바람이 불었습니다. 남편의 외도가 또다시 드러난 것입니다. 저는 남편의 바람을 눈치채지 못한 우둔함과 남편의 영적 상태에 대해 눈 감고 있던 가증함이 깨달아지며 탄식이 절로 나왔습니다. 육적인 음란을 저지른 남편보다 안락하고 편한 삶을 누리며 입으로만 거룩을 외치는 제가 영적으로 더 간음한 자라는 것이 인정되면서 입이 다물어졌습니다. 작년 초 남편이 간경화 합병증으로 간이식을 권유 받아 저의 간을 이식해 주었습니다. 저의 가증을 보게 하려고 수고한 남편에게 간이라도 줄 수 있어서 감사합니다. 사방의 바람을 붙드셔서 우리 부부를 인 쳐 주시고, 구원 받은 자 십사만 사천에 속하게 하신 하나님, 사랑하고 찬양합니다(계 7:4).

영혼의 기도

하나님 아버지, 우리 모두 인침 받은 인생이 되기를 원합니다. 그런데 구원을 세상 복의 개념으로만 생각하니 삶이 너무나 슬픕니다. 앉으나 서나 기복에만 매여 있는 우리를 불쌍히 여겨 주시옵소서.

주님, 어떤 사람은 부모에게 버려져 고아원에서 자라는데, 어떤 사람은 부모를 잘 만나 부족함 없이 자랍니다. 그러나 부모에게 버려졌다고 해서 훌륭하게 성장하지 말라는 법이 있습니까? 좋은 환경에서 살았든지 사연 많은 인생을 살았든지, 어떤 삶이든 감동을 줄 수 있습니다. 문제는 상황이 아닙니다. 우울증도, 가난도 구원을 가로막지는 못합니다. 어떤 환경에도 하나님의 소명이 있습니다. 장애 속에도 주님의 소명이 있습니다. 이를 악물어야 하는 상황에서도 하나님이 택하시면 하늘나라 족보에 우리 이름이 올라갈 줄 믿습니다.

주님, 내가 살아 온 날의 의미를 깨닫기 원합니다. 엉뚱한 우물을 파지 않게 하여 주옵소서. 하나님만 의지하면 나에게 새 옷, 아름다운 옷을 입혀 주실 텐데 우리는 수천 벌 새 옷을 입혀 주실 하나님을 마다하고 내 헌옷 하나 고쳐 입느라고 인생을 끙끙 앓고 있습니다. 내 헌옷을 버리게 도와주옵소서. 하나님 나라의 백성으로 입적되기를 원합니다. 하나님 나라의 백성으로 다시 태어나기를 원합니다.

12 곱하기 12 곱하기 10의 세제곱, 이 십사만 사천이 얼마나 위

170

대한 구원의 숫자인지요. 주님, 감사하고 감사합니다. 그 십사만 사천
에 들어가는 우리가 될 수 있도록 주님이 역사하여 주시옵소서. 예수
님 이름으로 기도합니다. 아멘.

구원 받은 사람들

요한계시록 7장 9~17절

06

하나님 아버지, 구원을 찬송하고 화답하며
나그네 인생길을 잘 걸어가기 원합니다.
말씀해 주시옵소서. 듣겠습니다.

◇ ◆ ◇

1955년 미국의 의학연구자 조너스 소크(Jonas Salk)가 소아마비 예방 백신을 개발했습니다. 소아마비는 지금의 코로나19만큼이나 무서운 바이러스성 질환으로, 당시 수만 명의 사람을 고통과 절망 가운데로 몰아넣은 병이었습니다. 그런데 소크 박사는 소아마비 백신에 대한 별다른 특허를 내지 않았습니다. 더 많은 사람이 이 백신의 혜택을 누리게 하기 위해서였습니다. 그는 "왜 특허를 내지 않았느냐?"는 질문에 이렇게 답했습니다.

"당신은 태양에도 특허를 내는가?"

이 위대한 한 사람 덕에 우리가 소아마비로부터 자유하게 되었습니다. 미국의 초대 정치가이자 발명가인 벤자민 프랭클린(Benjamin Franklin)도 피뢰침을 비롯한 수많은 발명을 했지만, 그중 한 건도 특허 등록을 하지 않았습니다. 반면에 에디슨(Thomas Alva Edison)은 발명한 것마다 특허를 내서 많은 돈을 벌었다고 하죠.

우리 주님도 죽은 자를 살리는 백신으로 '복음'을 우리에게 주셨습니다. 마음대로 쓰라고 특허 등록도 안 하셨습니다. 죄로 죽어 가는 우리를 영원한 생명으로 '거저' 옮겨 주십니다. 그러니 이 복음이 얼마나 큰 선물입니까? 백신을 맞고 코로나19로부터 자유하게만 되어도 '백신, 백신'을 외칠 텐데, 우리가 구원을 거저 받아 영생을 누리게 되었으니 "구원, 구원"을 외쳐야 하지 않겠습니까? 그래서 구원 받은 사람들이 앉으나 서나 "복음, 복음", "구원, 구원" 외치는 것입니다. 이처럼 구원 받은 사람은 "구원밖에 없다!"고 찬송합니다.

구원 받은 사람은 구원의 찬송을 부릅니다

9 이 일 후에 내가 보니 각 나라와 족속과 백성과 방언에서 아무도 능히 셀 수 없는 큰 무리가 나와 흰옷을 입고 손에 종려 가지를 들고 보좌 앞과 어린 양 앞에 서서 10 큰 소리로 외쳐 이르되 구원하심이 보좌에 앉으신 우리 하나님과 어린 양에게 있도다 하니_계 7:9~10

여섯째 인까지 떼어지고 모든 사람이 두려워 떨 때 하나님은 예수 공동체가 세상과 다르다는 것을 보여 주십니다. 그래서 택한 자 십사만 사천을 인 치시며 반드시 구원하리라고 약속해 주십니다. 앞에서도 이야기했듯, 십사만 사천은 문자적으로 십사만 사천이라는 수(數)를 가리키지 않습니다. 이는 구원의 온전함과 충만함을 의미합니다.

그런데 지금 구원 받은 그들이 흰옷을 입고 종려 가지를 들고 어린 양 앞에 섰습니다. 앞에서 "어린 양의 진노 앞에 누가 능히 서리요" 하지 않았습니까(계 6:16~17)? 해, 달, 별이 떨어지는 우주적 재앙 속에 땅의 임금들과 왕족들, 부자들과 강한 자들은 산과 바위틈에 숨어서 떠는데 이들은 어린 양 앞에 딱 선 것입니다.

사실 이들도 환난을 당했습니다. 그러나 이제는 흰옷을 입고 종려나무 가지를 들고 있습니다. 흰옷은 사제들, 즉 제사장들이 입는 옷이요, 종려나무 가지는 승리를 상징합니다. 그야말로 왕 같은 제사장의 모습입니다. 바위틈에 숨어서 덜덜 떠는 사람들과는 무척 대조적입니다. 더욱 놀라운 것은 이 셀 수 없는 무리가 외치는 소리입니다. "억울하다, 원수를 갚아 달라!"가 아니라, "구원하심이 보좌에 앉으신 우리 하나님과 어린 양에게 있도다!"라고 천지가 떠나가리만큼 외칩니다. "내가 지금까지 인내하며 잘 살아 낸 비결은 내 힘이 아닙니다. 오직 보좌에 앉으신 우리 하나님과 어린 양께서 구원하셨기 때문입니다!" 외치는 것입니다.

이 흰옷 입는 자들은 누구입니까? 복음을 진정으로 받아들인 사람들입니다. 어린 양이 진노하실 때 복음을 거부하는 자들은 바위틈에 숨어 떨며 탄식하지만, 복음을 받아들인 자들은 흰옷을 입고 종려 가지를 들고 승리의 깃발을 흔들게 될 줄 믿습니다. 우리 앞의 모든 진노는 다 물러간 줄 믿습니다. 이 세상에서 가장 큰 선물은 복음입니다. 내 인생에 가장 중요한 날도 복음을 받아들인 날입니다. 내 생일보다, 결혼기념일보다 중요한 날이 바로 예수의 복음을 받아들인 날입니다.

하지만 복음이 선물 같게 느껴지지 않을 때가 많죠. 예수를 믿음으로 구별된 흰옷을 입고 살아가는 것이 쉽지는 않습니다. 아름다운 왕따가 돼서 모두에게 "하나님 외에 다른 것은 우상이다"라고 말해 주어야 하기에 인생이 힘듭니다. 그러나 인생은 자기가 세운 우상만큼 더러워집니다. 돈을 사랑하는 만큼 세상 때가 묻고, 음란에 휘둘리는 만큼 어둠에 물듭니다. 이런 더러움 가득한 세상에서 흰옷을 입고 살아가려면 나의 가증을 보는 것밖에는 길이 없습니다. 나의 가증함을 십자가로 씻으며 나도 십자가의 삶을 살아야 합니다.

'셀 수 없는 큰 무리'가 흰옷을 입고 하나님과 어린 양의 구원하심을 찬양합니다. 어떤 일이든 두세 명의 증인만 있으면 사실로 입증되지 않습니까? 그런데 2천 년 동안 수많은 성경의 저자가, 수많은 믿음의 조상이 하나님과 어린 양의 구원을 외쳤습니다. 수많은 순교자와 성도가 하나님과 어린 양의 구원을 외쳤습니다. 그들이 모여 셀 수 없는 증인이 되었습니다. 이것만 보아도 하나님과 어린 양의 구원하심이 얼마나 확실합니까! 모두가 "구원, 구원"을 외치며 지금까지 왔기에 우리가 구원을 얻게 된 줄 믿습니다. 구름같이 허다한 이 믿음의 증인들을 따라 우리도 구원의 찬송을 불러야 합니다. 순결한 흰옷을 입고 종려나무 가지를 들고 승리의 깃발을 흔들기 바랍니다.

- 나는 하나님 앞에서 "억울해요, 원수 갚아 주세요"라고만 외치고 있지는 않습니까?
- 내가 지금까지 인내하며 잘 살아 낸 비결이 보좌에 앉으신 우리 하나님과 어린 양의 구원하심에 있음을 믿습니까?

진정성 있는 구원 찬송을 하면 화답 찬송을 받습니다

11 모든 천사가 보좌와 장로들과 네 생물의 주위에 서 있다가 보좌 앞에 엎드려 얼굴을 대고 하나님께 경배하여 12 이르되 아멘 찬송과 영광과 지혜와 감사와 존귀와 권능과 힘이 우리 하나님께 세세토록 있을지어다 아멘 하더라_계 7:11~12

이 세상 종교들도 천국을 언급합니다. 잘 먹고 잘사는 곳, 부족함이 없는 곳, 고통이 없는 곳쯤으로 천국을 정의하지요. 그러나 천국은 인간의 행복을 위해 존재하는 곳이 아닙니다. 천국은 '하나님을 찬양하는 곳'입니다.

구원 받은 성도들이 "구원하심이 보좌에 앉으신 하나님과 어린 양에게 있다"라고 찬송하자, 모든 천사가 "아멘 찬송과 영광과 지혜와 감사와 존귀와 권능과 힘이 우리 하나님께 세세토록 있을지어다 아멘" 하고 화답합니다. 우리가 찬양할 대상은 오직 하나님뿐입니다. 하나님 자체가 상급입니다. 하나님을 찬양하는 자는 이미 천국을 살고 있습니다.

나의 구원이 진짜라면 내 옆의 사람들도 화답하게 되어 있습니다. 내가 죽을 것 같은 환경에서도 하나님을 찬양하고, 안 믿는 사람은 죽었다가 깨어나도 못하는 적용을 하면서 하나님 나라를 누리면 옆에 있는 사람이 저절로 화답하게 됩니다. 그런 나를 보면서 '이야, 하나님이 정말 계시는구나!' 깨닫게 되는 것입니다. 2천 년 동안 수많은 믿음의 증인들이 그렇게 구원을 찬송하고 화답해 왔기에, 전 세계에 구원 받은 백성이 점점 많아져서 여기까지 왔습니다.

그런데 어떤 사람들은 "하나님께만 찬송과 영광과 지혜와 감사와 존귀와 권능과 힘이 있다"는 말씀을 엉뚱하게 적용합니다. 우리들 교회의 한 목자님이 이렇게 이야기하셨다는군요. "우리는 하나님만 믿어야 해요. 목사님도 믿음의 대상이 아니니까 목사님이 하는 말을 다 믿어서는 안 돼요." 물론 틀린 말은 아닙니다. 목사도 사람이기에 얼마든지 실수하고 잘못할 수 있습니다. 그러니 윗사람을 위해 기도하라는 의미로 이런 말을 할 수는 있겠지요.

그러나 아무리 맞는 말이라도 진정성 없이, 문자적 의미만을 따와서 사용한다면 그 참뜻을 왜곡하는 것 아니겠습니까. 어떤 말씀이든지 항상 상황에 맞게, 사랑으로, 겸손하게 전해야 합니다. 그것이 찬송과 영광과 지혜와 감사와 존귀와 권능과 힘이 하나님께만 있다고 화답하는 자의 태도입니다. 지혜는 그야말로 지혜롭게 써야 합니다. 구원이 임하지 않으면 이처럼 말씀을 잘못 해석하고 문자적으로 적용합니다.

이 시대에도 여전히 하극상이 판을 칩니다. 자식이 부모를 비난하는 건 예사이고, 학생이 선생을, 성도가 목사를 비난하고, 한 나라의 대통령과 권력자들을 끊임없이 조롱하고 비난합니다. 윗사람이라 해도, 높은 자리에 있어도 얼마든지 잘못할 수 있지요. 또 그럴 때 얼마든지 비판할 수 있습니다. 그러나 그 비판을 쏟아 내는 그릇과 방법이 예의를 찾아볼 수 없고 위아래가 없다면 우리 자녀들이 무엇을 보고 배우겠습니까. 바른말을 하든지 비판을 하든지 늘 온유해야 하고, 때로는 기다려야 합니다. 만약 혈기가 나면 '지금은 때가 아니구나' 하며 참아야 합니다. 진정성은 늘 태도로 나타납니다.

진정성 있는 말은 아이들도 알아듣습니다. 그런데 요즘 아이들을 보면 정말 아무런 거리낌 없이 욕을 하더군요. 모든 대화가 욕으로 시작해서 욕으로 끝납니다. 또 뭐가 그리도 짜증이 나는지 "짜증 나"라는 말을 입버릇처럼 합니다. 이것이 다 부모에게서 배운 것 아니겠습니까? 통계적으로 부모가 삼백 번 이상 반복한 말을 아이들이 듣고 배운다고 하는데, 우리가 평소 얼마나 욕과 짜증을 달고 살면 아이들이 이런 말부터 배우겠습니까. 또 부모가 아니더라도 학교 친구들을 통해서 수백 번 듣고 배우겠죠. 그런데 우리는 그런 자녀들을 학교에다 내버려 두고 하루 5분도 대화하지 않습니다.

나의 자녀가 찬송에 화답하는 인생 되려면 부모인 우리가 먼저 구원의 찬송을 불러야 합니다. 예수님이 우리를 살리신 것처럼, 구원의 찬송은 사람을 살리는 데 그 목적이 있습니다. 그러니 우리의 언어도 사람을 살리는 언어여야 합니다. 비판도 마찬가지입니다. 사람을 살리고자 해야지 죽이고자 비판해서는 안 됩니다. 어떤 말을 하든지 담아내는 그릇이 온유하고 예의 발라야 합니다. 모든 사람으로 하여금 화답 찬송을 부르게 하는 인생이 되어야 합니다. 누군가는 바른길을 가려 노력하지만 누군가는 실수하고 때로는 그릇된 길로 갑니다. 모두 생각도 제 각각입니다. 그럼에도 복음을 위해 그들을 기가 막히게 설득해 내는 것이 성도의 능력입니다.

• 사람을 살리고자 비판합니까, 죽이고자 비판합니까? 혈기를 부리고 욕을 퍼부으며 누군가를 비난하고 있지는 않습니까? 온유한 태도로 진정성을 보이는 것이 화답 찬송을 받는 비결임을 압니까?

구원 받은 사람들은 큰 환난에서 나오는 자입니다

13 장로 중 하나가 응답하여 나에게 이르되 이 흰옷 입은 자들이 누구며 또 어디서 왔느냐 14 내가 말하기를 내 주여 당신이 아시나이다 하니 그가 나에게 이르되 이는 큰 환난에서 나오는 자들인데 어린 양의 피에 그 옷을 씻어 희게 하였느니라_계 7:13~14

성경 어디를 보아도 구원 받은 사람은 '큰 환난에서 나오는 자'라고 합니다. 다니엘서에서도 그렇습니다.

"그때에 네 민족을 호위하는 큰 군주 미가엘이 일어날 것이요 또 환난이 있으리니 이는 개국 이래로 그때까지 없던 환난일 것이며 그때에 네 백성 중 책에 기록된 모든 자가 구원을 받을 것이라"(단 12:1).

왜 개국 이래로 그때까지 없던 환난이 이 땅에 올까요? 예수 그리스도께서 십자가에 못 박혀 죽으시고 부활하심으로 초림이 완성됐습니다. 그러나 주님이 재림하시기까지, 이 땅의 교회 공동체를 시기하는 사탄이 '어떻게 하면 교회를 무너뜨릴 수 있을까' 하며 우리를 환난과 핍박 가운데로 몰아넣을 것입니다. 그래서 주님 나라의 개국 이래 가장 큰 환난이 찾아옵니다.

그렇다면 개국 이래의 환난이란 무엇입니까? 전쟁이 와서 환난이 아닙니다. 물론 그것도 환난이겠지요. 그러나 내가 당하는 고난이야말로 개국 이래의 환난 아니겠습니까? 내가 지금 당하는 고난이 가장 큰 환난입니다. 그러나 주님은 우리가 아무리 큰 고난 가운데 있을지라도, 구원 받은 자는 '큰 환난에서 나오는 자'라고 하십니다. 남들이 보기에는 큰 환난 가운데 있지만 구원 받은 자는 실상 그 환난에서 나오고 있다는 것입니다. 이게 무슨 말입니까? 한 예로 어느 집사님의 간증을 소개합니다.

저는 어린 시절 무당이신 어머니 때문에 끝없이 방황하다가 결혼을 도피처 삼아 무늬뿐인 신 결혼을 했습니다. 그러나 혈기 많은 제 성품 탓에 얼마 못 가 이혼하고 정죄감에 시달리다가 재혼하여 또 다른 행복을 꿈꾸었습니다. 재혼 후엔 열심히 예배드리고 큐티하면서 예수님을 잘 모시며 산다고 착각했습니다.

그런데 어느 날 남편의 외도가 드러나면서 제 믿음의 현주소도 드러났습니다. 저는 분함을 참을 수 없어 괴로웠고, 그럴수록 남편에게 더욱 집착했습니다. 남편은 그런 저를 조롱하기라도 하듯 하루가 멀다고 외박하더니 급기야 "이혼하자"는 말을 건넸습니다. 그 앞에서 어찌나 떨리는지…… 혼이 나가고 손발이 떨리는 죽음과도 같은 두려움을 맛보았습니다. 매일 밤을 잠 한숨 이루지 못했습니다. 그동안 들은 말씀이 하나도 기억나지 않고, 그저 이 '환난이 속히 끝났으면' 하는 바람뿐이었습니다.

그러다 "내가 환난 중에 다닐지라도 주께서 나를 살아나게 하신다"라는 말씀처럼, 옳고 그름만 따지면서 죽어 가던 저에게 주님이 생명의 말씀으로 찾아오셨습니다(시 138:7). 환경은 변하지 않았지만, 주님이 말씀으로 제 마음을 만져 주시며 환난에서 나오게 하시는 것을 느낄 수 있었습니다. 말씀이 들어오니까 정신이 차려졌습니다. 내가 해야 할 일이 무엇인지 침착하게 묵상하게 되었습니다.

그때부터 구체적인 적용을 하기 시작했습니다. 새벽에 들어오는 남편에게 잔소리하지 않기, 술 마시느라 외박하는 남편에게 해장국 끓여 놓았다고 메시지 보내기, 남편 양말 신겨 주기, 아내 역할을 제대로 못 해 미안하다고 사과하기, 오늘 하루 혈기 안 부리고 잘 살기 등등……. 제 자존심을 내려놓는 구체적인 적용을 하나하나 실천하고 있습니다.

어떻습니까? 이것이 바로 십자가를 길로 놓고 가는 적용입니다. 환경은 바뀌지 않았습니다. 남들이 보기에는 여전히 환난 가운데 있습니다. 그렇지만 집사님은 지금 환난에서 나오고 있습니다. 죽어지고 썩어지고 밀알이 되며 결혼의 목적이 행복이 아니라 거룩인 것을 온몸으로 깨닫고 있습니다.

그렇다고 이 집사님의 간증을 보고 남편들은 '나도 바람피우면 아내가 양말을 신겨 줄까?' 하면 안 됩니다. '내가 바람을 피워야 아내가 거룩해질 것 아닙니까?' 해서도 안 됩니다. 그것은 구원 받은 자의 태도가 아닙니다. 남편으로서, 가장으로서 거룩한 가정을 이루기 위해, 큰 환난에서 나오는 가정이 되기 위해 여러분은 무엇을 적용하겠습니까?

• 나에게 찾아온 개국 이래 환난은 무엇입니까? 나를 살리는 말씀을 적용함으로 그 큰 환난에서 나오고 있습니까?

구원 받은 사람들에게 하나님이 장막을 치십니다

그러므로 그들이 하나님의 보좌 앞에 있고 또 그의 성전에서 밤낮 하나님을 섬기매 보좌에 앉으신 이가 그들 위에 장막을 치시리니
_계 7:15

이 집사님이 환난 중에서도 살아난 것은 공동체 덕분입니다. 성전에서 믿음의 공동체에 둘러싸여 밤낮 하나님을 섬겼기 때문입니다. 그래서 하나님이 그 위에 장막을 치셨습니다. 그러니 성전에서 밤낮 하나님을 섬기는 것이 얼마나 축복입니까? 남편이 바람을 피워 준 덕(?)에 집사님은 공동체에서 하나님을 섬기는 축복을 받았습니다. 부부 둘이서 알콩달콩 좋기만 했다면 어떻게 이런 기쁨을 누렸겠습니까?

예수를 믿어도 지체 하나 없이 나 홀로 믿으면 평생 내 식구밖에

모릅니다. 그러나 말씀이 왕 노릇 하는 예수 공동체에 있으면 세상 부러울 것도, 무서운 것도 없어집니다. 환경이 변하지 않아도 기쁘게 살아갈 수 있습니다.

우리들교회에서는 말씀 묵상을 통해 무너진 가정이 중수되는 역사가 수없이 일어납니다. 제가 먼저 말씀을 늘 묵상하고 그 말씀을 가지고 기도하고 상담하며 17년을 걸어왔더니, 이제는 성도들도 말씀이면 말씀, 기도면 기도, 찬양이면 찬양, 상담이면 상담, 못하는 것이 없습니다. 어디서 어떤 훈련을 받으면 이렇게 잘할까 싶을 정도로 잘합니다.

특별 새벽기도회나 부흥회 한번 제대로 해 본 적도 없습니다. 다만 생활 예배 잘 드리고, 날마다 말씀 붙잡고 가정에서 순종하며, 사람 살리는 기도를 하니까 지금도 교회가 뜨겁습니다. 정말 교회가 "Simple & Deep"입니다. 단순하게 가는데 항상 뜨겁습니다. 하나님이 이런 우리들교회 위에 장막을 치셨음을 믿습니다. 늘 말씀을 붙들고 가는 우리를 보고 기쁨을 이기지 못해서 장막을 치셨음을 믿습니다.

아무리 교회를 열심히 다녀도 함께 말씀을 나누고 내 속의 모든 것을 나눌 지체와 공동체가 없다면, 그는 하나님이 장막을 치신 사람이 아닙니다. 하나님이 장막을 치신 사람에게는 지체를 허락하십니다. 그러므로 공동체를 귀히 여겨야 합니다. 우리는 공동체를 통해 하나님이 나와 함께 거하시는 것을 느낍니다. 앞에 집사님도 그랬습니다. 집사님이 말씀을 구체적으로 적용할 수 있었던 것은 날마다 지체들이 사랑으로 처방해 주었기 때문입니다. 공동체의 도움과 권면에 힘입어 집사님은 더욱 하나님을 섬기며 예배와 양육 훈련에 힘쓸 수 있었습니다.

하나님은 구원 받은 사람들에게 잠시의 기쁨도 허락하십니다. 집사님도 그날그날 주시는 말씀에 순종하고 노력하면서 걸어왔더니, 하나님이 잠시의 기쁨을 허락하셨습니다. 남편의 건강에 빨간불이 켜진 것입니다.

이것이 왜 잠시의 기쁨이냐고요? 남편이 "신종플루에 걸린 것 같다"고 내연녀에게 이야기하니 "그거 전염병 아니야? 나한테 옮기면 어쩌려고 그래! 나까지 죽을 일이 있어. 당장 당신 집으로 돌아가!" 했다는 겁니다. 그래서 남편이 온몸에 불덩이 같은 열을 끌어안고 집으로 돌아왔다는 것 아닙니까. 그런데 평소 집사님이 큐티와 기도로 무장해 왔으니 이럴 때를 대비하지 않았겠어요. 집사님은 망해서 돌아온 남편을 문전박대하지 않고 며칠 밤을 새우며 묵묵히 간호했습니다. 정말 하나님이 사랑의 마음을 주지 않으시면 불가능한 일입니다.

이 집사님의 남편도 한때는 열심히 교회를 다니고 목장 활동도 활발히 하시던 분입니다. 그런데 바람을 피우면서 공동체를 딱 떠났습니다. 혹시 배우자가 갑자기 목장에 나가지 않겠다고 하면 수상하게 생각해 보십시오. 죄를 지어야 하는데, 목장에 오면 서로 죄를 고백해야 하니 얼마나 괴롭겠습니까. 얼마나 목장에 오기 싫겠어요. 목장에 가기 싫다고 하는 사람은 반드시 구원의 확신을 점검해 봐야 합니다.

그래서 이 남편이 어떻게 되었을까요? 아내 집사님의 정성스러운 간호 덕분에, 예수님의 심정으로 중보하며 함께 기다려 준 목장 식구들 덕분에 이 남편이 드디어 공동체로 돌아왔습니다. 공동체에 자신의 음란을 오픈하며 회개하고, 그 후엔 목자로도 세워졌습니다. 그리고 지금까지 자신이 얼마나 연약한 죄인인지 나누면서 공동체를 섬기고 있습니다. 할렐루야! 하나님이 장막을 쳐 주심으로 이 부부가 공동체의 위력을 실감하게 되었습니다. 이것이 구원 받은 자의 능력입니다.

• 내 곁에 함께 말씀을 나눌 지체, 서로 죄를 오픈하며 말씀으로 이끌어 줄 공동체가 있습니까?

구원 받은 자에게는 하나님의 위로가 있습니다

구원 받은 우리에게 늘 좋은 일만 있지는 않습니다. 구원을 받았어도 여전히 세상에 발을 붙이고 살아가기 때문입니다. 그래서 성도의 삶은 광야 길입니다. 그러나 구원 받은 자에게는 그 누구도 줄 수 없는 하나님의 위로가 함께합니다. 배우자에게 위로의 말 한마디만 들어도 기가 막힌데, 구원 받은 자들에게는 하나님의 위로가 늘 있다니요. 이것이 얼마나 큰 축복입니까.

16 그들이 다시는 주리지도 아니하며 목마르지도 아니하고 해나 아무 뜨거운 기운에 상하지도 아니하리니 17 이는 보좌 가운데에 계신

어린 양이 그들의 목자가 되사 생명수 샘으로 인도하시고 하나님께서 그들의 눈에서 모든 눈물을 씻어 주실 것임이라_계 7:16~17

그들이 다시 주리지도 아니하며, 목마르지도 않고, 상하지도 않을 것이라고 합니다. 이 말을 뒤집어 생각해 보면 이 땅에 사는 동안 주릴 일, 목마를 일, 상할 일이 많다는 이야기이지요. 하나님께서 우리의 눈물을 씻어 주시겠다는 말씀은, 곧 눈물 흘릴 일이 기다리고 있다는 것입니다.

성경은 우리가 누릴 영광을 십자가 고난보다 많이 이야기하지 않았습니다. 우리가 다 연약하기에 천국 영광 이야기만 듣고 살다 보면 고난 앞에 누구도 살아 있을 자가 없지 않겠습니까. 다 "빨리 죽어 천국 가겠다"라고 하지 않겠어요. 그래서 하나님은 고난과 십자가 이야기를 훨씬 더 많이 하십니다. 주님도 천국 이야기보다는 지옥 이야기를 훨씬 더 많이 하셨다는 사실을 기억해야 합니다.

따라서 우리도 고난과 십자가 이야기를 먼저 들어야 합니다. 나중에 누릴 영광은 지금은 몰라도 됩니다. 정말 좋은 부모는 자녀에게 "네가 제일 예쁘다", "네가 제일 공부 잘한다" 하면서 허풍 떨지 않습니다. 있는 그대로 이야기해 줍니다. 천국에 갔다고 상처 받거나 후회할 사람은 없습니다. "생전에 천국 이야기를 잘 안 해 주던데 괜히 천국 왔잖아!" 할 사람 있겠습니까. 이 땅에서는 고난과 십자가 이야기만 주야장천 들으면 됩니다. 거기서 예수님 만나면 됩니다.

그런데 힘들게 살면서도 말씀에 목마르지 않은 사람들이 너무 많습니다. 저는 개국 이래의 환난을 통해 말씀을 사모하게 되었습니다. 말씀이 깨달아지니까 저 역시나 큰 환난에서 나오는 자가 되었습니다. 남편이 집 밖으로 못 나가게 하는 사로잡힌 고난 가운데서도 살아 있고 활력이 있는 말씀이 저를 살아나게 했습니다. 좌우의 날 선 어떤 검보다도 예리한 말씀이 혼과 영과 및 관절과 골수를 찔러 쪼개어 주심으로 저의 가증을 보게 되었습니다(히 4:12). 날마다 말씀이 깨달아지는 재미가 있으니 환경이 변하지 않아도 감사했습니다. 목마른 자에게 값없이 주시는 생명수의 말씀은 저에게 하나님의 지극한 위로였습니다. 부자 남편, 의사 남편을 만나서 결혼했지만, 하나님의 위로와 남편의 위로는 비교가 되지 않았습니다. 그래서 하나님은 세상적으로도 괜찮은 남편을 제게 붙이셨다가 곧장 데려가신 것 같습니다. 잘난 남편에 미련 두지 말라고 말입니다.

신학자 마르바 던(Marva Dawn)은 이렇게 말합니다.

"우리가 이 땅에서 당하는 고통은 엄청납니다. 그런 엄청난 고통 속에서 '천국에 갈 때까지만 기다려, 그때는 모든 것이 좋아질 테니까' 하며 가볍게 건네는 말이 얼마나 값싼 위로인지 모릅니다. 우리가 죽으면 먹을 수 있는 하늘의 떡은 끊임없이 반복되는 이 세상의 시련과 고뇌를 대처하는 데 아무런 도움이 되지 못합니다. 고통이라는 현실을 무시한 채 언젠가는 다 좋아질 거라고 그저 듣기 좋은 말로 서로를 위로한다면, 우리는 고통 중에 가장 큰 도움이 되는 하나님의 자원을 결코 배울 수 없습니다."

혹시 "모든 게 잘될 거야", "그 병은 곧 나을 거야"라는 대책도 없는 위로를 전하지는 않습니까? 그것이 상대를 망하게 할 수 있는 위로임을 압니까? 고통 중에 주님의 말씀을 들어야 하는데, 그것이 주리지도 아니하며 목마르지도 아니하고 상하지도 않게 하시는 주님의 위로인데, 그저 "나아질 거야" 하는 공허한 위로만 믿다가 이 땅에서 주리고 목마르고 상하는 고통을 당하는 것입니다.

인간의 죄로 인해 세상은 부패했습니다. 악과 음란이 판을 칩니다. 세상에서 잘살고자 악해지고, 잘살게 되면 음란해집니다. 이것이 세상 원리입니다. 우리들교회에서 날마다 울려 퍼지는 죄 고백을 들어 보아도 '악하거나, 음란하거나' 딱 두 가지입니다. 그런데 우리들교회 교인들은 이런 죄 이야기를 늘 하면서 가니까 또 들어도 놀라지 않습니다. 그저 좋은 이야기, 아름다운 이야기만 하다 보니까 작은 고통에도 "하나님은 존재하지 않는다"라고 부르짖는 것입니다.

악하고 음란한 세상에 사는 한 우리는 고통의 존재라는 것, 고통과 떼려야 뗄 수 없는 관계라는 것을 인정하며 가야 합니다. 우리가 이 비통한 현실, 내가 처한 상황을 정확히 인지하고 갈 때 죄와 더욱 잘 싸울 수 있습니다. 어떤 결과에도 놀라지 않을 수 있습니다. 실패해도, 배우자가 바람을 피워도, 사업이 부도가 나도 좌절하지 않을 수 있습니다. 이 땅에서는 어차피 주리고 목마를 일이 계속 기다리고 있습니다. 상황만 조금 다를 뿐이지 육체적·정신적·영적 고난이 끊임없이 오고 갑니다.

그러니 우리가 늘 고난의 간증을 하고 듣는 것이 얼마나 예방주사가 됩니까. 복음은 장차 받을 환난인데 이 땅에서 잘 먹고 잘살기만 하면 되겠습니까? 암흑 같은 세상에서는 눈먼 자가 도리어 잘 걸어갑니다. 거리낌이 없습니다. 그러나 멀쩡한 자는 넘어지는 게 당연합니다. 넘어져야 정상입니다. 환한 곳에 있다가 갑자기 깜깜한 데 들어가 보십시오. 이리저리 비틀거리다 고꾸라지지 않겠습니까. 그런데 그렇게 넘어졌다가 일어나면 감사하잖아요. 나는 넘어져도 때마다 시마다 주님이 일으켜 주시니 그저 감사합니다. 그렇게 하루하루 기뻐하는 법을 배우며 그 순간들이 모여 우리가 최후 승리를 더욱 소망하게 되는 것입니다. "아, 이런 기쁨이 천국에 있겠구나!", "이런 기쁨이 영원히 계속되는 곳이 천국이겠구나!" 깨닫게 되는 것입니다.

"하나님의 나라는 먹는 것과 마시는 것이 아니요 오직 성령 안에 있는 의와 평강과 희락"입니다(롬 14:17). 우리는 누군가가 "내가 천국에 가 봤소", "지옥에 가 봤소" 하는 말 때문에 믿는 것이 아닙니다. 가 보지 않아도 내 마음속에 임한 하나님 나라가 너무 확실하기에 믿습니다. 영광과 존귀가 하나님께 있다고 고백하는 사람에게는 이미 천국이 임했습니다.

그런데 우리가 자꾸 부귀영화와 권세에 구원이 있다고 생각하니까 인생이 슬픕니다. 변하지 않는 배우자와 자녀, 가족이 줄줄이 있는데 그들과 함께 걸어간다는 것이 쉽습니까? 얼마나 척박하고 메마른 인생길입니까? 우리는 이 땅에서 이방인이고 나그네일 뿐입니다. 인생은 수고와 슬픔뿐임을 인정해야 합니다. 예수 믿고서 고난 없는 행복만 바라기에 '나는 슬픔이 없는 그곳에 가고 싶어' 하며 스스로 목숨을 끊는 것입니다. 그게 천국이 아닙니다. 이 세상의 고통을 끊어 버리고 싶어서 가는 곳이 천국이 아니라는 말입니다.

우리들교회 홈페이지에 올라온 가슴 찡한 나눔을 읽었습니다.

과거에 이분은 토목 분야에서 우리나라 1위를 달리는 기업의 CEO였습니다. 그런데 은퇴 후 70세가 훨씬 넘어 어디 일할 곳도 없고, 그렇다고 자녀들에게 손을 벌리자니 아직 건재하다는 생각에 아파트 청소 일을 시작했습니다. 우리들교회의 슬로건 중 하나가 "있으면 먹고, 없으면 금식하고, 죽으면 천국 가자!"입니다. 이 집사님이 여기에서 힘을 얻어 교회에서 목자로도 헌신하시고, 말씀이 들어가니까 적용도 척척 하십니다.

제가 아파트 청소를 하니까 경비원들 눈에 하찮아 보였나 봅니다. 평소 저는 경비실에 잘 들어가지 않는데 지난주에는 날씨가 너무 추워서 잠시 들어갔습니다. 거기에 커피가 있기에 한 잔을 타서 마셨습니다. 그런데 이 모습을 본 한 경비원이 "경비실에 들어오지 마세요"라고 지적을 하는 겁니다. 나중에 들으니까 자기들끼리 "어디 청소원이 경비실에 들어오느냐"는 이야기를 했답니다. 하루는 "어떻게 이 나이에 이렇게 가난해질 수 있습니까?"라는 질문도 받았습니다.

처음에는 화가 나서 "내가 과거에는 초라하게 살지 않았다. 내가 청소나 할 사람으로 보이냐!"라고 따지고 싶었습니다. 그렇지만 제가 청소부가 아니면 또 뭐겠습니까? 그 사람들이 저를 그렇게 보는 것이 마땅하지 않습니까? 그렇게 생각하고 보니 그 모든 시선과 질문을 인정하게 되었습니다. 오히려 '나는 청소할 사람이 아니다'라고 생각한 제 가증함이 보였습니다. 그래서 저에게 '경비실에 들어오지 말라'고 한 경비원에게 "고맙다"는 말을 전했습니다.

하나님이 저에게 지금의 환경을 주셨음을 인정합니다. 우리 집에서 저와 아내는 물론 아들과 딸과 사위까지 온 집안 식구가 목자가 되었습니다. 온 가족이 말씀으로 하나 되니 얼마나 감사한지 모릅니다. 현재 제 상황과 환경에 만족합니다.

이분이 과거 CEO로 있을 때는 이런 믿음이 하나도 없었습니다. 그런데 구원 받고 나니 어떤 고난을 당해도 거기서 나올 수 있게 되었습니다. 인간에게는 누구나 자존적인 교만이 있는데, 과거 최고 자리까지 올랐던 분이 "어디, 청소원이 경비실에 들어와서 커피를 마시냐!"는 말을 어찌 들어 낼 수 있겠습니까? 이처럼 비통한 현실을 인정하는 것이 구원 받은 사람의 특징입니다. 얼굴 붉히지 않고 내 현실을 받아들이며 가는 것이 하나님의 위로를 받는 비결입니다.

별 인생 없습니다. 성도의 삶은 눈물의 길이고 십자가 길입니다. 이 땅은 뜨거운 핍박의 기운이 내리쬐고, 가도 가도 샘 하나 없는 갈증의 사막입니다. 구원의 노래는 아득하고, 탄식 소리만 들릴 뿐입니다. 그러나 어린 양이 우리의 목자 되셔서 눈물을 씻어 주시고 동행해 주십니다. 목마를 일도 있지만, 하나님이 계시기에 큰 환난 가운데 머리털 하나 다치지 않게 해 주십니다. 이 땅에서 상을 다 받고 산다면 주님의 위로가 들어가겠습니까. 우리 모두가 하나님께서 씻겨 주실 눈물이 있는 인생을 살았으면 좋겠습니다.

우리들교회에는 오랫동안 교회를 섬기며 주일이면 분리수거를 도맡아 하시는 외국인 E집사님이 계십니다. 캐나다에서 오신 이 집사님은 전 부인과 사별하고 우리들교회에 와 한 집사님과 재혼했습니다. 그런데 하루는 이분의 통역을 맡고 있는 A집사님의 꿈에 생전에 만나 보지도 못한 E집사님의 전 부인이 나왔습니다. 꿈에서 그녀가 "나는 E를 사랑했고 지금도 그를 사랑합니다. 그는 나에게 참 잘해 주었습니다. 그의 모든 것을 용서합니다"라고 하더랍니다. 늘 전 부인에 대한 죄책감에 눌려 있던 E집사님은 이 이야기를 듣고는 눈시울이 붉어졌습니다.

E집사님은 기독교 가정에서 자랐습니다. 집사님이 열일곱 살 때 부모님이 이혼했는데 당시 어머니, 아버지로부터 동시에 버림받은 기분이었다고 합니다. 그 후로 E집사님은 평생 어머니를 등지고 마음대로 살았습니다. 그러다 대학생 때 다섯 살 된 딸이 있는 여인과 동거를 시작해 아들과 딸까지 낳았습니다. 그 여인이 E집사님의 첫 번째 부인입니다.

그런데 대학생이 무슨 돈이 있었겠습니까. 집사님은 2년 동안 피를 팔아서 생계를 유지하고 딸과 함께 폐품을 주우러 다녔습니다. C. S. 루이스와 같은 작가가 되고 싶어 박사과정에 진학했지만 형편이 어려워 마지막 학위를 따지 못했습니다. 이후 집사님은 고등학교에서 아이들을 가르쳤습니다. 그런데 그 즈음 아내가 심각한 알코올중독에 빠졌습니다. 아내는 술을 사려고 직장에서 돈을 훔치는가 하면 딸의 계좌에도 손대고 아들을 때리기까지 했습니다. 그런데도 E집사님은 아내에게 철저히 무관심했습니다. 그러니 아이들도 아빠인 E집사에게 도움을 요청할 수 없었습니다.

그러다 E집사님은 다른 여자를 만나기 시작했는데 그사이 중독 증세가 심해진 아내가 사망하고 말았습니다. 집사님은 아내 살해 혐의로 조사까지 받았습니다. '아내가 죽어갈 때 어떻게 다른 여자를 만날수 있느냐?'는 이유였습니다. 새롭게 만난 여자는 부자였다고 합니다. 그 여인과는 행복한 가정을 이루고 싶었지만, 그녀는 임신한 후 아기만 필요하다면서 집사님을 내쫓았습니다. 그러다 이런저런 사연으로 한국에 왔고 우리들교회에 다니는 한 집사님을 만나 재혼했습니다.

우리들교회에서 첫 예배를 드리던 날, 집사님은 자신 안에 있던 깊은 우울을 발견했습니다. 가족도 돈도 없이 춥고 배고프고 살해 혐의까지 받은 자신의 어두운 과거를 돌아보면서 집사님은 야곱의 하나님을 나의 하나님으로 영접하게 되었습니다. 한국말이 서툴러 설교를 다 알아듣지는 못했지만 큰 은혜를 받고 그때부터 이분이 우리들교회 분리수거와 식당 청소 봉사를 돕기 시작했습니다. 40년 만에 친어머니와도 화해했습니다.

그러나 전 부인에 대한 죄책감은 여전히 해결되지 않았습니다. 우리들교회에 와서도 수년이 지난 후에야 자신이 얼마나 이기적인 남편이었는지 깨달았습니다. 아내의 짐을 함께 지며 중독의 문제와 싸워야 했는데, 오히려 회피하고 외면하며 아내를 술에 넘겨주었습니다. 그것도 모자라 아내를 지겨워하며 그녀가 죽어 가는 순간에도 다른 여자를 만났습니다. 주님을 만나고 나니 이런 자신의 가증함이 낱낱이 깨달아졌습니다. 그중 E집사님을 가장 괴롭힌 것은 아내가 죽기 전까지 단 한 번도 예수님을 전하지 않았다는 사실입니다. 이렇게 늘 죄책감에 눌려 살던 중에 이 꿈 이야기를 듣게 된 것입니다.

제가 그 꿈을 꾼 집사님에게 꿈의 의미가 무엇일 것 같냐고 물으니, 그분이 "E집사님의 죄책감을 덜어 주기 위함인 것 같습니다"라고 하더군요. 정말 그렇습니다. 내 가증에 애통하는 것과 죄책감에 괴로워하는 것은 전혀 다릅니다. 죄책감은 영혼을 누르고 옭맵니다.

E집사님은 꿈 이야기를 듣고 하나님이 자신에게 상을 주시는 것 같다고 했습니다. 유대인에게만 복음을 전하던 베드로가 환상 가운데 "하나님께서 깨끗하게 하신 것을 속되다 하지 말라"는 말씀을 듣고 지경이 온 인류로 넓어진 것처럼, 자신도 천사를 밝히 본 기분이었다고 합니다(행 10~11장). 그래서 하나님께 "나의 지경도 넓혀 달라"고 기도했다고 합니다.

그래서일까요? 하나님이 E집사님에게 잠시의 기쁨과 위로를 허락하셨습니다. 이역만리 외국 교회에서 수년을 한결같이 더러운 쓰레기를 분리 수거하고 식당 청소를 했습니다. 큰 환난에서 나온 사람은 이렇듯 궂은일도 자원해서 합니다. 그런 E집사님이 글쎄, 몇 년 전 국제 고등학교 교장으로 취직이 되었습니다. 학교에서 집도, 차도 제공해 줘서 갑자기 신수가 훤해졌습니다. 물론 앞으로 또 힘든 일이 올

수 있겠지요. 그러나 그동안 E집사님이 앉으나 서나 구원을 외치며 왔기에, 교회의 궂은일도 마다하지 않았기에 앞으로 또 실패하더라도 이제는 나그네 인생길인 것을 알고 잘 싸우리라 믿습니다.

E집사님의 구원 찬송을 들은 여러분도 화답의 찬송을 하기 바랍니다. 큰 환난 가운데서 나오기 바랍니다. 하나님이 구원 받은 우리 위에 장막을 치십니다. 좋은 지체를 허락하시고 광야 길, 나그넷길에서 주리지도, 목마르지도, 상하지도 않도록 위로하십니다.

이 땅에 죄와 악이 판치는데 우리가 어찌 비통하지 않을 수 있겠습니까? 이것을 인정하며 가는 사람이 구원 받은 자입니다. 구원 받은 사람은 나그네 인생임을 알고 잠시의 기쁨을 통해 진정한 천국을 사모합니다. 우리 모두가 하나님이 씻어 주실 눈물이 있는 복된 인생이 되기를 기도합니다.

● 비록 세상에서 천대 받고 비통한 현실을 살지만 내 현실을 인정하며 주님이 일으켜 주시는 기쁨으로 하루하루 살고 있습니까? 나를 주리지도 목마르지도 상하지도 않게 도우시는 하나님의 위로를 날마다 경험합니까?

이 세상에서 가장 큰 선물은 복음입니다.
내 인생에 가장 중요한 날도
복음을 받아들인 날입니다.
내 생일보다, 결혼기념일보다 중요한 날이
바로 예수의 복음을 받아들인 날입니다.

우리들 묵상과 적용

캐나다인인 저는 믿는 가정에서 자랐지만 부모님이 이혼하신 후 버림받았다는 생각에 교회를 떠났습니다. 그러다 대학생 때 5살 딸이 있는 유부녀를 사귀게 되었습니다. 제 아이를 임신한 그녀는 남편과 이혼하고 저와 결혼하여 이후 우리 부부는 두 자녀를 낳았습니다. 하지만 생계가 막막했습니다. 돈이 없어 제가 피를 팔아 생계를 유지하고 아이들과 폐지를 주우러 다니기도 했습니다. 작가가 되고 싶어 대학원에 진학했지만 형편상 박사 학위를 따지 못하고 고등학교 교사로 일했습니다. 그때 아내는 심각한 알코올중독이었습니다. 아내는 술을 사려고 직장에서 돈을 훔치기도 하고 딸의 계좌에도 손을 댔습니다. 그것도 모자라 아들을 때리기까지 했습니다. 저라도 가정을 돌봐야 했는데 당시 저는 다른 여자를 만나며 가족에게 무관심했습니다. 그런데 중독에 시달리던 아내가 끝내 사망하며 저는 아내 살해 혐의로 조사를 받고, 새롭게 만난 여자에게도 버림을 받았습니다. 그렇게 저는 모든 것을 잃고 직장을 찾아 한국으로 오게 되었습니다. 그리고 지금의 아내를 만나 우리들교회로 인도 받았습니다.

이후 저는 나의 아버지 되시는 하나님을 깊이 만나며 인생이 말씀으로 해석되기 시작했습니다. 가족도 직업도 없고, 추위와 배고픔에 떨고 살해 혐의까지 받은 큰 환난 가운데서 주님이 장막을 쳐 주신 은혜가 감사해 매 주일 교회 청소로 섬겼습니다(계 7:15). 연을 끊었던 어머니와도 40년 만에 화해했습니다. 그런데 이렇게 은혜를 경험하고 나니 알코올중독으로 세상을 떠난 첫 아내에게 예수님을 전하지 않은 죄책감이 밀려왔습니다. 그래서일까요? 어느 날 교회에서 제 통역을 맡으신 한 집사님이 자신의 꿈에 제 전처가 나왔다고 하셨습니다. 꿈에서 전처가 저의 모든 것을 용서한다고 말했다는 것입니다. 저는 그 꿈이 하나님의 위로인 것만 같아 눈물이 났습니다.

　지금의 아내와 재혼할 당시 저는 직장이 없는 백수였습니다. 그래서 교회에서 받을 수 있는 모든 양육을 받으며 인생의 사건들을 해석하고, 하나님을 떠나 제멋대로 살며 가족에게 상처 준 죄를 회개할 수 있었습니다. 그런데 양육이 끝난 그해 여름, 저는 생각지도 못한 외국인학교의 교장직을 맡게 되었습니다. 학교에서 큰 집과 좋은 차도 제공해 주었습니다. 그뿐 아니라 제게 임한 어린 양의 구원을 어머니에게 전하니, 어머니가 그 구원의 찬송에 화답하여 예수의 이름을 부르며 소천하셨습니다. 하나님이 회복의 기적을 보여 주신 것입니다. 큰 환난에서 나오게 하시고 생명수 샘으로 인도하셔서 나의 눈물을 씻어 주신 주님, 사랑합니다(계 7:14, 17).

영혼의 기도

하나님 아버지, 구원을 얻고 "구원! 구원! 구원!"을 외치면서 여기까지 왔습니다. 제 구원의 찬송에 화답하는 수많은 사람이 있었기에 제가 여기까지 왔습니다. 정말 하나님이 주리지도, 목마르지도, 상하지도 않게 하셔서 제가 여기까지 왔습니다. 많은 눈물을 흘렸지만 하나님이 씻어 주셨기에 제가 여기까지 왔습니다.

하나님께서 장막을 쳐 주시고 위로해 주셔서 오늘도 구원 받은 많은 사람이 구원의 찬송을 불렀습니다. 우리가 정말 비통한 인생 아닙니까. 한 집사님이 청소 일을 하며 경비실에 들어왔다고 무시를 받았는데, 그 고통을 인정하기 위해 이분이 얼마나 눈물 흘렸겠습니까? 또 여집사님이 남편의 외도를 통해 자신의 가증을 보면서 얼마나 눈물을 흘렸겠습니까? 외국에 와서도 아내에게 복음을 전하지 못했다는 죄책감에 눌린 채 교회 쓰레기를 치우고 식당을 청소하면서 E집사님이 얼마나 눈물 흘렸겠습니까? 이렇게 날마다 구원의 행전과 행렬이 이어지니 얼마나 감사한지 모릅니다.

하나님, 우리 공동체 위에 장막을 쳐 주시니 감사합니다. 구원 받은 사람들이 날마다 더해지게 하시니 감사합니다. 우리가 어떤 환난 가운데 있다고 할지라도 하나님께서 끊임없는 위로를 주실 줄을 믿습니다. 구원하심이 오직 우리 하나님과 어린 양에게 있다고 외치면서 가는 우리가 되도록 인도하여 주옵소서. 우리의 평생을, 그리고 우리 후손들의 일생을 지켜 주옵소서. 예수님 이름으로 기도드립니다. 아멘.

하나님 앞으로
올라가는 기도

요한계시록 8장 1~5절

07

하나님 아버지, 금향로에 담기는 기도를 하기 원합니다.
하나님께 올라가는 기도를 하기 원합니다.
말씀해 주시옵소서. 듣겠습니다.

언젠가 결혼식 주례를 하러 갔습니다. 결혼식이 시작되었는데 장내가 얼마나 시끄러운지 제 말소리조차 전혀 들리지 않았습니다. 오죽하면 제가 "여기가 시장통인가요, 목욕탕인가요? 음향이 잘못되었나요?" 하고 물었을 정도입니다. 제가 주례자로서 결혼하는 두 남녀를 축복하고자 단상에 섰지만 하객이 함께 축복해 주어야 의미가 크지 않겠습니까? 결국 제가 야단 아닌 야단을 치고 나서야 식장 분위기가 차분해졌습니다. 한바탕 소동 후 말씀으로 성혼을 선포하고 이제 막 시작하는 부부를 위해 함께 통성기도까지 하며 은혜롭게 결혼식을 마쳤습니다.

요즘 결혼식은 하객 따로 주례 따로 떠들다 오기가 대다수입니다. 저는 늘 복음을 전할 계획으로 결혼 주례에 서는데 그때마다 얼마나 긴장되는지 모릅니다. 믿지 않는 하객들에게 "왜 주례 말씀이 안 들리느냐"고 야단할 수는 없기에 늘 지혜가 필요합니다. 이 세상도 마찬가지입니다. 하나님 나라와 세상 나라 간에 소통이 얼마나 어렵습니까. 그래서 말씀이 들리지 않는 사람은 끝까지 제멋대로 떠듭니다. 주야장천 자기 이야기만 합니다.

계시록 말씀을 보면서 하나님의 마음을 묵상하게 됐습니다. 하나님은 심판의 말씀을 계속 주시는데 백성은 들리지도 않고, 듣기도 싫어하고, 들으려고 하지도 않습니다. 그래서 하나님이 잠깐 조용해 지셨습니다. 도대체 우리가 무엇을 원하는지, 우리의 기도가 너무 듣고 싶으셔서 고요해지셨습니다. 그런데 생각해 보세요. 부모가 자녀에게 잔소리하다가 갑자기 침묵하면, 그 침묵의 시간이 얼마나 냉랭하고 무섭습니까?

이럴 때 우리는 하나님이 듣고 싶어 하시는 기도를 해야 합니다. 하나님 앞으로 올라가는 기도를 해야 합니다. 그런데 우리는 기도하면서도 내가 무슨 기도를 하는지도 모르고, 또 얼마나 떼 부리는 기도만 하는지 모릅니다. 기도는 내가 하고 싶은 말을 주저리주저리 늘어놓는 것이 아닙니다. 그렇다면 우리는 하나님이 침묵하실 때 어떻게 기도해야 할까요? 하나님께 올라가는 기도를 하려면 어떻게 해야 할까요?

하나님의 침묵을 겪어야 합니다

1 일곱째 인을 떼실 때에 하늘이 반 시간쯤 고요하더니 2 내가 보매 하나님 앞에 일곱 천사가 서 있어 일곱 나팔을 받았더라 _계 8:1~2

하나님의 백성은 로마의 엄청난 핍박 속에서 '왜 우리는 이런 큰 고난을 당해야 하는가!' 불평했습니다. 그러자 하나님은 소아시아 일곱 교회의 악을 보여 주시면서 '너희의 악이 더 세다. 그래서 심판 받을 수밖에 없다' 알려 주셨습니다. 그리고 일곱 인 재앙이 시작됩니다. 첫째, 둘째…… 여섯째 인까지 떨어지며 흰말, 붉은 말, 검은 말, 청황색 말을 탄 자가 심판을 행하고 해, 달, 별이 떨어지는 우주적 재앙이 임합니다. 그러나 재앙 가운데도 택한 자 십사만 사천은 인침을 받고 구원을 얻습니다.

이제 일곱째 인을 떼시기 직전입니다. 일곱째 인은 곧 일곱 나팔 재앙인데, 그 때에 반 시간쯤 하늘이 고요해진다고 합니다. 이는 하나님의 침묵을 의미합니다. 이럴 때 우리는 어떻게 기도합니까?

"주님, 로마가 우리를 이토록 핍박하는데 주님은 왜 잠잠히 계세요? 저 로마 세력을 어서 물리쳐 주셔야지요. 그런데 왜 침묵하십니까? 하나님, 지금 안 계세요?"

어떻습니까, 이것이 오늘 나의 기도는 아닙니까? "주께서는 눈이 정결하시므로 악을 차마 보지 못하시며 패역을 차마 보지 못하시거늘 어찌하여 거짓된 자들을 방관하시며 악인이 자기보다 의로운 사람을 삼키는데도 잠잠하시나이까" 했던 하박국 선지자의 물음은 우리 주제이기도 합니다(합 1:13).

일본의 소설가 엔도 슈사쿠(遠藤周作)의 대표 작품인 『침묵』은 실화 바탕의 소설로, 17세기 일본이 기독교를 극심히 탄압한 때를 배경으로 쓰였습니다. 소설의 내용은 이렇습니다.

포르투갈 예수회 소속 신부인 페레이라가 일본에 선교하러 갔다가 곧이어 배교했다는 소식이 들립니다. 그의 제자 로드리고 신부는 '어떻게 스승이 배교할 수 있는가?' 의문을 품고 그 실상을 알아보고

자 어렵게 일본에 밀입국합니다. 그런데 그 사실을 누군가 밀고하는 바람에 로드리고마저 잡힙니다. 로드리고는 일본의 관료들에게 심문을 받는 중에 스승 페레이라를 만납니다. 그는 스승에게 묻습니다.

"스승님은 어찌하여 배교했습니까? 어떻게 그럴 수 있습니까?"

그러자 스승 페레이라가 대답합니다.

"끓는 기름 가마 속에서 날마다 성도들의 비명이 들렸다. 그래서 나는 눈물로 성도들을 위해서 기도했다. 날마다 기도했다. 그런데 하나님은 도와주지 않으셨다. 침묵하셨다. 나는 죄 없는 성도들의 생명을 살리기 위해서 배교할 수밖에 없었다."

이 대답 앞에 로드리고는 아무 말도 하지 못합니다. 오히려 자신도 스승의 뒤를 따라 예수를 부인합니다. 일본 관료들은 배교 의식으로 로드리고에게 예수 그리스도의 초상화를 발로 밟고 지나갈 것을 강요합니다. 로드리고는 눈물을 머금고 초상화를 밟습니다. 그때 죄책감에 고통스러워하는 로드리고에게 예수님의 음성이 들립니다.

"밟아도 좋다. 네 발의 아픔을 내가 가장 잘 알고 있다. 밟아도 좋다. 나는 너희에게 밟히기 위해 이 세상에 태어났고, 너희의 아픔을 나누기 위해 십자가를 짊어진 것이다."

젊은 신부 로드리고는 주님을 향해 부르짖습니다.

"성도들이 끓는 가마 속에서 죽어 가는데 어찌하여 주님은 가만히 계셨습니까? 왜 침묵하셨습니까?"

그러자 주님은 말씀하십니다.

"나는 침묵하고 있었던 것이 아니다, 나는 그들과 함께 고통 받고 있었다."

배교에 대해 잘잘못을 가리는 것은 어디까지나 신학적 문제이기에 저는 여기서 그에 대해 다루고 싶지는 않습니다. 다만 주님의 응답, "나는 늘 고통당하는 현장에 너와 함께 있었다"라는 말씀을 기억하고 싶습니다.

2절에 "하나님 앞에 일곱 천사가 서 있어 일곱 나팔을 받았더라" 하는데 계시록에서 일곱 인, 일곱 나팔은 모두 재앙을 의미합니다. 그런데 이 나팔을 받은 천사들이 하나님의 보좌 옆에 서 있다고 합니다. 재앙이 누구로부터 온 것입니까? 바로 하나님께서 허락하신 재앙입니다. 재앙이 몽달귀신으로부터 오는 것이 아니라는 말입니다. 그런데 어떤 사람들은 흉사가 생기면 '원혼을 갚아 주어야 한다', '귀신을 달래 줘야 한다'면서 굿을 하고 돼지머리 고사를 지냅니다. 얼마나 부질없는 짓입니까. 잡신을 숭배하고 지극정성으로 조상 제사를 드리면서 복음은 일언지하에 거절하는 사람이 얼마나 많은지 모릅니다. 그러나 오직 하나님께만 존귀와 능력과 권세가 있습니다.

"그들의 모든 환난에 동참하사 자기 앞의 사자로 하여금 그들을 구원하시며 그의 사랑과 그의 자비로 그들을 구원하시고 옛적 모든 날에 그들을 드시며 안으셨으나 그들이 반역하여 주의 성령을 근심하게 하였으므로 그가 돌이켜 그들의 대적이 되사 친히 그들을 치셨더니"(사 63:9~10). 하나님은 언제나 우리를 사랑하십니다. 우리가 반역할 때 무섭게 혼내기도 하시지만, 우리를 들고 안으사 마침내 구원으로 이끄십니다. 그런 하나님이 우리에게 침묵하십니다. 엄마가 잔소리하듯 이렇게 말씀하시고 저렇게 말씀하시다가 그래도 우리가 듣지 않으니 잠시 잔소리를 딱 끊으십니다. 오래도 아닙니다. 딱 반 시간입니다. 반 시간은 굉장히 짧은 시간을 의미합니다. 그러니까 고요 속에 놓인 시간이 아주 짧다는 것입니다.

그런데 우리는 하나님이 침묵하시면 금세 두려움에 사로잡힙니다. 반 시간이 평생 같게 느껴져서 하나님께 따지고 도리질하고 원망을 퍼붓고 별짓을 다 합니다. 심지어 "하나님이 없다"고도 합니다. 그러나 이 짧은 침묵이야말로 하나님의 마지막 사랑 표현입니다.

당시 온 로마제국이 하나님의 백성을 향해 조롱과 조소를 퍼부었습니다. 갖은 핍박을 자행하며 성도의 인생을 마구 짓밟았습니다. 하나님의 백성은 힘도 지위도, 돈도 투표권도 그 무엇도 가지지 못했습니다. 정말 아무것도 없었습니다. 핍박을 이겨 낼 아무런 버팀목이 없었습니다. 그러니 죄다 무너져야 마땅하지 않습니까?

그러나 그들은 무너지지 않았습니다. 무엇이 그들을 버티게 했습니까? 바로 기도입니다. 그들은 하나님의 침묵 앞에 포기하지 않고 기도했습니다. 꼭 하나님이 계시지 않는 것 같은, 아무 소리도 들리지 않는 상황에서도 끊임없이 기도했습니다. 그러면서 하나님께 올라가는 기도가 무엇인지를 깊이 깨달았습니다.

하나님의 침묵 속에서 우리의 기도가 하나님께 올라가는 기도로 바뀌기를 바랍니다. 그래서 하나님과 동행하는 침묵을 경험하기 바랍니다.

- 하나님의 침묵을 경험한 적이 있습니까? 그때 나는 어떤 기도를 드렸습니까?
- 내 인생의 절체절명의 순간에 하나님이 침묵하시는 것 같지만 사실은 나와 함께 고통당하셨다는 사실을 믿습니까?

하나님의 금향로에 담기는 기도를 드려야 합니다

> 3 또 다른 천사가 와서 제단 곁에 서서 금 향로를 가지고 많은 향을 받았으니 이는 모든 성도의 기도와 합하여 보좌 앞 금 제단에 드리고자 함이라 4 향연이 성도의 기도와 함께 천사의 손으로부터 하나님 앞으로 올라가는지라_계 8:3~4

천사가 제단 곁에 서서 금향로를 가지고 많은 향을 받았다고 합니다. 성경에서 향은 성도의 기도를 상징합니다. 천사가 향을 금향로에 받았다는 것은 그 기도가 하나님이 기뻐하시는 기도, 곧 응답 받는 기도라는 의미입니다. 그러면 어떤 기도가 하나님의 금향로에 담기는지 네 가지로 생각해 보겠습니다.

첫째, 공평과 정의의 기도입니다.

바른 기도는 땅에 떨어지지 않고 금향로에 담깁니다. 아모스 5장 24절에 "오직 정의를 물같이, 공의를 마르지 않는 강같이 흐르게 할지어다"라고 합니다. 하나님은 공평과 정의로 이 세상을 다스리십니다. 그런데 사람은 어떻습니까? 로마서 3장 12절을 보면 사람은 "다 치우쳐 함께 무익하게 되고 선을 행하는 자는 없나니 하나도 없도다"라고 합니다. 모든 사람이 치우쳐서 살아갑니다.

영양이 과다하면 비만이고 부족하면 영양실조입니다. 감정에 치우치면 분별력을 잃고, 이성에 치우치면 메말라 버립니다. 가정교육도 그렇습니다. 주도권이 자식에게 치우치면 방종해지고, 부모에게 치우치면 엄격해집니다. 성적(性的) 욕구 역시 부족해도, 넘쳐도 문제입니다.

죄의 어원이 "과녁에서 빗나가다"라고 합니다. 즉, 어느 쪽으로든 치우치는 것이 죄의 특징입니다. 신앙도 성경공부, 기도, 금식, 구제 등 어느 한 가지에만 치우치면 이단으로 넘어갈 수 있습니다. 균형 잡기가 참 어렵습니다.

우리는 왜 이렇게 치우쳐 살아갑니까? 디모데후서 3장을 보면 "너는 이것을 알라 말세에 고통하는 때가 이르러 사람들이 자기를 사랑하며 돈을 사랑하며 자랑하며 교만하며 비방하며 부모를 거역하며 감사하지 아니하며 거룩하지 아니하며"라고 합니다(딤후 3:1~2). 자기를 사랑하는 것이 이 시대의 특징입니다. 모두가 자기를 사랑하기에 매사에 자신이 기준입니다. 나를 사랑하는 만큼 고통이 임하는 것도 모르고, 내가 치우쳐 있는 것은 더더욱 모릅니다. 그러나 사람이 하나님처럼 공평하고 정의로울 수 있습니까? 우리 중 치우치지 않은 사람이 누가 있습니까? 전도, 기도, 말씀…… 어느 쪽으로든 다 치우쳐 있습니다. 그러나 하나님이 택하신 백성은 자신이 치우쳐 있으며 공평하지 못한 것을 인정합니다. 그러니 치우침이 없는 자가 아니라 치우침 없이 가려고 애쓰는 자가 참 신앙인입니다.

금향로에 담기는 기도는 하나님이 모든 사람을 공정히 다스리시는 것을 믿고 드리는 기도입니다. 즉, 공평과 정의의 기도입니다. 공평과 정의가 무엇입니까? 항상 하나님 편에서 균형 있게 생각하는 것입니다.

초대교회 성도들은 로마의 엄청난 박해 가운데 신앙생활을 할 수 없는 처지가 되자, 교회 문을 닫고 카타콤(지하 묘지)에 숨어 들어가 하나님 앞에 울며 기도했습니다. 그러나 성도들이 아무리 기도해도 로마는 점점 승승장구하고 성도들은 점점 죽어 갔습니다. 이때 성도들의 마음이 어떠했겠습니까? 하나님이 나를 공평하게 다스리신다고 인정할 수 있었을까요? 자기의 치우침을 볼 수 있었을까요? 자신들을 무섭게 박해하는 로마를 보면서 '이것은 공평한 일이야' 할 수 있었겠습니까?

그러나 금향로에 담기는 기도는 그럼에도 그 안에서 나의 죄를 보는 기도입니다. '내 죄 때문에 남편이 수고하는구나', '나의 거룩을 위해 내 아내가, 내 자녀가 수고하는구나'가 깨달아지는 기도입니다. 그런데 우리는 맨날 '저 사람을 고쳐 주세요. 환경을 바꿔 주세요'가 주제가입니다. '자식 공부 잘하게 해 주세요', '건강하게 해 주세요', '돈 잘 벌게 해 주세요' 기도합니다. 기도란 그런 것이 아닙니다. 공평과 정의의 바른 기도를 하려면 말씀으로 균형을 잡아야 합니다.

그러나 우리 가운데는 늘 치우침이 있지요. 저도 천국 갈 때까지 이리저리 치우칠 것입니다. 다만 나의 치우침을 보는 것, 내가 치우쳤다는 것을 인정하는 것이 중요합니다. 내 치우침을 보는 사람의 기도와 그러지 못하는 사람의 기도는 천지 차이입니다.

초대교회 성도들의 기도는 마침내 응답되었습니다. A. D. 313년에 기독교가 공인되었고, A. D. 380년에는 기독교가 로마제국의 국교로 선포되는 역사적인 일이 일어났습니다. 하나님은 우리 기도를 다 듣고 계십니다. 우리의 눈물과 한숨과 땀방울 하나까지 빠뜨리지 않고 모두 기억하십니다. 마가복음 11장 24절에 "그러므로 내가 너희에게 말하노니 무엇이든지 기도하고 구하는 것은 받은 줄로 믿으라 그리하면 너희에게 그대로 되리라"고 하십니다. 기도는 우리의 분량대로 응답됩니다. 우리는 처음부터 공평과 정의의 기도를 할 수 없습니다. 초대교회 성도들도 그러기까지 300년이 걸리지 않았습니까?

남편을 일찍 보내고 홀로 자식들을 키운 한 할머니가 있습니다. 할머니가 평생 교회를 다니며 지극정성으로 자식들을 돌보는데도, 자식들은 말을 지독히 안 듣고 교회에도 좀체 나오지 않았습니다. 그러던 어느 날 아들이 죽을 처지에 놓였는데 이 할머니가 아들에게 이랬다는 겁니다.

"내가 언제 너더러 천국 가라든? 네가 천국을 가든, 지옥을 가든 나는 상관없어. 내가 너더러 예수 믿으라고 한 건 이 땅에서 병 걸리지 말고 잘살라고 그런 거야!"

우리가 평생 이런 마음으로 교회를 다니니까 자녀에게도 인정을 못 받습니다. 보세요. 아무리 과부로 홀로 자식을 키우며 있는 고생 없는 고생 다 해도 아무도 이 엄마를 인정하지 않잖아요. 날마다 교회에 나가서 기도하면 뭐 합니까? 자식에게 천국을 확실히 증언하지도 못합니다.

"내가 천국과 지옥이 진짜 있는지 어떻게 아니? 나도 안 가 봐서 몰라. 그냥 너희 복 받고 잘살라고 기도하는 거지. 이렇게 엄마가 열심히 기도하는데 너희는 왜 예수를 안 믿니?"

뭔가 앞뒤가 안 맞지요? 그러나 이것이 우리 믿음의 현주소입니다. 공평과 정의의 기도를 하기가 너무 힘듭니다. 얼마나 어렵고 귀한 기도인지, 오죽하면 천사가 그 기도를 금향로에 받았겠습니까.

둘째, 저절로 나오는 간절한 기도입니다.

영국의 목사 피트 그리그(Pete Greig)의 이야기입니다. 몇 해 전 피트의 아내가 뇌종양에 걸렸습니다. 처음에 그는 발작과 경련을 반복하는 아내 옆에서 인내심과 믿음이 강한 사람처럼 보이고자 애썼다고 합니다. 그러나 곧 두려움이 엄습했습니다. '내 기도가 부족했나? 금식을 안 해서 그런가? 내가 죄를 회개하지 않은 것이 있나?' 자신의 잘못 때문에 아내가 죽게 된 것 같아 너무나 두려웠습니다. 그는 당시를 회상하면서 "나는 좋은 말로 하면 어린아이처럼 기도했지만, 나쁜 말로 하면 만병통치약을 찾아다니는 돌팔이 약장수처럼 기도했다"라고 고백했습니다.

기도에 관한 이론에는 매우 심오하고 그럴듯해 보이는 것이 참 많습니다. 그러나 피터는 병원 복도에서 수술실에 들어간 아내를 기다리며, 그동안 갈고닦은 어떤 기도의 기술도 생각나지 않았습니다. 머리가 텅 비어서 그저 '아, 하나님' 이 두 마디밖에는 내뱉지 못했습니다. 그 어떤 감동적인 기도도, 회개 기도도 생각나지 않았습니다. 마음이 다 고갈된 사람처럼 오직 그 두 마디만을 중얼거렸습니다. 그는 "우리가 하나님께 드릴 수 있는 기도는 '오, 주여' 뿐"이라고 말합니다. 이 기도의 어떤 가치를 말하는 것이 아니라, 위기의 순간에 자신이 할 수 있었던 최선의 기도가 저절로 나온 '오, 주여' 이 두 마디뿐이었다는 겁니다.

생각해 보세요. 만약 내 가족 누군가가 뇌종양 진단을 받았다면 그 시간이 너무 길게 느껴지지 않겠습니까? 몇 시간의 수술이 얼마나 길게 느껴지겠습니까. 정말 평생 같게 느껴집니다. 그런데 하나님은 그 괴로운 시간도 '반 시간'이라고 하십니다. 피터 그리그 목사가 그런 것처럼 내 평생에 하지 못한 간절한 기도를 그 반 시간에 합니다. 그러니 하나님의 침묵이 얼마나 축복입니까. 우리는 두려우면 저설로 기도하게 됩니다.

셋째, 성실하게 준비한 기도입니다.

바울은 골로새서 4장 2절에서 "기도를 계속하고 기도에 감사함으로 깨어 있으라"고 합니다. 여러분은 항상 기도에 힘쏩니까? 언제나 감사함으로 깨어 있는 것이 내 기도의 결론입니까?

누구나 하나님 없이 살아가는 데 길들어 있으면 기도하는 습관이 몸에 배지 않습니다. 그래서 기도도 훈련해야 합니다. 항상 기도에 힘쓰기 위해 우선 외적 훈련부터 해야 합니다.

첫째로 날마다 시간을 정해서 기도하십시오. 그리고 어떤 기도를 해야 할지 모르겠으면 "주님, 불쌍히 여겨 주옵소서" 해 보십시오. 그것만 반복해도 정말 좋은 기도입니다. 사실 이 기도만큼 최고의 기도가 없습니다. 특별히 식사기도를 시작해 보기 바랍니다. 가정과 학교와 일터에서, 믿지 않는 가족과 동료, 친구들 앞에서, 일용할 양식 앞에서 언제나 감사하는 기도를 해 보십시오. 식사기도만 해도 벌써 하루 세 번이나 기도하는 셈입니다.

아침에 일어나자마자 기도하고, 잠들기 전에 기도하고, 누워서도, 앉아서도, 차를 타고 가면서도 기도하기 바랍니다. 신문을 보면서도, 인터넷 기사를 보면서도 소리 내서 기도하고 침묵으로 기도해 보십시오. 친구나 친척, 지체의 집을 방문해서도 기도하십시오. 통성기도도 하고 혼자 있을 때도 기도하기 바랍니다.

또한 공예배 기도도 최선을 다해 준비해야 합니다. 많은 사람이 공예배 기도를 어려워하는데, 사실 공예배 기도를 준비하는 과정만큼 은혜로운 시간이 없습니다. 공예배 기도를 할 때는 기도문을 미리 작성하십시오. 물론 국어책 읽듯 무심하게 기도문을 읽어 내려가면 안 되겠지만, 그렇다고 미리 준비하지 않으면 마음대로 기도하게 되지 않겠습니까. 원고를 작성하되, 보고 읽지 않아도 술술 외워서 할 정도로 성실하게 준비하십시오. 그러면 성령님이 임재하셔서 은혜가 넘치는 기도가 될 줄 믿습니다.

또, 내가 하고 싶은 기도 제목만 넣어서도 안 됩니다.

"하나님 아버지, 감사합니다. 용서해 주세요. 도와주세요. 예수님 이름으로 기도합니다."

이 기도의 틀에 맞춰서 기도 제목을 넣으십시오. 회개 기도는 개인 회개도 해야 하지만 꼭 공동체를 위한 회개도 해야 합니다. 시간은 3분을 넘지 않도록 준비하기 바랍니다.

우리들교회는 프로그램이 많지 않지만 1년에 두 번 '중보기도 훈련'을 진행합니다. 두 달 남짓한 기간 동안 말씀으로 기도하는 훈련을 받은 후, 수료자는 중보기도 파수꾼이 되어 교회와 성도들을 위해 중보합니다. 어떻게 기도해야 할지 잘 모르겠다면 이런 프로그램에도 참여해 보십시오.

또한 목장예배(구역예배)도 기도로 시작해야 합니다. 목장예배를 드리며 나의 간절한 상황을 목장 지체들에게 나누고 기도를 부탁해 보십시오. 필요한 양식도 구하고, 필요한 건 전부 구하십시오. 그러나 교회를 벗어난 기도 모임, 교회에서 허락 받은 모임 외에 다른 기도 모임은 조심하고 삼가야 합니다.

에베소서 6장 18절에 보면 "항상 기도하라"고 합니다. "모든 기도와 간구를 하되 항상 성령 안에서 기도하라"고 하지요. 시간을 정해서 하는 기도보다 이렇게 항상, 무시로 하는 기도가 더 영적입니다. 하나님의 임재를 경험하려면 이런 영적인 기도, 무시로 하는 기도로 나아가야 합니다. 그래서 내적 훈련도 필요합니다. 외적인 기도 훈련을 자꾸 하다 보면 자연스레 내적 훈련의 필요를 느끼게 됩니다. 날마다

'주여, 불쌍히 여겨 주옵소서'만 읊조리면 공허하지 않겠습니까.

몇 년 전 이동원 목사님이 우리들교회에 오셔서 '렉시오 디비나'(Lectio Divina), '영적 독서'(spiritual reading)에 대해 말씀해 주셨습니다. 이것은 5세기 수도사 베네딕트가 발전시킨 성경 묵상의 한 방법입니다. 당시 수도원장이 종일 기도하라는 명령을 주었는데 딱 30분 기도하니 할 말이 없어졌다고 합니다. 그때부터 그는 성경을 묵상하고, 묵상한 말씀을 근거로 기도하기 시작했습니다. 옆에서 그를 지켜보던 제자들도 그 길을 따르면서 이것이 성경 묵상의 시초가 되었다고 하죠.

성경을 깊이 묵상한다는 것은 말씀을 깊이 생각하는 것입니다. 성경을 인격적으로 읽어 가면서 말씀을 통해 하나님의 음성을 듣는 훈련입니다. 기도는 일방통행이 아닙니다. 전화 통화를 생각해 보세요. 한쪽만 고래고래 소리 지르다 끊는다면 그것을 대화라고 할 수 있습니까? 상대는 얼마나 어처구니없겠습니까. 또 오랜 시간 기도한다고 응답을 받습니까? 누군가와 대화할 때 상대의 마음을 살피는 게 중요하듯, 기도할 때도 하나님의 마음이 무엇일까 생각하고 살피는 것이 중요합니다.

그래서 우리는 평소에 하나님과 친밀히 교제해야 합니다. 친한 친구와는 눈빛만으로도 통하듯 평소 하나님과 가까우면 어떤 일에도 하나님 마음이 딱 깨달아지지 않겠습니까. 그런데 하나님도, 말씀도 '나 몰라라' 하다가 어려운 일이 닥쳤다고 갑자기 성경을 펴고 읽으려 해 보십시오. 하나도 눈에 안 들어옵니다. 무슨 뜻인지 모릅니다.

큐티로, 주일예배로, 목장예배로 하나님과 날마다 교제하는 것이 그래서 중요합니다. 평소에 하나님과 친하면 진짜 급한 일이 생겨도 머릿속이 하얗게 되는 일이 없어요. 조그만 일에도 "큰일 났다" 하면서 수선 떠는 일도 없습니다. 날마다 말씀을 묵상하는 사람은 어떤 문제 앞에도 품위와 교양이 있습니다. 늘 하나님 뜻을 생각하니까 세련 그 자체입니다.

우리의 목장예배는 기도 훈련을 하기에 가장 좋은 장(場)입니다. 목장 지체들끼리 말씀과 삶을 나누고 기도 제목을 나누며 함께 기도하십시오. 그것이 가장 성실하고도 훌륭한 기도 훈련입니다.

넷째, 전도가 목적인 기도입니다.

기도의 결론은 전도입니다. 바울은 "우리를 위하여 기도하되 하나님이 전도할 문을 우리에게 열어 주사 그리스도의 비밀을 말하게 하시기를 구하라 내가 이 일 때문에 매임을 당하였노라"고 하면서, 자신이 감옥에서 풀려나는 것보나 복음이 온 천하에서 열매를 맺어 자라 가는 것이 더욱 감사하다고 했습니다(골 1:6; 4:3). 실제로 초대교회 성도들이 로마의 핍박을 인내하면서 기도한 끝에 로마가 전도되지 않았습니까?

지금 '내 환경은 왜 이리 힘든가' 하면서 탄식합니까? 내 환경에 잘 매여 있는 것이 내 인생의 시간을 가장 절약하는 길입니다. 이것을 모르고 그저 로마를 미워하고 무서워하면 전도는커녕 오히려 나 자신에게 심판이 임합니다. "내가 너 때문에 뭘 못 했어, 내가 당신 때문에 되는 일이 없어, 당신 때문에 사역이 안 돼!" 하며 매일같이 상대를 미워하고 탓하는데 전도가 될 리 있겠습니까? 내 몸과 마음만 병들 뿐입니다. 이런 허송세월이 따로 없습니다.

- 내가 치우쳤다는 것을 인정하고 공평하신 하나님을 신뢰합니까? 어려움이 내 인생에 닥쳤다고 울고불고합니까? 반 시간의 고요 속에서 요동함 없이, 간절하게 하나님 앞으로 나아갑니까?
- 나의 매임도 복음 전파의 통로임을 알고 어떤 환경에 있든지 영혼 구원을 위해 힘씁니까? 나의 기도는 하나님의 금향로에 담기는 기도입니까?

하나님 앞으로 올라가는 기도는 심판을 불러옵니다

천사가 향로를 가지고 제단의 불을 담아다가 땅에 쏟으매 우레와 음성과 번개와 지진이 나더라_계 8:5

우리가 금향로에 담길 기도를 쌓으면 그런 우리의 기도가 심판을 불러옵니다. 심판이 하나님의 천상 어전회의에서 결정되는 것이 아니라, 성도의 기도로 말미암아 결정된다는 것입니다. 그러므로 이 세상의 운명을 결정하는 자는 대통령도 아니고 유명인사도 아니고 바로 성도입니다. 성도들의 기도가 세상의 운명을 결정합니다.

우리나라를 바꾼 사람도 어떤 대단한 지도자가 아니라 이름도 없이 빛도 없이 섬기다 간 선교사들입니다. 그들이 목숨을 걸고 이 땅에 복음을 전파했기에 우리나라가 지금의 자리에 올 수 있었습니다. 철학자 프랜시스 베이컨(Francis Bacon)은 아는 것이 힘이라고 했지만, 더 큰 힘은 성도들의 기도입니다. 복음을 믿고 그대로 이루어지기를 기도하는 성도들이야말로 하나님의 진정한 동역자입니다.

때로는 세상 세력이 부지중에 나를 통치할 수 있습니다. 그러나 세상의 다스림을 받는 나 자신을 늘 안타깝게 여기며 기도할 때, 하나님의 뜻에 맞는 기도를 할 때, 그런 기도가 금향로에 모여 이 땅에 공평과 정의를 쏟아붓습니다.

좀 더 쉽게 말하면, 믿음의 사람은 나를 괴롭히는 세력에 대해 "저 세력을 물리쳐 주시옵소서"라고 기도하기보다 내가 치우쳐서, 내 욕심 때문에 지금의 환경에 놓였음을 인정하고 회개합니다.

내가 돈을 너무 사랑해서 지금의 남편을 만났는데, 결혼하고 보니 이 남편이 가진 게 없습니다. 그럴 때 "저 남편이 나를 속였어요. 더는 못 살겠어요" 기도하는 것이 아니라, "제가 논에 치우쳐 있어서 하나님이 이런 환경을 주셨습니다. 하나님, 제가 잘못했습니다" 회개하는 것이 믿는 자의 태도입니다.

이렇게 믿는 우리가 먼저 내 죄를 보고 회개할 때, 주님이 나를 괴롭히는 세력에게 우레와 음성과 번개와 지진을 내리셔서 돌아올 기회를 허락하십니다. 제 남편에게도 번개와 지진 같은 암 재앙이 임했지만 오히려 그 재앙으로 인해 남편이 주께 돌아오지 않았습니까. 심판이 구원으로 변한 것입니다.

정말 그렇습니다. 예수 잘 믿는 한 사람만 있으면, 그의 믿음의 기도와 예수님의 중보기도가 합력하여 심판도 구원이 됩니다. 믿음의 기도로 심판이 오고, 심판을 통해서 육은 죽지만 영이 살아나 구원을 얻게 되는 것입니다. 육이 무너지지 않으면 결코 영이 세워질 수 없습니다. 육이 조금씩 무너지기 시작하면 영이 그 자리를 채웁니다. 그러니 나의 믿음의 기도가 얼마나 중요합니까. 초대교회 성도들의 끈질긴 기도가 로마를 돌아오게 했습니다. 나의 믿음의 기도가 로마 같은 사람을 돌이킵니다.

에스겔 8장에 보면, 예루살렘의 여인들이 담무스를 위하여 애곡하는 장면이 나옵니다. 심지어 백성을 말씀으로 이끌어야 할 지도자들도 예루살렘 성전에서 동쪽 태양을 예배합니다. 하나님은 그들을 향해서 "가증하다!"라고 말씀하십니다. 여러분은 어디서, 어떤 기도를 하고 있습니까? 혹시 그 기도가 내 열심으로 드리는 기도는 아닙니까?

밤낮 울며불며 기도해도 내게 평안이 없는 것은 말씀이 들리지 않기 때문입니다. 말씀이 들리지 않아서 환경에 집착하고 떼 부리는 기도만 하는 것입니다. 이제는 제대로 기도하라고 주님은 우리를 침묵 속에 두십니다. 고통 가운데 던져져 육이 무너져야 말씀의 가치관이 우리 안에 자리하기 때문입니다.

"돈을 주시옵소서", "건강을 주시옵소서", "좋은 학교 들어가게 해 주옵소서", "결혼 잘 하게 해 주옵소서"…… 밤낮 '달라, 달라' 하는 기도만 합니까? 물론 이런 기도도 해야지요. 육적 필요를 구하는 기도도

해야 합니다. 그러나 주님을 깊이 만난 사람은 기도부터 달라집니다.

"주님, 제가 너무 치우쳐 있습니다. 자식에게 치우치고, 세상 가치관과 물질에 치우쳐 있습니다. 배우자를 우상처럼 여기며 집착했습니다."

이렇게 자신의 부패함과 가증함을 보는 기도, 내 죄를 보는 기도가 하나님 앞으로 올라가는 기도입니다. 이것이 금향로에 담기는 기도입니다.

로마는 결국 멸망했습니다. 그리고 전 세계에 복음이 증거되는 놀라운 역사가 일어났습니다. 그런데도 하나님이 침묵하시는 것 같습니까? "신은 죽었다"고 니체가 말했다지요. 그 말은 틀렸습니다. 하나님은 언제나 내 옆에 계십니다. 이스라엘이 너무 교만해서 로마가 멸망하기까지 삼백 년이 넘게 걸렸습니다. 하나님이 내게 침묵하시는 것 같다면 '내 육이 너무 강하구나' 생각하십시오. 내 육이 죽기까지 오래 걸려서 그렇습니다. 한편으로는 그만큼 인내할 믿음이 있기에, 수준이 높아서 오랜 침묵 속에 두십니다. 반대로 수준이 낮으면 빨리 응답이 됩니다. 그러나 빨리 응답된다고 좋은 것은 아닙니다.

우리들교회 한 집사님이 사정이 생겨 소유하고 있던 집을 담보로 빚을 내게 되었습니다. 그런데 그 빚을 갚고자 사채까지 빌렸다가 이자까지 더해져 결국 집을 팔아야 할 처지가 되었습니다. 설상가상 전셋집 보증금까지 압류당하고, 돈 한 푼 없이 이사를 가야 하는 지경에 이르러 지방법원에 구제신청을 하게 되었습니다. 그런데 4개월이 지나도록 판결이 나지 않는 겁니다. 서울지방법원에 재접수를 했지만, 어쩐 일인지 접수조차 잘 받아들여지지 않았습니다. 결국 이분이 직접 판사에게 편지를 썼습니다.

이분이 교회 홈페이지에 남기신 편지의 내용을 소개합니다.

학벌에 대한 열등감이 심한 저는 오직 돈을 벌기 위해서 열심히 살았습니다. 현재 상황에 너무 낙심되다 보니 자살 충동에까지 시달렸지만, 기독교인으로서 자살은 죄이고 가족에게도 못 할 짓이니 마음을 접었습니다.

남들은 열심히 산 제가 이렇게 어려워진 것을 이해하지 못합니다. 그러나 누구보다 제가 저 자신을 잘 알지 않겠습니까? 저는 돈을 정말 사랑하는 사람입니다. 그러면서도 스스로 벌려고 하지 않고 아내가 벌어 온 돈만 좋아했습니다. 가장으로서, 남편으로서 제 역할을 다하지 못했습니다. 아내 뒤에 숨어서 살아온 지질한 남편입니다.

아내가 몇 년간 보험설계사로 일하면서 집도 사고 겉으로는 잘나가는 듯 보였지만 오히려 빚은 눈덩이처럼 불어났습니다. 그러다 그만 빚을 사채로 돌려 막는 악수를 두었습니다. 4년 전 아내는 파산을, 저는 개인회생을 신청했습니다. 그런데 빚을 1년도 채 못 갚은 상황에서 이 제도가 폐지되면서 카드사와 지인들로부터 계속 추심을 받고 있습니다.

부부가 다 신용불량자가 되니 살기가 더 힘듭니다. 신용불량자는 자금대출이 안 되기에 집도 월세로 살 수밖에 없습니다. 저희 가족만 있다면 상관없지만, 7년째 장인어른을 모시고 있어서 너무나 불안합니다. 대학생 아들은 학자금대출을 받아 1학년 과정만 겨우 다니다가 학기 중에 군대를 보냈습니다. 집주인에게도 정말 죄송합니다. 계약기간이 만료되었지만 보증금이 전 재산이다 보니 이사를 할 수가 없습니다. 모두 빨리 나가라고 합니다. 며칠 전에는 유채동산이 압류되어 경매 처분되면서 곤혹을 치렀습니다.

모두에게 정말 미안합니다. 카드사와 은행권 빚은 형편상 못 갚고, 지인들에게 진 빚만 흉내 내는 정도로 갚고 있습니다. 제 소득은 겨우 생활비 정도라서 자꾸 빚을 지게 됩니다. 아내가 노점에서 장사를 하지만 단속이 심해 여의치 않습니다. 암담하고 지질한 현실에 낙담되지만, 제가 살아온 날의 결론이라고 생각하며 깊이 반성하고 있습니다.

내 욕심 때문에 피해를 입은 지인들에게 거듭거듭 용서를 빕니다. 없이 사는 저로서는 이 판결로 새 힘을 얻게 될 것 같습니다. 판사님, 부디 현명한 판결을 해 주시기 바랍니다.

보통 이런 편지를 쓸 때는 '저는 지금껏 정직하게 살아왔습니다. 어쩌다 보니까……' 하면서 자신의 억울함을 늘어놓지 않습니까? "제가 지질하고 못나게 살았습니다" 하는 이런 이야기를 누가 받아 주겠습니까? 게다가 이 집사님은 아내가 불법 노점을 한다는 사실까지 밝혔습니다. 판사에게 편지하면서 법을 어긴 이야기까지 쓴 것입니다. 그런데 놀랍게도 법원이 이분의 구제신청을 받아 주었습니다. 이 편지 한 통에 말입니다. 할렐루야!

그런데 말이죠, 성도들이 이렇게 자신의 허물까지 솔직히 내놓으며 나아갈 때 승소는 물론 면접에서도 척척 붙는 것을 제가 자주 보았습니다. 세상에 진실하지 못한 사람이 많아서인지 '아, 이렇게 솔직한 사람도 있구나' 하면서 받아들이는 것 같습니다. 하물며 세상 판사도 자기 가증을 보는 사람의 사정을 봐 주는데, 하나님이 나 몰라라 하시겠습니까. 미사여구를 늘어놓는다고 좋은 기도가 아닙니다. 모범생처럼 똑 부러져서 그 기도를 들어주시는 것도 아닙니다.

"제가 지금 당하는 고난은 제 인생의 결론입니다. 나의 심판을 구원으로 바꾸어 주신 주님께 감사하며 이제 다른 영혼의 구원을 위해 나아가겠습니다" 하는 기도가 하나님 앞으로 곧장 올라갑니다. 이런 기도를 어찌 안 들어주시겠습니까.

우리 기도의 결론은 내 아픔이 사라지는 것이 아닙니다. 기도도, 큐티도 전도로 결론이 나야 합니다. 영혼 구원이 목적이 되어야 합니다. 우리가 다 죽기 직전에 주 앞에 엎드려 회복되지 않았습니까? 주님의 은혜로 이제 숨 좀 쉬게 되었는데, 겨우 살아났는데 전도도 선교도 나 몰라라 한다면 그보다 더한 배은망덕이 어디 있습니까. 내 가증과 부패를 보면서 "주님, 내가 전도하겠습니다. 주를 위해 살겠습니다. 내 사명을 깨닫게 해 주옵소서" 기도하는 우리가 되기를 소원합니다. 이것이 하나님 앞에 올라가는 기도인 줄 믿습니다. 이 집사님도 이런 결론을 맺었습니다.

저는 이 사건을 통해 모든 예배에 전념하게 되었습니다. 공평과 정의의 하나님 앞에 지은 죄만큼 수치를 당해야 함이 마땅하지만, 제 수준이 너무 낮아서 주님이 불쌍히 여겨 주신 것 같습니다. 주님의 은혜를 기억하며 이제는 영혼 구원을 위해 나아가겠습니다.

하나님의 침묵은 우리를 향한 지극한 사랑입니다. 하나님 앞에 올라가는 기도를 하기 위해서는 이 반 시간의 침묵을 겪어 내야 합니다. 하나님의 금향로에 공평과 정의의 기도가 담깁니다. 간절한 기도가 담깁니다. 성실히 준비한 기도가 담깁니다. 전도로 결론 맺는 기도가 담깁니다.

이스라엘의 기도로 로마가 전도되었습니다. 우리가 자기 가증을 보는 믿음의 기도를 할 때, 이 땅에 심판이 임하여 육이 망하고 영이 살아날 것입니다. 모든 성도가 하나님 앞에 올라가는 기도를 하라고 주님이 이 땅에 오셨습니다. 우리를 위해 죽어 주셨습니다. 우리를 위해 표지가 되고 사인(sign)이 되셨습니다. 날마다 하나님과 친밀히 교제하며 하나님 앞으로 올라가는 기도를 하는 여러분 되기를 소원합니다.

• 나의 기도는 전도와 선교, 구제로 결론 맺고 있습니까? 나의 고통과 아픔이 해결되기만 바라며 날마다 '달라, 달라' 하는 기도만 하지 않습니까?

이제는 제대로 기도하라고
주님은 우리를 침묵 속에 두십니다.
고통 가운데 던져져 육이 무너져야 말씀의
가치관이 우리 안에 자리하기 때문입니다.

우리들 묵상과 적용

학벌에 대한 열등감이 심한 저는 오직 돈을 버는 것이 인생의 목적이었습니다. 우리 부부는 신혼 초부터 맞벌이로 일하며 열심히 돈을 벌었습니다. 그런데 보험설계사로 한때 보험 여왕까지 되었던 아내가 고객들과 돈거래를 하다가 그만 큰 빚을 지고 말았습니다. 빚을 갚으려고 한 식당이 몇 차례 폐업하고 빚은 눈덩이처럼 불어났습니다. 집을 담보로 사채를 빌렸다가 사채업자에게 집이 넘어가게 돼서야 우리 부부는 교회 공동체에 모든 것을 오픈하고 간절하게 기도를 부탁했습니다. 그 후 기적같이 집이 매매되었지만 금융권의 추심으로 전셋집 보증금 압류 통보를 받았습니다. 정말 죽고 싶었으나 하나님을 믿는 사람으로서 죽을 수도 없었습니다. 보증금도 없이 길거리에 나앉을 상황이 되자 저는 긴급히 서울중앙법원에 구제 신청을 했습니다. 그러나 기초 수급자가 아니라서 접수조차 할 수 없었습니다.

앞길이 캄캄해 담당자에게 "방법이 없겠습니까?" 간청하니, "그렇게 급하시면 편지 한번 써서 판사님을 감동시켜 보세요" 하는 것이었습니다. '글로 판사님을 감동시키라니, 글솜씨도 없는 내가 어떻게…….' 그런데 순간 부목자로서 3년 동안 지겹도록(?) 쓴 목장 보고서가 생각났습니다. '목장 보고서를 쓰던 대로 내 이야기를 솔직히 쓰면 되겠구나!' 그렇게 저의 간구가 하나님의 금향로에 담겨지길 바라

228

는 마음으로 간절히 기도한 후 편지를 썼습니다(계 8:3).

그런데 놀랍게도 1개월 만에 '보증금에 추심을 할 수 없다'라는 판결을 받았습니다. 변호사도 기초 수급자가 아닌 일반인에게 보증금 압류 금지 처분이 내려진 최초 판례라며 놀라워했습니다. 현재 저는 50도가 넘는 작업 환경에서 20kg의 폐기름 통을 하루에 몇천 개씩 나르는 고된 일을 하고 있습니다. 부족한 환경이기에 가족 모두 열심히 일합니다. "엄마, 아빠가 열심히 일하는데 우리는 왜 이렇게 못 살아요?" 하며 핀잔을 주던 아들도 이제는 "하나님이 우리 가정을 불쌍히 여겨 주셔서 여기까지 온 것 같아요. 부모님, 죄송하고 고맙습니다" 합니다. 말씀을 열심히 듣더니 철이 들었나 봅니다.

하나님이 제게 침묵하신 반 시간은 고통스러웠지만 반드시 제게 있어야 할 날들이었습니다(계 8:1). '나는 죄 없고 의롭다'며 치우쳐 있던 저에게 주님이 공평과 정의를 보여 주신 시간이었기 때문입니다. 저는 열등감에 빠져 돈 잘 버는 아내를 의지하고, 돈이 최고라는 가치관으로 아내를 밖으로 내몰았습니다. 이렇게 아내 탓만 하던 저를 하나님께서 사랑하셔서 수치를 당하게 하신 것입니다. 내 죄가 내 고난보다 크다는 것을 깨닫게 하시니 감사합니다. 비천한 저의 기도를 귀히 받아 주시고 응답하신 하나님, 사랑합니다(계 8:4).

영혼의 기도

하나님 아버지, 하나님 앞에 올라가는 기도를 가르쳐 주시니 감사합니다. 그러기 위해 하나님의 침묵을 겪어야 하는데 반 시간의 침묵이 영원할 것만 같아서 너무 힘이 듭니다. 금향로에 담길 기도를 해야 하지만, 세상에 너무 치우쳐 있는 저를 발견합니다. 공평하지도 못합니다. 절실할 때만 간절히 기도하고 성실히 기도하지도 못합니다.

기도의 결론은 전도인데, 목사인 저 또한 설교하기 바빠서 불신자를 찾아다니며 전도하기가 얼마나 힘든지 모르겠습니다. 주님, 저는 날마다 치우쳐 있습니다. 영적으로 육적으로 날마다 치우쳐 있어서 하나님만 생각하면 너무 죄송합니다. 할 수 있는 것이 아무것도 없습니다. 기도가 절로 나옵니다.

주님, 우리의 육이 죽는 만큼 영적 성전이 세워진다는 말씀이 아직도 무섭게 느껴집니다. 그래서 식구들의 구원을 위해서 기도하지 못합니다. 무조건 건강해야 하고, 잘살아야 하고, 공부 잘해야 한다는 기복이 너무 강해서 날마다 두렵고 또 두렵습니다. 그래서 주님이 나를 위해 죽어 주시려고 이 땅에 오셨습니다. 우리가 어려워하는 것 다 아시고 주님이 중보자와 중재자가 되기 위해서 이 땅에 오셨습니다.

아버지 하나님, 주님도 이 땅에 죽기 위해서 오셨는데, 우리도 주님처럼 사명대로 와서 사명대로 살다가 사명대로 가는 인생을 살게 하여 주시옵소서.

　　하나님 앞에 올라가는 기도를 우리가 함으로 하나님과 친해지기를 원합니다. 모든 식구를 주님 앞으로 인도하는 전도의 인생이 될 수 있도록, 우리가 그렇게 기도를 할 수 있도록 인도해 주옵소서. 우리의 기도가 심판을 멈출 수 있는, 그래서 구원을 이룰 수 있는 기도가 되기를 바랍니다. 주님, 우리를 써 주옵소서. 주님의 사인을 보고 걸어가기를 원합니다. 주님의 표지를 보고 걸어가기를 원합니다. 딴 길로 가지 않기를 원합니다. 예수님 이름으로 기도합니다. 아멘.

오직 믿음으로

요한계시록 8장 6~12절

08

하나님 아버지, 심판 받을 수밖에 없는 세상에서
하나님의 사랑을 입고
오직 믿음으로 살아가기 원합니다.
말씀해 주시옵소서, 듣겠습니다.

$\diamond \blacklozenge \diamond$

오클랜드의 장로교회에서 30여 년간 목회한 듀크 로빈슨(Duke Robinson) 박사의 『나는 좋은 사람이기를 포기했다』라는 책에 나오는 내용입니다. 그는 착한 사람들이 실패하는 이유를 아래와 같이 9가지로 설명합니다.

첫째, 완벽해지려고 애를 쓴다. 둘째, 무엇이든지 내가 할 수 있다고 생각해 무모하게 덤벼든다. 셋째, 좋은 게 좋은 것이라 여기며 침묵한다. 넷째, 분노를 억누른다. 다섯째, 타인의 비합리적인 공격에도 합리적으로 대응하려고 한다. 여섯째, 타인의 감정을 상하게 하지 않기 위해 사소한 거짓말을 한다. 일곱째, 잘 알지도 못하면서 상대를 도와주고자 충고한다. 여덟째, 자신의 능력으로 모든 사람을 구원할 수 있다고 믿는다. 아홉째, 보호자를 자처하며 타인의 슬픔을 이해하려고 무모한 노력을 한다.

참 이상하지 않습니까? 악하고 비열해서 실패하는 것이 아닙니다. 누가 보아도 착한 사람인데 그래서 실패한다는 겁니다. 듀크 로빈슨 박사는 9가지로 이야기하지만 사실 이유는 단순합니다. 선해 보이는 그것조차 선한 것이 아니어서 그렇습니다.

누구나 자기 죄성을 인정하기란 쉽지 않습니다. 겉으로는 선한 척, 착한 척, 괜찮은 척 살아갑니다. 그러나 한계상황이 오면, 내 힘으로는 도저히 버틸 수 없는 일이 찾아오면 모두가 '악!' 소리를 냅니다. 자기도 모르게 본연의 죄성이 내면 깊은 곳에서 튀어나옵니다. 누구는 죄성이 더 강하고 누구는 더 약한 것도 아닙니다. 인간이라면 예외 없이 죄를 원하는 마음이 뿌리 깊게 존재합니다(창 4:7). 이 세상엔 정말 선한 것이 없습니다.

계시록에 등장하는 나팔 재앙은 출애굽기의 재앙과 매우 흡사합니다. 고대 애굽 왕 바로는 로마 황제와 견줄 만큼 학식과 교양이 뛰어난 자였습니다. 소설 『람세스』를 보면 당시 여성에게도 참정권을 줄 정도로 민주적이고 인격적인 지도자였습니다. 그러니 스스로를 선한 왕이라고 여겼을지 모르겠습니다. 그러나 애굽이 얼마나 죄의식도 없이 주변 나라들을 삼켰습니까? 세상은 반드시 심판을 받습니다. 그리고 심판의 기준은 선함이 아니라 오직 '믿음'입니다. 계시록은 "세상은 반드시 멸망한다"고 우리에게 거듭 이야기합니다.

1장부터 7장까지 모든 주제를 말하고 8장부터는 그 주제의 반복이라고 할 수 있습니다. 일곱 인 재앙, 일곱 나팔 재앙, 일곱 대접 재앙이 서로 달라 보여도 같은 이야기를 반복합니다. 일곱 인 재앙이 인간 파괴에 관한 이야기라면, 일곱 나팔 재앙은 환경 파괴에 관한 이야기입니다. 이것은 각각 다른 현상이 아니라 동시에 일어나는 사건입니다. 내가 이기고 또 이기려고 하니까 땅의 재앙, 바다의 재앙이 임하는 것입니다. 다만 다른 점이 있다면 일곱 인 재앙에서는 인침 받은 사람 십사만 사천, 곧 재앙 가운데도 구원을 받는 자들이 나타나는데 나팔 재앙에는 그런 언급이 없습니다. 심판은 교회가 아니라 불신세계에 임합니다. 나팔 재앙은 "바위틈에 숨어 끝까지 주를 거역하는 불신자들을 어떻게 심판하는지 보고 들으라" 하시는 주님의 경고입니다.

그러나 나팔 재앙이 가장 무서운 심판은 아닙니다. 이렇게 나팔을 불어서 미리 재앙을 알려 주시는 것은 정말 무서운 심판이 오기 전에 돌아오라는 뜻입니다. 진짜 무서운 심판은 경고 없이 찾아옵니다. 그러니 날마다 말씀으로 경고해 주시는 하나님의 나팔 소리를 듣기 바랍니다.

제 남편의 암 사건이야말로 경고 없이 찾아온 기막힌 심판 아니겠습니까? 그러나 저 한 사람이 중심을 잡고 늘 말씀으로 경고를 받았더니, 그 기막힌 재앙에서도 하루 만에 남편이 구원을 얻었습니다. 이 엄청난 구원 앞에 어찌 감사하지 않을 수 있겠습니까. 감사를 외치고 또 외쳐도 늘 부족합니다.

우리들교회의 한 집사님에게도 무서운 재앙이 찾아왔습니다. 집사님의 아들이 인사불성이 되도록 술을 마시고 찻길에 뛰어들었다가 트럭에 치이는 큰 사고를 당한 것입니다. 이 아들을 위해 수많은 성도가 함께 중보했습니다. 그런데 놀랍게도, 며칠 후 별 다친 곳 없이 멀쩡하다는 소식이 들렸습니다. 얼굴과 방광에만 조금 손상을 입었을 뿐 뇌와 장기 어디에도 치명상은 없었습니다. 이 기적적인 사건을 통해 집사님의 아들은 하나님을 영접하고, 남편도 교회를 다시 생각해 보게 되었습니다. 그야말로 심판이 구원이 된 것입니다. 무서운 재앙이 이 집에 구원이 이르는 사건이 되었으니, 어찌 구원을 외치지 않을 수 있겠습니까.

그러나 여전히 많은 불신자들이 하나님을 거역하며 살아갑니다. 일생일대의 사고를 겪어도 구원을 외치지 않습니다. 애굽이 그랬습니다. 모세가 아무리 경고해도, 열 가지 재앙이 와도 절대로 돌아오지 않았습니다. 나팔 재앙은 고집대로 사는 자의 최후를 보여 줍니다. 세상에는 안 돌아오는 사람도 있다는 것을 우리에게 보여 줍니다.

첫 번째 나팔 재앙은 땅의 재앙입니다

첫째 천사가 나팔을 부니 피 섞인 우박과 불이 나와서 땅에 쏟아지매 땅의 삼분의 일이 타 버리고 수목의 삼분의 일도 타 버리고 각종 푸른 풀도 타 버렸더라_계 8:7

이 땅과 수목의 삼분의 일이 타 버립니다. 하나님의 경고를 듣지 않는 사람은 믿는 것이 이 땅밖에 없기에 그들에게 보이고자 하나님이 땅을 흔드십니다. 이 말씀을 통해 우리는 환경 파괴가 말세의 주요한 문제가 되리라는 사실을 알 수 있습니다.

출애굽기 9장에 보면 첫째 나팔 재앙과 동일한 재앙이 나옵니다. "여호와께서 모세에게 이르시되 너는 하늘을 향하여 손을 들어 애굽 전국에 우박이 애굽 땅의 사람과 짐승과 밭의 모든 채소에 내리게 하라 모세가 하늘을 향하여 지팡이를 들매 여호와께서 우렛소리와 우박을 보내시고 불을 내려 땅에 달리게 하시니라 여호와께서 우박을 애굽 땅에 내리시매 우박이 내림과 불덩이가 우박에 섞여 내림이 심히 맹렬하니 나라가 생긴 그때로부터 애굽 온 땅에는 그와 같은 일이 없었더라 우박이 애굽 온 땅에서 사람과 짐승을 막론하고 밭에 있는 모든 것을 쳤으며 우박이 또 밭의 모든 채소를 치고 들의 모든 나무를 꺾었으되"(출 9:22~25).

그때나 지금이나 다름없이 땅에 재앙이 임합니다. 우박은 자연물을 강타하는 얼음덩이로, 우박과 불이 땅에 쏟아지는 모습이 마치 핵전쟁의 참상을 보는 듯합니다. 그만큼 이 땅에 혹독한 재앙이 임할 것을 의미합니다. 후쿠시마 원전사고를 겪으며 우리나라도 방사능의 위험 아래 놓이지 않았습니까.

인간이 땅을 중심으로 살아가는 것은 인간의 무능함을 그대로 드러내는 것이기도 합니다. "율법의 행위로 하나님 앞에 의롭다 하심을 얻을 육체가 없다"라는 바울의 말처럼, 인간은 스스로 하나님의 의에 도달할 수 없습니다(롬 3:20). 스스로를 구원할 힘도 없습니다. 하나님의 심판과 저주로부터 이 땅을 구원할 능력이 없습니다.

그런데도 세상에 속한 자들은 이 땅을 믿고 살아갑니다. 눈에 보이는 것만 믿습니다. 특히 가진 땅이 많고 돈과 권세가 있으면 더더욱 보이는 것만 믿으려 합니다. 애굽과 바로가 그랬습니다. 내 앞에 땅이, 돈과 권세가 나를 배 불려 주는데 보이지 않는 것에 더 가치가 있다고 하면 믿겠습니까? 그러니 곧 사라질 것인지도 모르고 세상 물질에 목을 맵니다. 그러나 오직 하나님만이 영원하십니다. 눈에 보이지는 않지만 주님만이 영원하시며, 천지는 없어져도 주님의 말씀은 없어지지 않습니다(마 24:35). 이 영원하신 하나님을 전하기 위해서 우리는 오직 믿음으로 나아가야 합니다.

수년 전 선교사 수련회 참석차 태국 방콕에 다녀온 적이 있었습니다. 태국은 국민의 90%가 불교 신자로 세계에서 가장 독실한 불교 국가입니다. 방콕에는 가장 격조 높은 사원이라 불리는 '에메랄드사원'이 있는데, 그곳 대법전에 안치된 에메랄드 불상은 불과 66cm 크기의 작은 신상이지만 오랜 세월 태국의 수호신으로 여겨졌습니다. 태국 국민들은 에메랄드사원과 그 불상 덕분에 지금껏 태국이 한 번도 식민 치하에 놓인 적 없이 잘 살고 있다고 믿습니다. 인도차이나반도의 모든 나라가 식민 통치의 고통을 겪었지만 태국만은 그런 일이 없었다는 겁니다. 온 나라가 이 불상을 어찌나 숭배하는지, 국왕이 불상에 황금 옷을 직접 갈아입히는 예식을 1년에 세 차례나 거행한다고 합니다.

그리면 뭐 합니까? 여전히 태국 국민 대부분이 가난합니다. 아무리 태국에 관광객이 넘쳐나도 그 수익은 일부 왕족과 상위 부유층에게만 돌아간다고 합니다. 매년 홍수로 어려움을 겪는데 국가적으로 대처도 못 하고, 국민 누구도 이 문제로 시위는커녕 불만도 갖지 않습니다. 오히려 왕족을 사랑하고 존경하면서 우상처럼 떠받듭니다. 운명에 자기 인생을 맡기고 살아가는 것에 길들어 있어 그다음을 생각하지 못하는 것입니다. 태국만이 아닙니다. 세계 여러 국가가 화려한 왕궁과 사원에 나라의 정체성을 두고 그것을 숭배하며 살아갑니다.

유럽도 화려한 교회와 성당을 우상시합니다. 예수님의 제자들도 예루살렘 성전을 자랑하며 '이 성전이 어떻게 무너지겠어'라고 자만하지 않았습니까?

북한도 곳곳에 김일성과 김정일의 동상을 세우고 우상을 숭배하듯 그들을 추종합니다. 십수 년 전 제가 북한에 가서 보니 얼마나 황폐한지 참담하기가 그지없더군요. 산의 나무란 나무는 모두 베어 땔감으로 쓰는 바람에 하나같이 민둥산이었습니다. '아, 이것이야말로 재앙이구나' 탄식이 절로 쏟아졌습니다.

어린 양의 피로 씻겨 큰 환난에서 나온 자들은 어떤 재앙에도 회개하며 겸손하게 됩니다. 반면에 애굽에 속한 자들, 하나님의 백성 되기를 거부하는 자들은 어려움이 올수록 더욱 강퍅해집니다. 열 가지 재앙이 와도 나날이 강퍅해집니다. 이렇게 아무리 고난당해도 주님을 믿지 않는 족속이 있습니다. 애굽과 로마가 그렇지 않았습니까? 로마는 훗날 기독교를 국교로 선포했지만, 애굽은 끝끝내 돌아오지 않았습니다. "이 재앙에 죽지 않고 남은 사람들은 손으로 행한 일을 회개하지 아니하고 오히려 여러 귀신과 또는 보거나 듣거나 다니거나 하지 못하는 금, 은, 동과 목석의 우상에게 절하고 또 그 살인과 복술과 음행과 도둑질을 회개하지 아니하더라"는 말씀처럼 도리어 회개를 거부하고 사망의 길을 걸었습니다(계 9:20~21).

그러면 재앙의 목적은 무엇일까요? 아무리 주님이 재앙과 심판을 내리셔도 안 돌아올 사람은 끝까지 안 돌아오잖아요. 애굽과 바로도 끝까지 회개를 거부하지 않았습니까? 여기서 우리가 기억해야 할 것이 있습니다. 애굽에 내려진 열 가지 재앙은 애굽과 바로를 회개시키기 위한 것이 아니라는 사실입니다.

출애굽기 9장에서 하나님은 모세를 통해 바로에게 말씀하십니다. "내가 너를 세웠음은 나의 능력을 네게 보이고 내 이름이 온 천하에 전파되게 하려 하였음이니라"(출 9:16).

나팔 재앙과 앞으로 묵상할 대접 재앙의 목적은 단지 세상을 회개시키기 위한 것만은 아닙니다. 구원도 심판도 하나님으로부터 말미암는다는 진리를 세상에 알리시기 위함입니다. 이 세상을 장악하고 계신 분은 하나님이시기에 하나님을 끝까지 믿지 않는 세력은 반드시 심판을 받으리라고 지금 말씀하고 계시는 것입니다.

심판의 대상은 믿지 않는 애굽과 바로입니다. 심판의 칼끝은 사탄과 그를 추종하는 세상을 겨누고 있습니다. 불상 앞에 가서 절하고, 성지를 향해 기도한다고 구원 받는 것이 아닙니다. 구원과 심판은 하나님 손에 달려 있습니다.

- 내 안에 심판 받아야 할 불신의 세력은 없습니까? 예수님을 믿는다고 하지만 각종 미신과 우상에 사로잡혀 있지는 않습니까?
- 믿지 않는 가족과 이웃의 구원을 위해 경고의 말씀을 끊임없이 전하고 있습니까?

두 번째 나팔 재앙은 바다의 재앙입니다

8 둘째 천사가 나팔을 부니 불붙는 큰 산과 같은 것이 바다에 던져
지매 바다의 삼분의 일이 피가 되고 9 바다 가운데 생명 가진 피조물
들의 삼분의 일이 죽고 배들의 삼분의 일이 깨지더라 _계 8:8~9

'바다의 삼분의 일이 피가 된다'는 말씀은 어떤 현상을 말합니
까? 구체적으로 단정하기는 어렵지만 피조물의 일정 부분이 파괴되
리라는 것만은 확실합니다. 더 심각한 것은 '배들의 삼분의 일이 깨지
더라'는 말씀입니다. 이는 자연 재앙이 인간의 희생으로까지 이어질
가능성을 말하죠. 자연이 파괴되면 인간도 피해를 입는 것이 당연하
지 않습니까. 이기고 또 이기려는 인간의 욕심 때문에 바다가 오염되
고, 화평을 자꾸 제하니까 땅은 폐허가 됩니다. 자연 재앙은 결국 인간
에게도 재앙으로 돌아옵니다.

바다는 지구 표면의 사분의 삼을 차지합니다. 인체의 사분의 삼
도 물로 이루어져 있습니다. 인체의 물은 체온을 조절하고 해독 작용
을 하여 생명을 유지하는 데 큰 역할을 합니다. 바다도 지구의 온도를
조절하고 염분이 높아 자체 정화 능력을 지니고 있습니다. 바다의 삼
분의 일이 오염되었다는 것은 그만큼 자정 능력을 상실했다는 뜻이기
도 합니다. 초대교회 당시 성도들이 이 말씀을 들었을 때 이천 년 후 바
다가 이렇게 오염되리라고 상상할 수 있었겠습니까. 그러니 하나님의
말씀을 믿음으로 받으면 우리 신간에도 좋다고 생각합니다.

체르노빌과 후쿠시마 원전사고를 겪으며 전 세계가 그야말로 무시무시한 재앙을 목도했습니다. 일본에만 원자력 발전소가 열 개가 넘는다고 하는데 끊임없이 지진이 일어나니 불안합니다. 실제로 1995년 일본 고베시와 한신 지역에서 발생한 한신·아와지 대지진은 원자력 발전소를 아슬아슬하게 비껴갔다고 하죠. 또한 2011년 동일본 대지진 후 진원지인 도호쿠 지방의 태평양 깊은 심해에서 후쿠시마 원전사고로 방출된 것으로 보이는 세슘이 검출됐다고 합니다. 세슘은 암이나 유전 장애 발병에 원인이 되는 위험성 물질입니다. 바다가 오염되고 생물이 죽는 일은 지금도 일어나고 있습니다. 또한 앞으로도 인류의 생존을 위협하는 가공할 재앙이 될 것입니다.

출애굽기에도 비슷한 재앙이 등장합니다.

"아침에 너는 바로에게로 가라…… 그에게 이르기를 히브리 사람의 하나님 여호와께서 나를 왕에게 보내어 이르시되 내 백성을 보내라 그러면 그들이 광야에서 나를 섬길 것이니라 하였으나 이제까지 네가 듣지 아니하도다…… 모세와 아론이 여호와께서 명령하신 대로 행하여 바로와 그의 신하의 목전에서 지팡이를 들어 나일강을 치니 그 물이 다 피로 변하고 나일강의 고기가 죽고 그 물에서는 악취가 나니 애굽 사람들이 나일강 물을 마시지 못하며 애굽 온 땅에는 피가 있으나…… 바로의 마음이 완악하여 그들의 말을 듣지 아니하니 여호와의 말씀과 같더라"(출 7:15~22).

여호와의 말씀대로 모세가 지팡이로 나일강을 치니 온 강물이 피로 변했습니다. 나일강에 터전을 두고 살아가는 애굽으로서는 무시

무시한 재앙이었습니다. 그런데도 바로는 마음이 완악하여 경고를 듣지 않았습니다. "우리가 전 세계를 호령하는 강대국인데 누구를 믿어? 예수를 믿으라고? 웃기네. 아무리 고난이 와도 내가 콱 죽으면 죽었지 너한테 무릎 꿇지는 않는다. 예수는 절대 안 믿어!" 하는 것입니다.

생물학자이자 옥스퍼드대학교의 명예교수인 리처드 도킨스(Richard Dawkins)는 성경의 창조론을 비웃으며 하나님과 성경을 전면으로 부정하는 책을 수차례 썼습니다. 지금까지도 그는 "신은 없다. 예수도 사람일 뿐이다"라고 주장합니다. 그가 어떤 고난을 겪었는지는 모르겠지만, 이런 사람이야말로 열 가지 재앙이 와도 안 믿는 바로가 아니겠습니까. 그런데 이런 사람들이 다 엘리트이고 세계 최고의 지성이라고 불립니다. 이 최고의 엘리트도 믿지 못하는 예수를 우리가 만났다는 것을 어떻게 생각합니까? 그런 우리야말로 가장 복되고 복된 인생 아닙니까.

• 세계 최고 지성인도 믿지 못하는 예수를 내가 만났다는 구원의 감격이 내게 있습니까?
• 내게 찾아온 고난 가운데 하나님을 인정합니까? 고난이 오면 올수록 마음이 더욱 강퍅해지는 바로와 같은 사람은 아닙니까?

세 번째 나팔 재앙은 물 재앙입니다

10 셋째 천사가 나팔을 부니 횃불같이 타는 큰 별이 하늘에서 떨어
져 강들의 삼분의 일과 여러 물샘에 떨어지니 11 이 별 이름은 쓴 쑥
이라 물의 삼분의 일이 쓴 쑥이 되매 그 물이 쓴 물이 되므로 많은
사람이 죽더라_계 8:10~11

두 번째 나팔 재앙이 바다가 파괴되는 것이라면, 세 번째 나팔 재
앙은 물이 오염되는 것입니다. 즉, 식수가 부족해지는 재앙입니다.

"그러므로 만군의 여호와 이스라엘의 하나님께서 이와 같이 말
씀하시니라 보라 내가 그들 곧 이 백성에게 쑥을 먹이며 독한 물을 마
시게 하고"(렘 9:15).

"그러므로 만군의 여호와께서 선지자에 대하여 이와 같이 말씀
하시니라 보라 내가 그들에게 쑥을 먹이며 독한 물을 마시게 하리니
이는 사악이 예루살렘 선지자들로부터 나와서 온 땅에 퍼짐이라 하
시니라"(렘 23:15).

예레미야 9장과 23장에 보면, 하나님께서 이스라엘 백성에게 쑥
을 먹이고 독한 물을 마시게 하십니다. 특별히 선지자들에게 먹이겠
다고 하시는데, 그 이유가 사악이 그들에게서 나왔기 때문입니다. 계
시록에서는 이 쑥이 하늘에서 뚝 떨어진, 횃불같이 타는 큰 별이라고
합니다. 밤하늘의 별은 영원하고 그 아름다움도 절대 변하지 않을 것
같습니다. 그런데 이 별이 하늘에서 뚝 떨어졌다고 합니다. 별의 이름

은 '쑥', 그것도 '쓴 쑥'이라고 합니다. 영원할 것만 같은 하늘의 별도 이렇게 뚝 떨어지는데 우리가 무엇을 믿겠습니까? 이 세상 무엇도 신뢰의 대상이 아니며 영원하지 않습니다. 하늘의 해도, 달도, 별도 언젠가는 떨어집니다. 하나님을 믿는 자는 '모든 것은 변한다'는 진리를 잘 알기에 매사 깨어서 준비합니다.

그런데 지도자들이 이런 진리를 듣지도, 가르치지도 않기 때문에 백성이 쑥을 먹고 독한 물을 마시는 것입니다. 지도자들에게 공평과 정의가 없기에 가책도 없이 폐수를 흘려보내고, 그 폐수가 다시 내 집으로 흘러들어 옵니다.

몇십 년 전만 해도 물을 사 먹게 될 거라고 누가 생각했겠습니까? 물을 사 먹으면서도 '혹시 이 물이 오염되지는 않았을까' 걱정합니다. 개발이라는 명목으로 아무렇지 않게 환경을 파괴하고 공해 물질을 강과 바다에 마구 버렸기 때문에 이런 사태가 일어났습니다. 바다뿐만 아니라 식수까지 오염돼서 인류의 생명을 위협하는 지경에 이른 것입니다.

과거 우리나라는 '경제 개발 5개년 계획'이라는 미명 아래 온 나라가 경제 발전을 위해 힘썼습니다. "새벽종이 울리네, 새 아침이 밝았네" 이 노래 기억하시죠? 그때부터 환경 문제를 염두에 두어야 했는데, 그런 것은 배부른 소리라며 무시했습니다. 그러다 한강에서 오염물질이 검출되자 "우리도 선진국처럼 공해 물질이 있는 나라가 되었다"면서, 드디어 산업화가 성공의 길로 가고 있다고 자축했습니다. 환경을 무시한 개발은 앞으로는 남아도 뒤로는 밑지는 장사가 되리라는 것을 모른 채 반쪽짜리 정책을 펼친 것입니다.

　이런 일들은 지금도 일어나고 있습니다. 국민을 진실로 위하는 정책, 먼 미래까지 내다보는 정책은 늘 뒷전입니다. 당장에 민심을 얻어야 하기에 자연을 훼손하는 정책들을 무분별하게 내놓습니다. 그러니 옛날에는 없던 각종 전염병과 질병이 생겨나고 기형아 출산이 사회 문제로 대두됐습니다. 삼천리금수강산을 자랑하던 나라가 이제는 공해에 물든 나라가 되어 버렸습니다.

　물의 재앙은 비단 환경 오염만을 가리키는 것은 아닙니다. 환경이 오염되고 파괴될수록 인간의 마음도 황폐해지고 오염됩니다. 쓴 쑥과 독한 물 같은 가치관들이 우리 안에 흘러들어와서 쓴 뿌리를 만듭니다. 이렇게 쓴 뿌리로 가득 찬 너와 내가 만나니 인간관계도 점점 어려워집니다. 환경과 인간은 떼려야 뗄 수 없는 관계입니다.

● 자연환경이 저절로 보전되리라고 믿으며 하나님이 주신 자연을 마구 훼손하지는 않습니까?
● 내가 무심코 받아들이는 쓴 쑥, 독한 물 같은 가치관은 무엇입니까? 그것이 쓴 뿌리가 되어 나와 나의 인간관계를 파괴시킨다는 것을 압니까?

네 번째 나팔 재앙은 흑암의 재앙입니다

　넷째 천사가 나팔을 부니 해 삼분의 일과 달 삼분의 일과 별들의 삼

246

분의 일이 타격을 받아 그 삼분의 일이 어두워지니 낮 삼분의 일은 비추임이 없고 밤도 그러하더라_계 8:12

네 번째 나팔 재앙은 출애굽기의 아홉 번째 재앙과 같습니다. 출애굽기 당시 캄캄한 흑암이 3일 동안 애굽 온 땅에 내려졌습니다(출 10:22). 빛을 잃은 흑암은 세상을 향한 심판을 상징할 뿐 아니라 이 세상의 정체가 무엇인지를 암시합니다. 즉, 이 세상의 특징이 '어둠'이라는 것입니다.

왜 하나님은 출애굽기의 열 가지 재앙과 비슷한 재앙들을 계시록에서 보여 주시는 걸까요? 이것은 이스라엘을 열 가지 재앙에서 구원하셨듯 로마의 핍박에서도 구원하시겠다는 표시입니다. 이스라엘 백성이 재앙 가운데서 철저히 보호 받은 것처럼, 언제나 주의 백성을 철저히 보호하시겠다는 의미입니다. 출애굽기의 열 가지 재앙은 애굽과 바로를, 계시록 시대의 나팔 재앙은 로마와 황제를 심판하기 위함입니다. 이처럼 주님은 세상 세력은 반드시 무너진다고 끊임없이 말씀하십니다.

그러므로 요한계시록은 결코 무서운 책이 아닙니다. 고난 중에 있는 성도들을 위로하고자 주신 책입니다. '나의 백성을 끝까지 지키겠다'는 하나님의 사랑과 약속이 담긴 책입니다. 그런데도 계시록 읽기가 두렵습니까? 여전히 내가 세상에 속한 자이기에 그렇습니다. 계시록이 사랑과 위로의 말씀으로 다가오지 않는다면 구원의 확신을 점검해 보기 바랍니다. "나는 요한계시록이 너무 어려워요" 하는 말은

"나는 구원의 확신이 너무 부족해요" 하는 말과 같습니다. "요한계시록에서 말하는 재앙이 너무 무서워" 하는 것은 "나는 예수가 잘 안 믿어져" 하는 것과 같습니다. "믿는 사람은 성령의 기름칠이 되어서 물 가운데로 지나고 불 가운데로 다녀도 절대 상하지 않는다"라는 이야기를 이 계시록이 하고 있는 겁니다. 그러니 두려운 말씀이 아닙니다.

출애굽기 12장 29절부터 31절까지 보면, 밤중에 모든 장자가 죽임당하는 재앙이 애굽 전역에 임합니다. 하나님이 예고하고 또 예고하셨던 열 가지 재앙에서 이제 마지막 재앙입니다. 그야말로 손쓸 방법이 없는 밤입니다. 도망갈 길이 없는 밤입니다. 이런 밤이 올 것을 대비해서 우리도 바로 같은 남편, 바로 같은 자녀에게 심판의 소식을 끊임없이 전해야 합니다. 그들이 "나는 못 들었다"고 이야기하지 않도록 전하고, 전하고 또 전해 두어야 합니다.

생사가 오가는 급박한 상황에서 제 남편이 어떻게 하루 만에 주님을 영접할 수 있었겠습니까? 목숨을 걸고 주일을 지키는 아내를 보면서, 어디를 가든 꼭 예배드리고 언제나 성경을 보는 아내를 보면서 '저 사람이 나에게 잘하는 이유가 예수와 말씀 때문이구나' 저절로 깨달아졌기 때문입니다.

저는 때를 얻든지 못 얻든지 남편에게 말씀을 늘 전했습니다. 절대 언성을 높이지도 않았습니다. 남편이 뭐라고 하면 조용히 빠졌다가 다시 조심히 치고 들어가고, 이렇게 치고 빠지고를 반복하면서 말씀을 전했습니다. 욕을 하면 쑥 빠졌다가 때를 보고서 쑥 들어갔습니다. 남편의 병원에서도 열심히 복음을 전했습니다. 형편이 어려운 산모에게는 병원비를 깎아 주면서까지 말씀을 전했습니다. 남편이 "왜 맨날 병원비는 깎아 주고 난리야, 절대 병실에 들어오지 마!" 하면 "알았어요" 하면서 또 빠졌다가, 다시 몰래 병실에 들어가 말씀을 전했습니다. 모두가 자기 이익을 구하지, 남편이 병원장인데 맨날 환자 병원비 깎아 달라는 부인이 어디 있겠습니까. 그러나 이런 저의 진심이 통했기 때문에 남편이 마지막에 "예수 이름으로 천국 간다"라는 고백을 할 수 있었습니다.

말씀은 이렇게 전해 놓아야 합니다. "저 인간은 들을 사람이 아니니까 말할 필요도 없어!" 이러면 안 됩니다. 앞에서 이야기한 집사님도 늘 말씀과 기도로 준비해 왔기에 아들이 복음을 영접하지 않았겠습니까. 교통사고로 분초를 다투는 때에 집사님은 아들에게 얼른 복음부터 제시했습니다. '이때가 구원 받을 때'라는 구원을 향한 갈급함이 없었다면, 그 위급한 상황에서 복음을 전할 생각을 어떻게 할 수 있었겠습니까. 그러니 늘 준비되어 있어야 합니다. 끊임없이 말씀을 전해 놓아야 하고, 말씀을 들었을 때 돌이켜야 합니다. 나중에 "나는 몰랐어. 정말 몰랐어" 해 봐야 이미 때는 늦습니다.

하나님이 아홉 번이나 재앙을 예고하셔도 바로는 말씀을 듣지 않았습니다. 이스라엘 백성을 보내지 않았습니다. 애굽 백성도 오직 바로의 말만 들었습니다. 우리가 누구의 말에 순종하는가, 누구의 아들로 자리매김하는가가 '심판이냐, 구원이냐'를 가릅니다.

결국 하나님은 애굽을 치셨습니다. 그리고 "그 밤에 바로와 그 모든 신하와 모든 애굽 사람이 일어나고 애굽에 큰 부르짖음이 있었으니 이는 그 나라에 죽임을 당하지 아니한 집이 하나도 없었음이었더라"고 합니다(출 12:30). 아홉 가지 재앙을 겪고도 망하지 않고 그럭저럭 사는 것 같으니 애굽은 간절함이 없었습니다. 바로도 자신이 가진 돈과 권력만 의지하기에 아홉 가지 재앙에도 이스라엘을 보내지 않았습니다. "낙타가 바늘귀로 들어가는 것이 부자가 하나님의 나라에 들어가는 것보다 쉬우니라" 하신 예수님의 말씀처럼, 돈 있고 힘이 있으니 아무리 망해도 자기 몸을 치기 전까지 돌아오지 않습니다(마 19:24). 그래서 하나님이 자기 몸처럼 사랑하는 맏아들을 치신 것입니다. 이 재앙까지 와야 애굽과 바로가 크게 부르짖습니다.

같은 날 밤, 이스라엘에게도 똑같은 재앙이 찾아왔습니다. 그러나 그들은 'pass over'(유월逾越) 합니다. 하나님께서 미리 알려 주신 대로 문설주와 문 인방에 어린 양의 피를 발랐기 때문에 그들은 안전했습니다. 복음은 장차 받을 환난이지만 자기 백성에게는 고난을 통과할 길을 알리시는 주님입니다.

재앙은 누구에게나 옵니다. 누구나 고난을 겪습니다. 병에 걸릴 수도 있고, 자녀가 대학에 떨어질 수도 있고, 부도가 날 수도 있고, 배우자가 바람을 피울 수도 있습니다. 하지만 같은 상황이라도 반응은 각각 다릅니다. 잘 먹고 잘살던 애굽에게는 재앙이 큰 부르짖음의 사건이 되었지만, 성도는 결정적인 순간에 'pass over' 합니다. 도망갈 길이 없는 그 밤에도 무조건 'pass over' 합니다.

하나님은 공의로우신 분입니다. 얼마나 오래 참으시고 끊임없이 예고하시면서 우리에게 사건을 주시는지 모릅니다. 이스라엘이 바벨론에 사로잡힐 때도 세 차례에 걸쳐서 끌려갈 것을 예고하셨고, 포로생활에서 회복될 때도 세 차례에 걸쳐서 돌아올 것을 예고하셨습니다. 우리 인생에 우연히 오는 사건은 없습니다. 이 시점에서 바로가 사랑의 하나님만 부르짖으면서 "어떻게 우리 아들을 데려가실 수 있느냐!" 할 수 있습니까? 그동안 하나님이 얼마나 수차례 재앙을 예고하셨습니까. 예수 믿는 사람에게 "나는 몰랐어, 정말 몰랐어" 할 일이 하나도 없습니다.

애굽 백성은 끼리끼리 잘 먹고 잘살며 하나님과 모세의 말을 듣지 않았습니다. 오늘날도 마찬가지입니다. 잘사는 사람끼리, 잘나가는 사람끼리, 우등생들끼리…… 이렇게 끼리끼리 모여 교회에 다니다가 지옥도 같이 갑니다. 바로와 애굽 백성도 다 같이 홍해에 빠져 죽게 되지 않았습니까? 그래서 하나님이 라오디게아 교회와 사데 교회를 향해 "차지도 뜨겁지도 아니한 교회, 살았으나 죽은 자만 있는 교회"라고 야단치지 않으셨습니까? 경고를 무시하다가 나중에 일이 벌어지고 난 뒤에 "하나님, 너무해요. 이럴 줄 몰랐습니다" 해서야 되겠습니까?

모세 한 사람, 바로 한 사람으로 인해 백성의 운명이 달라지고 집안의 운명이 달라졌습니다. 한 사람이 중요합니다. 바로 때문에 온 애굽이 큰 부르짖음으로 가득합니다. 그래서 지도자를 뽑을 때도 무엇보다 '예수 씨'를 보아야 합니다. 그런데 우리는 정치나 경제, 사회와 문화의 문제를 예수님과 분리해서 생각합니다. 만약 바로와 모세가 이 시대 경선에 나온다면 여러분은 누구를 뽑겠습니까? 경력이 풍부한 바로가 따 놓은 당상 아닐까요? 바로는 로열패밀리에 외모도 멋있잖아요. 하지만 이 세상 어떤 일도 예수님과 관계없는 일은 없습니다. 모든 것이 일원론입니다. 어떤 분야에서 어떤 결정을 하든지 우리는 예수 씨를 선택해야 합니다.

잘 먹고 잘사는 것이 인생의 목적이 아닙니다. 한국이 잘살게 되면서 이혼율, 자살률이 높아졌습니다. 발전을 거듭할수록 환경오염도 심각해져 기형아 출산율도 높아졌습니다. 그러니 우리가 잘 먹고 잘사는 것에만 기준을 두고 사람을 뽑아서는 안 됩니다. 인기 있는 지도자라고 나라를 훗날까지 잘 이끌어 간다는 보장이 있습니까? 믿는 우리는 구원하심이 오직 하나님과 어린 양에게 있음을 기억하면서, 결혼도 취업도 지도자를 뽑는 일에도 예수 씨를 보아야 합니다.

속설이지만 김일성이 생전 마지막 일주일 동안 찬송가를 부르다 갔다는 이야기를 들었습니다. 만일 그것이 사실이라면 여러분은 어떻습니까? '그 어머니가 신앙이 좋았다고 하더니 죽기 전에 하나님을 찬양했구나. 북한에도 소망이 있구나' 할 수 있습니까? 이것이 믿음의 반응입니다. '아니, 그 인간을 천국에서 만난다고? 그렇게 악랄한 사람이 천국을 가다니 말도 안 돼!' 하는 것은 오직 믿음으로 사는 자의 태도가 아닙니다. 주님의 자녀인 우리는 모든 것을 구속사적으로 해석할 수 있어야 합니다. 매사를 오직 구원에 초점을 두면서 믿음으로 보고 듣고 해석하는 구속사적 시각을 가져야 합니다.

- 복음은 장차 받을 환난임을 알고 하나님의 말씀에 귀 기울이며 고난의 때에도 'pass over'를 경험하고 있습니까?
- 때를 얻든지 못 얻든지 바로 같은 가족에게 늘 말씀을 전하고 있습니까?

오직 믿음으로 하나님의 사랑을 느껴야 합니다

일곱 나팔을 가진 일곱 천사가 나팔 불기를 준비하더라_계 8:6

앞에 8장 2절에서는 '일곱 천사가 나팔을 받았더라'고 했는데, 6절에서는 '나팔 불기를 준비하더라'고 합니다. 그리고 7절에서야 나팔을 붑니다. 천사가 나팔을 받고 불기까지 무려 다섯 절이 걸립니다. 아무리 애굽과 바로라도, 말씀에 귀를 막은 세상이라도 이처럼 하나님은 기다리고 또 기다려 주십니다. 그러니 심판의 하나님이 아니라 사랑의 하나님입니다. 우리로 심판당하지 않고 조금이라도 더 돌아오게 하고자 끊임없이 기다리십니다.

넷째 천사가 나팔을 부니 해 삼분의 일과 달 삼분의 일과 별들의 삼분의 일이 타격을 받아 그 삼분의 일이 어두워지니 낮 삼분의 일은 비추임이 없고 밤도 그러하더라_계 8:12

일곱 인 재앙에서 일곱 나팔 재앙, 일곱 대접 재앙으로 가면서 심판의 규모도 점점 커집니다. 7절에서부터 땅의 삼분의 일, 수목의 삼분의 일, 바다의 삼분의 일, 바다 생물의 삼분의 일, 강들의 삼분의 일, 물의 삼분의 일이 재앙을 맞고, 이제는 해, 달, 별의 삼분의 일이 타격을 받습니다. 인 재앙은 사분의 일에서 시작했는데 점점 재앙의 강도가 강해지고 있습니다(계 6:8).

그러나 아직 끝은 아닙니다. 아직 삼분의 이가 남지 않았습니까? 하나님이 애굽에 재앙을 내리실 때 3일 동안 애굽에 큰 부르짖음이 있었다고 하지만, 재앙의 범위를 정해 두지는 않으셨습니다. 그런데 계시록에서는 삼분의 일만 타격을 받는다고 합니다. 즉, 주님은 지금 회복의 메시지를 주시는 것입니다. "너희 가운데 삼분의 일만 심판했다. 삼분의 이는 남겨 두었다. 아직 마지막이 아니다!" 말씀하십니다.

악의 세력에 심판이 임하는 날까지 하나님의 백성은 이 땅에서 신음하며 살아갈 수밖에 없습니다. 애굽에 열 가지 재앙이 임했을 때도 그랬습니다. 이 땅에서 애굽과 같이 살고 있기에 이스라엘도 함께 재앙을 받을 수밖에 없었습니다. 그러나 주님은 자신의 백성은 늘 눈동자같이 지키시고 결코 멸망하지 않도록 호위하십니다. 어떤 재앙은 애굽에만 임하기도 했지만, 같이 재앙을 받아야 할 때는 주님이 이스라엘을 지키사 머리털 하나 다치지 않도록 보호하셨습니다.

그러니 재앙을 혼자 받든지 같이 받든지 예수 믿는 한 사람이 있다면 그 가정에 소망이 있는 줄 믿습니다. 무너질 듯 망할 듯 위태로워도 한 나라가 또 한 해를 버틸 수 있는 것도 그곳에 하나님께서 보호하시는 한 사람이 있기 때문입니다. 그러므로 이런 하나님의 보호하심을 받는 나는 내 약재료를 가지고 애굽 같은 세상을 향해 나아가야 합니다. 영혼 구원에 힘써야 합니다. 내 하나님 성전에 기둥이 되어야 합니다(계 3:12). 모세도 그랬습니다. 아침마다 나일강 신에게 열심히 제사하는 바로를 향해 담대히 나아갔습니다(출 7:15). 아침마다 사탄과 정면으로 대결했습니다. 하나님의 지팡이를 손에 잡고 열심히 영적 전쟁을 치렀습니다.

바로처럼 모든 것을 갖추어도 예수를 모르는 인생의 결론은 '허무'입니다. 그 허무가 내적으로 나타나면 문학이 되고, 외적으로 드러나면 폭력이 되는 것이죠. 히틀러같이 허무를 폭력성으로 드러내는 사람이 있는가 하면, 헤밍웨이처럼 대단한 문학작품을 남기기도 합니다. 그러나 대문호 헤밍웨이도 결국 자살로 생을 마감하지 않았습니까? 주님을 만나지 못하면 인생은 그저 허무입니다. 허무는 오늘 내가 의지하는 지팡이가 하나님의 지팡이에 잡아먹혀야 끝납니다.

그러므로 우리도 모세처럼 하나님이 주신 지팡이를 들고 세상으로 나가야 합니다. 내 가정에, 이 나라에, 전 세계에 나가서 하나님의 지팡이로 우상 지팡이를 삼키는 그 사명이 우리에게 있습니다. 그러려면 먼저 내 삶이 하나님의 지팡이에 붙들려야 합니다. 돈과 학벌, 명예, 외모에 치우쳐 있는 나의 가치관이 하나님의 지팡이에 잡아먹히게 해 달라고 기도해야 합니다. 내 삶의 허무의 문제가 끝나야 전도도, 선교도 할 줄 믿습니다.

이제는 천국으로 가신 탤런트 김자옥 씨의 간증입니다.

그녀는 어려서부터 예쁘고 고와서 늘 선망의 대상이었지만 인생이 허무하게 느껴졌습니다. 아버지는 가정에 무관심하고 어머니와 늘 극심하게 싸우셨는데 그 영향으로 그녀는 우울증을 심하게 앓았습니다. 배우로 유명해져서 인정을 받아도 마음의 허무감은 더 깊어져만 갔습니다. 그래도 어린 시절 미션스쿨을 다니며 들은 말씀이 있어 자살은 무서워서 못 했습니다. 유명한 점쟁이에게 찾아가 팔자를 고쳐 보려고도 하고 행복을 꿈꾸며 결혼도 했지만 얼마 되지 않아 이혼하고 정신병원에 입원했습니다. 그녀보다 예쁘고 똑똑했던 큰언니도 우울증을 앓다가 결국 자살을 택하고 말았습니다. 이에 큰 충격을 받은 그녀는 모든 저주를 끊고자 교회에 나가게 됐습니다.

이후 그녀는 하나님을 깊이 만나 주님의 자녀 된 기쁨을 누렸습니다. 그 구원의 감격으로 부모님을 전도했지만 두 분은 교회에서도 심하게 싸우며 아래층, 위층 예배를 따로 드렸습니다. 그러다 아버지가 먼저 돌아가시고 어머니도 암 선고를 받았습니다. 자옥 씨는 예수 믿는 사람으로서 제발 아버지를 용서하라고 어머니를 끊임없이 권면했습니다. 딸의 간곡한 부탁 때문이었을까요? 마지막에 어머니도 "네 아버지를 용서한다"고 고백하며 돌아가셨답니다.

어머니의 장례식 날 그녀는 꿈속에서 부모님이 화해하시는 장면을 보았습니다. 그녀는 이것이 하나님의 선물로 느껴져서 말할 수 없이 감사했습니다. 그러더니 나이 오십에 〈공주는 외로워〉라는 노래로 가수 데뷔를 하여 크게 성공했습니다. 자옥 씨는 별 볼 일 없고 비천한 죄인인 자신을 모두가 "공주"라고 불러 준다며, 하나님 나라에서도 공주로 불릴 것을 믿는다고 간증했습니다.

이렇게 예쁘고 부와 명예를 모두 가진 사람도 인생이 허무했다고 합니다. 그렇습니다. 별 인생이 없습니다. 인생은 허무합니다. 하나님을 만나지 않고는 허무의 문제가 해결될 수 없기에 내가 의지하는 지팡이들이 모두 하나님의 지팡이에 잡아먹혀야 합니다.

죽고 싶은 적 한번 없는 사람이 어디 있겠습니까? "나는 인생이 전혀 허무하지 않아요" 하는 사람 있으면 손들어 보십시오. 그런 사람이야말로 정말 문제가 있는 것 아니겠습니까? 어떻게 살면서 허무함을 느끼지 못할 수 있습니까? 그러면서 인생을 논할 수 있습니까? 이세상이 이렇게 악하고 음란한데 말입니다.

제아무리 애굽의 바로라도, 로마의 도미티아누스 황제일지라도 별 인생 없습니다. 이 땅에서는 떵떵거리며 살았을지 몰라도 예수 믿지 않고 죽으면 기다리는 것은 지옥뿐입니다. 이 세상에 부러울 것이 뭐가 있습니까? 다시 말하지만 별 인생 없습니다. 구원과 심판, 두 갈림길뿐입니다. 애굽은 심판이지만, 믿는 우리는 구원입니다. 오직 믿음으로 구원에 이를 줄 믿습니다.

아프리카 니제르에서 사역하는 한 선교사님이 제게 메일을 보내셨습니다.

우리들교회 성도들이 말씀을 삶에 적용하는 것을 보면서 이곳 선교지에도 그런 일이 일어나기를 언제나 소망해 봅니다. 최근에 데이비드 플랫(David Platt)의 책 『래디컬(Radical)』을 읽었는데 사랑의 하나님으로만 전락해 버린 오늘날의 많은 기독교의 가르침과 달라서 무척 놀랍고 감사했습니다. 그런데 저자는 책 제목답게 복음이 필요한 지역으로 당장에 떠나야 함을 강조하더군요. 성공 신화를 좇으며 안주하는 그리스도인들에게 도전되는 말씀이기는 합니다. 그러나 저는 여전한 방식으로 큐티하고 생활예배 잘 드리고 힘든 식구들 곁에서 말씀을 적용하며 살라는 우리들교회의 가르침이야말로 실제적인 래디컬이라고 생각합니다.

선교사로서 '모두가 선교에 나가야 한다'라고 부르짖지 않고 우리들교회의 가르침이야말로 진정한 래디컬 신앙이라고 증거해 주시니 더 감사하고 신뢰가 됩니다. 사람이 말씀으로 뿌리를 내리면 이렇게 한마디에도 무게감이 실립니다. 이 땅에 사는 모든 성도도 세상의 죽어 가는 영혼들에게 한마디만으로 신뢰를 얻을 수 있기를 소망합니다.

세상은 곳곳에 재앙이 가득합니다. 그러나 하나님은 그런 재앙 가운데서 우리를 건져 주겠다고 하십니다. 땅과 바다와 물과 흑암의 재앙에서 건져 주겠다고 하십니다. 삼분의 일만 심판하시겠다는 하나님의 사랑을 기억하기 바랍니다. 내 가족이 받을 심판을 생각하기 바랍니다. 아직 많은 민족이 하나님을 모릅니다. 많은 나라가 심판을 향해서 갑니다. 우리 모두가 하나님 나라의 기둥이 되어서 이렇듯 멸망에 놓인 사람들을 살려 내기를 바랍니다.

- 하나님을 믿는 나 한 사람으로 인해 우리 가정에 소망이 있다는 사실을 믿습니까? 믿지 않는 가족과 이웃의 구원을 위해 내 약재료를 가지고 나아가고 있습니까?
- 별 인생이 없음을 인정합니까? 내 인생의 허무의 문제를 해결하기 위해 하나님의 지팡이에 잡아먹혀야 할 세상 지팡이는 무엇입니까?

우리들 묵상과 적용

남편과 이혼하며 11년간 아이들과 떨어져 지냈습니다. 오랜 시간 부재중 엄마였기에 아이들은 제게 배워야 할 것을 제때 배우지 못했습니다. 큰아이는 규칙에 대한 개념이 없어 아침에 느긋이 일어나 느긋하게 샤워하고 느긋한 아침을 먹다가 학교에 매일 지각하며 저를 애타게 합니다. 그리고 외출을 한번 하면 정신줄을 놓고 귀가 시간을 훌쩍 넘겨 저의 화를 돋웁니다. 작은아이는 편하게 내버려 두면 자신에게 관심이 없다 불평하고, 관심을 가지면 간섭한다고 싫어합니다. 아이의 요구를 들어주다 보면 밑 빠진 독에 물을 붓는 것같이 진이 빠집니다. 너무도 그리웠던 아이들과 다시 만나 서로 사랑만 하며 살 줄 알았는데, 남편과 재결합하고 온 가족이 함께 모여 사니 매일 싸우고 미워합니다. '이휴, 저린 길 왜 낳았나' 하는 생각이 들어 재결합의 감사함도 날아가곤 했습니다.

저와 아이들의 갈등 이면에는 하나라도 더 가르쳐 보려 안달하는 저의 불안한 마음이 있습니다. 아이들이 "부모에게 제대로 못 배웠다"는 소리를 들을까 두렵습니다. 저조차 부모의 이혼으로 상처 입고 깨진 자녀의 모습을 보듬지 못하고 '삼분의 일이 깨어졌다'고 신음합니다(계 8:7~9). 이혼으로 집에 두고 나온 아이들에 대한 그리움과 죄책감 때문에 제 삶의 모든 것이 불살라지고 황폐했던 시절, 하나님은 이

260

요한계시록 말씀으로 "아직 삼분의 이나 남겨 두었다"고 하셨습니다. 그리고 이렇게 아이들과 함께 살게 해 주시고 가능성과 여지를 주셨는데, 저는 스스로 정죄하고 아이들의 상처만을 묵상하며 남겨 주신 것을 보지 못했습니다. 자녀와의 전쟁을 겪으며 주님의 징계를 인정하지 않고 자식만큼은 온전하기를 바라는 변하지 않는 저의 교만과 욕심을 깨닫습니다.

이혼이라는 불순종의 결과로 하나님이 나팔 심판을 허락하시고, 바다와 땅을 터전으로 하는 가정과 그 가정에 거하는 자녀의 삼분의 일이 깨지는 징계가 왔습니다. 그러나 이 징계의 사건은 제가 주님께 돌이켜 제 죄를 회개하며 예배를 회복하고 엄마의 자리로 돌아가는 사건이 되었습니다. 제 죄를 회개함으로 남은 삼분의 이를 볼 수 있게 해 주신 주님께 감사드립니다. 전부를 불사르셔도 마땅한 죄인에게 긍휼을 베푸셔서 삼분의 이나 남겨 주신 하나님의 은혜를 기억하며 자녀들 또한 자신의 불완전한 삼분의 일을 통해 하나님을 만나기를 기도합니다.

영혼의 기도

하나님 아버지, 이 땅은 망할 수밖에 없다고 말씀하시니 가슴이 철렁합니다. 여전히 이기고 이기려는 인간의 욕심과 불신앙 때문에 땅과 바다와 물의 재앙이 온다고 하십니다. 오직 믿음으로 바라보면 요동할 일이 하나도 없는데, 아직도 우리가 세상에 속한 부분이 너무 많기에 이렇게 가슴이 철렁합니다.

주님을 모르면 인생은 허무할 뿐인데, 우리는 돈과 학벌이, 명예와 외모가 나를 구원해 줄 것만 같아서 여전히 세상 지팡이를 의지합니다. 이런 저희를 불쌍히 여겨 주시옵소서. 이 땅에서 나의 세상에 속한 부분을 다 심판 받기 원합니다. 먼저 내 인생의 허무의 문제부터 해결 받기를 원합니다. 내가 의지하는 모든 세상 지팡이가 하나님의 지팡이에 의해 삼켜지게 하옵소서. 그래서 마침내 우리가 천국에 입성하기를 원합니다. 하나님은 어떤 경우에도 택한 백성을 구원하고 지키실 줄 믿습니다. 오직 믿음으로 모든 것을 이기며 나아가게 하옵소서.

또한 하나님의 지팡이를 가지고 나의 가정으로, 이 나라로, 전 세계로 나아가는 우리가 되게 하옵소서. 우리의 선교의 지경이 넓어지게 하옵소서. 이 땅에 모든 아버지와 어머니의 사역, 집사님의 사역, 목사님의 사역 위에 하나님이 기름 부어 주옵소서. 교회 공동체에서 수많은 성도가 살아나고, 나의 가족이 살아나며, 나의 친척들이 살아나게 해 주옵소서. 우리 모두가 하나님 나라의 기둥이 되도록, 모든 사람을 살릴 수 있는 생명줄이 되도록 축복 위에 축복을 내려 주옵소서. 예수님 이름으로 기도드립니다. 아멘.

참 왕의 권세

요한계시록 8장 13절~9장 11절

09

하나님 아버지, 우리가 지옥의 권세에서 벗어나
참 왕의 권세를 누리기 원합니다.
말씀해 주시옵소서. 듣겠습니다.

◇◆◇

어느 인터넷 사이트에서 건강 상태, 키, 몸무게 등을 입력하면 임종 날짜를 알려 준다기에 저도 한번 해 봤습니다. 제 임종 날짜는 2030년 7월 18일이라고 하더군요. 물론 재미로 해 본 것이니 그 날짜에 크게 신경 쓰지는 않습니다.

많은 사람이 죽음을 두려워합니다. 그러다 보니 이런 인터넷 사이트에 사람들이 모여드는 것이겠지요. 그런데 '언제 죽을까'라는 문제보다 더 중요한 것이 있습니다. 바로 "죽으면 어디로 갈 것인가"라는 문제입니다. 이것을 정확히 알고 있다면 죽음이 언제 오든 무엇이 두렵겠습니까. 우리가 죽음의 권세를 무서워하는 것은 그다음을 모르기 때문입니다.

제가 이 본문 설교를 준비하면서 많이 아팠습니다. 앉지도 서지도 못할 만큼 몸살이 심해서 "주여" 하는 말이 저절로 입 밖으로 나왔습니다. 그런데 그렇게 아프고 나니까 몸이 아픈 사람들의 마음을 체휼하게 되었습니다. 고통 중에 있는 이들을 공감하게 되었습니다.

마찬가지로 영육으로 지옥을 확실히 경험한 사람은 어떤 방법을 쓰든지 지옥이 있다는 사실을 많은 사람에게 알려 주고자 할 것입니다. 자기가 지옥 길을 걸어 봤으니 아직도 그 속에 있는 사람을 보면 같이 가슴 아파할 것이고, 아직 지옥을 모르나 그 길을 향해 가는 사람

참 왕의 권세   265

이 보이면 가지 못하게 뜯어말릴 것입니다. "거기는 절대 가면 안 된다. 내가 가 봐서 안다!" 하면서요.

하나님은 우리 인생들을 지극히 사랑하시기에 우리가 지옥으로 가는 것을 어떻게 해서든 뜯어말리십니다. 우리를 한 사람도 빼놓지 않고 구원하시기 위하여 모든 방법을 총동원하셔서 지옥이 있다는 것을 알려 주십니다.

만약 인간이 심판과 지옥이 있다는 것을 확실히 안다면 하나님을 그리 부인하지는 않을 것입니다. 그래서 성경은 지옥이 있다는 것을 알려 주는 데 주안점을 둡니다. 지옥이 있어야 천국도 있는 것 아니겠습니까? 모두를 천국으로 인도하기 위해 우리도 끊임없이 심판과 지옥 이야기를 들려주어야 합니다.

제가 지옥에 대해 설교하면 어떤 사람은 "긍정적인 이야기도 많은데 왜 하필 그런 부정적인 설교를 하느냐"고 합니다. 긍정의 힘, 좋습니다. 그런데 어떻게 맨날 긍정적인 이야기만 합니까? 듣기 좋은 이야기만 하는 것은 어렵지 않지요. 중요한 것은 '진리'입니다. 지옥 이야기가 부정적으로 들릴는지는 몰라도, 참 왕이신 주님의 권세를 인정하지 않으면 지옥의 권세가 우리 삶에 영향을 끼칠 수밖에 없습니다. 이것이 바로 진리입니다. 그래서 우리는 참 왕의 권세를 알아야 하고, 그러려면 먼저 지옥의 권세를 알아야 합니다. 본문에서 무저갱, 즉 지옥에도 왕이 있다고 합니다(계 9:11). 이 지옥 왕이 가진 권세가 무엇입니까?

지옥 왕의 권세는 네 가지로 나타납니다

첫째, 화, 화, 화가 있습니다.

내가 또 보고 들으니 공중에 날아가는 독수리가 큰 소리로 이르되 땅에 사는 자들에게 화, 화, 화가 있으리니 이는 세 천사들이 불어야 할 나팔 소리가 남아 있음이로다 하더라_계 8:13

지금까지 하나님이 인 재앙과 네 가지 나팔 재앙을 보여 주셨습니다. 그래도 안 되니까 이제는 가장 무서운 사탄에 속한 재앙을 예고하십니다. 땅에 사는 자들이 '화, 화, 화'가 있는 인생이 되는 것은 시간문제라고 하십니다.

그런데 앞으로 있을 세 가지 재앙을 '독수리'가 선포합니다. 독수리의 특징이 무엇입니까? 독수리는 주검이 있는 곳에 모이는 새입니다. 이 말씀은 인 재앙, 나팔 재앙에도 끝까지 항복하지 않는 자는 결국 독수리 밥이 될 것이라는 예고입니다. 이스라엘을 향해 "너희가 그토록 무서워하는 로마 황제도 결국 독수리 밥이 될 것이다" 말씀하시는 것입니다. 그런데 이 사실을 로마가 알면 안 되니까 이렇게 상징적으로 썼습니다.

로마 황제나 로마뿐 아니라 이 땅에 사는 자들에게 주어질 것은 '화(禍)'입니다. 그래도 하나님이 세상을 사랑하시므로 세 천사가 불어야 할 나팔 소리를 남겨 두십니다. "너희에게 재앙이 기다리고 있다.

돌아오라. 무서운 독수리가 예고한다" 하면서 화가 임할 것을 경고하십니다. 그러니 이것은 재앙의 말씀이라기보다 사랑의 메시지입니다. "너 지금 돌아오지 않으면 갈 곳은 지옥밖에 없다. 돌아와라! 지옥은 가면 안 된다!" 이 이야기를 하시는 겁니다. 모두 지옥 가지 말고 돌아오기를 바랍니다. 허튼소리, 예수님 부인하는 말 좀 그만하고 이제는 회개하기를 바랍니다.

• 아직도 '화, 화, 화'밖에 없는 땅의 것을 보며 부러워하고 두려워하고 있습니까?

둘째, 하늘에서 떨어진 별로 시작합니다.

다섯째 천사가 나팔을 불매 내가 보니 하늘에서 땅에 떨어진 별 하나가 있는데 그가 무저갱의 열쇠를 받았더라_계 9:1

하나님은 인 재앙을 예고하시면서 다섯째 인이 떨어졌을 때 하늘의 순교자를 보여 주셨습니다(계 6:9~11). 그런데 나팔 재앙에서는 다섯째 천사가 나팔을 불자 무저갱 환상을 보이십니다. 무저갱은 끝이 없는 구렁, 한계가 없는 고난, 곧 지옥을 의미합니다. 인 재앙에서는 천국을 보여 주시고, 나팔 재앙에서는 지옥을 보여 주십니다. 이것이 무엇을 의미합니까? 천국과 지옥은 반드시 있다는 것입니다.

저는 불 끓는 가마 속에 들어가 보지는 않았지만, 지옥이 있다는 것을 확실히 압니다. '아, 지옥이 있다면 이렇겠구나' 제 인생을 통해 경험해 봤기에 그렇습니다. 살면서 지옥을 경험한 것이 제 삶에서 가장 큰 축복이라고 생각합니다. 만약 제가 지옥을 겪어 보지 못했다면 어떻게 천국을 사모할 수 있었겠습니까? 천국과 지옥이 안 믿어졌을 것입니다.

'하늘에서 땅에 떨어진 별' 하면 벌써 사탄의 모습이 떠오릅니다. 그 별이 무저갱의 열쇠를 받았다고 합니다. 그런데 앞에서 예수님이 소아시아 교회들에 자신을 소개할 때 뭐라고 하셨죠? '새벽 별'이요, '다윗의 열쇠를 가지신 이'라고 하셨습니다(계 2:28; 3:7). 그러니까 지금 사탄이 무저갱의 열쇠를 들고 예수님 흉내를 내고 있는 겁니다.

지난 8장 11절에 하늘에서 떨어진 별의 이름이 '쓴 쑥'이라고 했습니다. 이 쑥은 물맛을 쓰게 해서 많은 사람을 죽게 만듭니다. 그러니 이 별은 결코 그리스도가 아닙니다. 하늘에서 떨어져서 우러러보았는데 결국 사람을 죽게 만드는 별입니다.

로마 황제나 애굽의 바로가 그야말로 하늘의 별 같은 권세자 아닙니까? 사람들이 얼마나 그들을 우러러보았습니까? 그러나 우리 눈에는 하늘의 권세 같아 보여도, 그 실체는 '하늘에서 떨어진 별'이라고 주님이 말씀하십니다. 하나님을 대적하고 제 뜻대로 날뛰면서 권세를 휘두르는 그들은, 아무리 세상의 추앙을 받아도 결국 하늘에서 떨어진 별일 뿐입니다. 무저갱의 사자, 지옥의 사자일 뿐입니다. 참 권세가 아닙니다. 그들도 참 왕의 권세 아래 있습니다.

그러니 당시 핍박 받던 그리스도인들에게 이 말씀이 얼마나 위로요, 소망이 되었겠습니까? "너희는 로마 황제를 무서워하지 마라. 자기가 아무리 잘나서 날고뛰어도 결국 하늘에서 떨어진 별이다. 지옥의 사자다" 하시니 말입니다. 영광이 클수록 형벌도 큽니다. 무저갱은 밑이 없는 구렁이라고 했습니다. 끝없는 고난입니다. 날개도 없이 떨어집니다.

여러분은 어떻습니까? 자칭 별이라고 큰소리치면서 살아왔는데, 지금 떨어지고 있습니까? 이미 떨어졌습니까? 누구나 그렇습니다. 내가 별이라고 착각하는 순간부터 지옥의 고통이 시작됩니다. 이기고 또 이기려고 하면서 스스로를 별로 여기니 끝도 없이 추락하는 것입니다.

• '내가 하늘의 별인데 어쩌다가 이렇게 되었는가?', '내가 왕년에 잘나가던 누구인데 어떻게 추락했는가?' 하며 지옥을 살지는 않습니까?

셋째, 가치관이 무너지는 혼돈으로 찾아옵니다.

그가 무저갱을 여니 그 구멍에서 큰 화덕의 연기 같은 연기가 올라오매 해와 공기가 그 구멍의 연기로 말미암아 어두워지며 _계 9:2

하늘에서 떨어진 별이 무저갱을 여니 큰 화덕의 연기가 올라옵니다. 그러자 해와 공기가 연기로 어두워집니다. 떨어진 별이 되니 내 인생에 해같이 빛나던 모든 것이 맥을 못 추고 무너집니다. 지옥의 권세가 임하여 하루아침에 슬픔과 허무와 거짓 사상이 연기처럼 나를 어둡게 합니다. 모든 가치관이 흔들리고 눈앞이 캄캄해집니다. 갑작스러운 혼돈에 빠져 뭐가 뭔지 분별이 안 됩니다. 별 인생이 있는 줄 알고 스타 탄생을 꿈꿨지만, 떨어진 별이 되고 보니 슬픔과 허무의 연기만이 자욱해 암흑 속에서 살아갑니다.

야고보서 4장에 "들으라 너희 중에 말하기를 오늘이나 내일이나 우리가 어떤 도시에 가서 거기서 일 년을 머물며 장사하여 이익을 보리라 하는 자들아 내일 일을 너희가 알지 못하는도다 너희 생명이 무엇이냐 너희는 잠깐 보이다가 없어지는 안개니라"고 합니다 (약 4:13~14). 당시 유대인과 헬라인들은 여러 도시를 두루 다니면서 장사를 했습니다. 전문가적인 식견을 가지고 탁월한 계획을 세워서 부지런히 일했습니다. 장사를 얼마나 잘했는지 어디를 머무르나 큰 이익을 남겼습니다. 그러자 그들은 '내가 장사하여 이익을 보리라' 장담하면서 점점 자기 확신에 사로잡혔습니다. 아는 것이 많고 내 지식과 계획으로 이익을 얻다 보니 갈수록 하나님과 상관없는 인생을 살았습니다.

그러나 아무리 많은 이익을 내고 부자가 되면 뭐 합니까? 그러다 떨어진 별이 되면 슬픔과 허무의 연기에 휩싸여 순식간에 무너지는 것입니다. 하나님이 아니라 오직 돈이 목적인 인생의 결국은 사망입니다.

한 전도유망한 청년이 "나는 져 본 적이 없다"면서 자신의 성공 스토리를 자랑하더군요. 이것이 얼마나 무서운 이야기입니까? 지금까지는 이기기만 했을지 몰라도 사람의 내일 일은 알 수 없습니다.

야고보 사도의 말처럼 인생은 '잠깐 보이다가 없어지는 안개' 같습니다. 안개는 어디 한곳에 가둘 수 없습니다. 눈앞에 빤히 보이지만 잡을 수도 없고, 순식간에 사라져 버립니다. 주변 대기에 의해 생기고 사라질 뿐 안개 자체에는 능력도 없습니다. 또한 안개는 낮은 땅을 좋아해서 늘 낮은 곳으로 가라앉습니다. 근본적으로 아래 땅, 아래 지혜를 좋아하는 것입니다.

이 세상 모든 것이 그렇습니다. 안개처럼 언젠가 사라질 것들입니다. 그런데도 우리는 안개와 같은 돈, 학벌, 명예, 잘난 자녀를 내세우면서 스스로를 높입니다. 정말 한 치 앞도 모르고 눈앞의 것만 붙들며 살아가는 것이죠. 하만이 모르드개를 죽이려고 세운 나무에 자기가 달릴 것을 어찌 알았겠습니까(에 7:10)?

매니지먼트 사상가인 찰스 핸디(Charles Handy)는 그의 저서 『포트폴리오 인생』에서 이렇게 말합니다.

"내가 오십 대까지 인상 깊은 이력서를 남기고자 수고했지만, 팔십이 되어 나의 장례식을 치를 때 친구들이 송사에서 내 학력을 읊어 대겠는가. 오직 내가 어떤 사람이었는가만 이야기할 텐데 참으로 쓸데없는 수고를 했구나."

저 역시 인상 깊은 이력서를 남기는 것이 인생의 주제가 되어서 얼마나 열심히 달렸는지 모릅니다. 피아노로 성공하기를 꿈꾸며 학창 시절 내내 입시 전쟁 속에서 살다 보니, 그 어린 나이에 하루라도 피아노를 안 치면 너무 불안했습니다. 오죽하면 시험 치르는 장면이 꿈에도 나왔습니다. 피아노를 치다가 꼭 순서를 놓치는 겁니다. 이렇듯 잠시만 가만있어도 불안하던 저 같은 학벌쟁이가 예수님을 인격적으로 만나고부터는 인상 깊은 이력서를 위해 한 것이 하나도 없습니다.

인상 깊은 이력서가 나쁘다는 말이 아닙니다. 저는 '내가 교계에서 뭐든 해야겠다, 석·박사를 해야겠다, 상담학을 공부해야겠다'라는 생각을 해 본 적이 없습니다. 어디 대단한 모임에 가서 성경 공부를 해 본 일도 없고 오로지 집에서 혼자 말씀을 읽었습니다. 하루하루 말씀을 묵상하고 그 말씀대로 적용해서 다른 사람에게 알려 주니까 영혼들이 살아났습니다. 그래서 더 열심히 성경을 보고 적용하게 됐습니다. 그뿐입니다.

출애굽기 14장 13절에 "너희는 두려워하지 말고 가만히 서서 여호와께서 오늘 너희를 위하여 행하시는 구원을 보라"고 하는데, 이 '가만히 서서'라는 말씀의 의미를 제가 깨달았습니다. 내가 조금만 움직이면, 1~2년만 어디 대단한 곳에서 공부하면 인상 깊은 이력이 더 생기지 않겠습니까? 그런데 그렇게 분주히 살던 제가 그걸 안 하게 됐습니다.

누군가는 석사학위, 박사학위 없다고 저를 무시할지 모르겠지만, 학위가 왜 필요합니까? 사람을 살리려면 성경을 열심히 보아야 하니까, 다른 사람이 깨닫지 못하는 걸 대신 깨달아 주어야 하니까 제가 아침부터 저녁까지 종일 성경을 묵상하게 됐습니다. '그 사람의 문제는 어떻게 말씀으로 풀어야 하는가' 고민하면서 말씀을 가지고 씨름하고 또 씨름하다 보니까 정말 학위를 몇 개나 딴 것 같습니다. 여기저기 돌아다니지 않아도 가만히 성경을 보면서 그날그날 열매가 있으니 다른 것이 더 필요가 없습니다. 인생은 안개 같고 짧은데 지금 이렇게 하나님께 쓰임 받는 것만으로도 얼마나 감사합니까! 제가 이처럼 많은 사람을 살리게 된 데는 다른 게 없습니다. '가만히 서서' 성경을 보았기 때문입니다.

- 아직도 인상 깊은 이력서를 만들기 위해서 수고로운 경주를 합니까?
- 내 인생이 안개와 같다고 느껴지는 사건이 있었습니까?
- 가만히 서서 말씀을 묵상하고 나누며 사람을 살리는 기쁨을 누리고 있습니까?

넷째, 황충이 공격하며 파괴합니다.

하늘에서 떨어진 별이 되어 슬픔과 허무의 연기 속에 놓이니 모든 가치관이 흔들립니다. 그런데 "추락하는 것에는 날개가 없다"고 하지 않습니까? 끝없이 추락하다가 급기야 황충의 공격을 받습니다. 철저히 파괴되는 것입니다.

또 황충이 연기 가운데로부터 땅 위에 나오매 그들이 땅에 있는 전갈의 권세와 같은 권세를 받았더라_계 9:3

무저갱에서 올라오는 연기는 보통 연기가 아닙니다. 해를 가려 세상을 칠흑 같게 할 뿐만 아니라, 그 가운데로부터 황충이 나온다고 합니다. 그런데 생각해 보세요. 연기가 해를 뒤덮어 온 세상이 어두운데, 그 속에서 올라오는 것이 황충인지 다른 무엇인지 분별이나 되겠습니까? 게다가 그 황충이 '땅에 있는 전갈의 권세와 같은 권세'까지 받았다고 합니다. 그러니 어두운 데서 보면 황충의 권세가 너무 멋있어 보이지 않겠습니까? 모두가 보고 두렵고 놀라서 넋이 나가는 것입니다.

그러나 이 황충의 목적은 믿는 나를 데리고 무저갱으로 떨어지는 것입니다. 같이 지옥에 떨어지는 것입니다. 그래서 땅에 있는 전갈의 권세를 받아 우리를 유혹합니다. 그러면 도대체 황충은 어떤 모습이기에 우리가 꼬임을 당하는 걸까요?

> 7 황충들의 모양은 전쟁을 위하여 준비한 말들 같고 그 머리에 금 같은 관 비슷한 것을 썼으며 그 얼굴은 사람의 얼굴 같고 8 또 여자의 머리털 같은 머리털이 있고 그 이빨은 사자의 이빨 같으며 9 또 철 호심경 같은 호심경이 있고 그 날개들의 소리는 병거와 많은 말들이 전쟁터로 달려 들어가는 소리 같으며 10 또 전갈과 같은 꼬리와 쏘는 살이 있어 그 꼬리에는 다섯 달 동안 사람들을 해하는 권세가 있더라 11 그들에게 왕이 있으니 무저갱의 사자라 히브리어로는 그 이름이 아바돈이요 헬라어로는 그 이름이 아볼루온이더라_계 9:7~11

황충이라고 해서 무섭고 끔찍한 모습이 아닙니다. 우리가 상상하는 사탄의 모습도 아닙니다. 머리에는 금관 같은 것을 쓰고 얼굴은 사람의 얼굴 같아서 꼭 광명한 천사 같습니다. 여자의 머리털같이 성적 매력이 가득한 머리털을 가졌고, 사자의 이빨같이 강하고 끈질긴 근성을 가졌습니다. 철 호심경 같은 것을 두르고 병거와 많은 말들이 달려가는 듯한 날개 소리를 내니 전문적이고 숙련된 전사 같아 보입니다. 그야말로 막강한 모습입니다.

이 모습에 안 넘어갈 재간이 있습니까? 이런 사람이 오늘 나하고 결혼하자고 찾아오면 마다할 사람이 있습니까? '오늘 죽어도 좋으니 그런 사람 한 번만 보내 주세요'가 우리 주제가 아닙니까?

여러분은 지금 어떻습니까? 여전히 '내가 어떤 사람인데'라는 생각에서 벗어나지 못합니까? 돈 못 버는 남편의 무기력한 모습이 꼴 보기 싫어서, 내 인생 이렇게 힘들게만 살 수 없어서 이혼을 꿈꾸고 있습니까? 진작 하늘에서 떨어졌는데 그걸 인정하지 못하고 아직도 '나는 스타인데, 나는 하늘에 있었는데' 하지는 않습니까? 황충의 유혹에 빠져 이혼하고 애굽 같은 배우자에게 가면 인생이 행복할 것 같습니까?

그러나 여러분, 황충의 모습을 다시 자세히 보십시오. 금관이 아니라 금관 '비슷한' 것을 썼습니다. 사람의 얼굴 '같고', 여자의 머리털 '같고', 사자의 이빨 '같습니다'. 진짜는 하나도 없습니다. 다 무엇 '같고, 같고, 같고' 합니다. 이런 가짜 권세는 반드시 무너지게 되어 있습니다. 그런데 사람들은 진짜와 가짜를 구별하지 못합니다. 분별이 안 되니까 자꾸 가짜인 것, 세상이 좋다고 하는 것만 따라갑니다. 힘든 배우자를 딱 끊어 내고 이혼하는 사람들이 멋있어 보입니다. 이혼 후 기다릴 새 삶이 광명한 천사 같아서 '나도 그 길을 가련다' 합니다.

그런데 황충들에게 왕이 있으니 그 이름이 '무저갱의 사자'요, 히브리어로는 '아바돈', 헬라어로는 '아볼루온'이라고 합니다. 이는 '파괴자, 파멸자'라는 뜻입니다. 황충을 따라가는 인생의 결론은 파멸과 파괴입니다. 제아무리 멋있는 왕 같아도 진리 밖에 있기에 이를 따르는 자는 파멸할 수밖에 없습니다. 진리를 거슬러서는 안 됩니다. "하나님이 짝지어 주신 것을 사람이 나누지 못할지니라"고 하셨습니다 (막 10:9). 이혼은 진리를 거스르는 것입니다.

포 브론슨(Po Bronson)의 『가족 쇼크』라는 책에 이런 이야기가 나옵니다.

어느 부부가 이혼을 하려고 마음을 먹었습니다. 그러나 자녀들을 염려하여 아이들이 대학에 들어갈 때까지 이혼을 미뤘습니다. 얼마나 이혼을 철저히 준비했는지 부부는 자녀들 앞에서 상대를 향한 험담조차 조심하고 미리 가족 상담도 받았습니다. 마침내 이 부부는 이혼을 했는데, 양육권을 두고 다투지도 않고 어느 한쪽이 빈털터리가 되지 않도록 재산도 동등하게 분할했습니다. 그리고 일 년 뒤 두 사람 모두 각자 재혼했습니다.

어떻습니까? 모두가 꿈에 그리는 이혼의 모습 아닙니까? 이렇게 멋있게 이혼하고 재혼할 수 있다면 이혼 안 할 사람 누가 있겠습니까. 그러나 좋은 이혼이 어디 있습니까. 아무리 나이스 하게 갈라섰어도 이혼은 온 가족에게 무시무시한 공포요, 상처입니다.

이 부부의 딸 사라는 열아홉 살 때 부모가 헤어질 것이라는 사실을 처음 알게 되었습니다. 그때 얼마나 큰 충격을 받았는지 구토가 나고 눈물이 멈추지 않아서 응급 상담 후 수면제와 항우울제까지 복용했습니다. 사라는 아버지나 어머니나 완전무결한 모범생 부모라고 여겼기에 자신의 가정에 이런 일이 일어나리라고는 상상도 못 했습니다. 물론 부모님이 그리 행복해 보이지는 않았지만 그렇다고 이혼이라니…….

부모님이 이혼 의사를 밝힌 후 집에서는 그야말로 성토대회가 열렸습니다. 어머니는 아버지의 흠을 탓하며 자신의 외도 사실을 밝혔습니다.

"너희 아버지는 오랫동안 나를 안아 주지 않았을 뿐만 아니라 나에게 재정 상태도 전혀 공개하지 않았다. 나는 그런 너희 아버지와 더는 살 수 없어. 너희도 잘 아는 ○○ 아저씨와 나는 사랑하는 관계란다. 얼마 전에는 밀월여행도 다녀왔어."

이에 질세라 아버지도 격양된 목소리로 어머니를 쏴아내렸습니다.

"그래, 내가 20년 전에 비서와 바람을 피웠다. 너희를 살뜰하게 돌봐 주지 못한 건 미안하지만 이렇게까지 된 데에는 너희 엄마의 잘못이 크다."

부모님은 '내가 옳다, 네가 틀리다' 하며 서로를 탓하기 시작했습니다. 급기야 삼 남매에게 "누가 더 잘못이 큰지 너희가 점수를 매겨 보라"고 했습니다. 자녀들은 더욱 혼란 속으로 빠져들었습니다. 20년간 이런 사실을 숨겨 왔다는 사실에 배신감이 들고, 갑자기 나약한 인간으로 전락해 버린 부모를 보는 것이 끔찍하리만큼 싫었습니다. "내가 맞지? 네 아빠가, 네 엄마가 틀렸지?" 하며 어린아이같이 자녀들에게 심판관 노릇이나 시키는 부모가 그동안 자신들이 알던 부모가 맞는지 정신이 아득해졌습니다.

자녀가 열아홉 살이면 부모님의 이혼 소식 정도는 유연하게 받아들일 수 있을까요? 사라는 파탄 난 가정 앞에서 모든 것이 와르르 무너져 내렸습니다. '이제 내 옆에는 아무도 없다'는 두려움에 사로잡혀 삶이 황폐하게 느껴졌습니다. 행여 자신의 가족 이야기가 소문이 날까 두려워 교회에도 발길을 끊고 슈퍼마켓이나 식료품점에도 가지 못했습니다.

허구한 날 부부가 육탄전을 벌이고 집어 던지면서 "죽이네, 살리네" 하는 집이 차라리 건강합니다. 그랬다면 최소한 자녀들이 충격은 덜 받았을 테니까 말입니다. 십수 년 동안 교양을 떨다가 이렇게 뒤통수를 치면 답이 없습니다. 그래서 교양으로 가득 찬 집이 제일 무섭습니다. 그야말로 황충의 모습 아닙니까? 이 세상에 멋있는 이혼은 없습니다. 금관 같은 이혼, 광명한 천사 같은 이혼은 없다 이 말입니다. 어떤 유혹이 와도 하나님이 짝지어 주신 배우자를 사람이 나누어서는 안 됩니다.

몇 년 전 유명한 스타 부부가 이혼을 했습니다. 그야말로 하늘에서 놀던 사람들이 법정에 서서 서로의 은밀한 일들을 폭로하고, 잠자리를 몇 번 했다는 둥 누구누구와 부적절한 관계라는 둥 하면서 서로를 깎아내렸습니다. 사랑의 기근이 와도 약속의 땅에서 기근을 견뎌야 하는 것 아닙니까? 부모의 그런 모습을 보면서 자녀가 얼마나 상처를 받았을지 상상도 안 됩니다. 정말 이혼은 파괴자 아볼루온에게 빠져서 모든 가족을 죽이는 일입니다.

아무리 힘든 배우자라도 함부로 이혼해서는 안 됩니다. 어쩌면 저더러 이 이야기를 매주 선포하라고 하나님이 우리들교회를 세우고 저를 세우신 것이 아닐까 생각합니다. 이혼은 무저갱의 임금에게 속는 것입니다. 그런데 우리는 권세를 가지고 부드럽게 다가오는 황충에게 늘 속습니다. 아무리 부드러워 보여도 황충은 황충입니다. 전갈의 권세로 쏘는 황충의 공격에 누구든 무너지게 되어 있습니다. 그러니 이 황충의 권세에 속으면 안 됩니다. 우리의 참 왕이신 하나님의 권세만이 진짜입니다.

우리가 진리를 벗어나 이혼하지 않으려면 신(信) 결혼을 해야 합니다. 물론 믿는 사람끼리 결혼한다고 무조건 잘 사는 것은 아니지요. 다만 부부가 결혼의 목적을 거룩에 놓고 함께 말씀으로 인도 받으며 간다면 어떤 위기에도 가정을 지킬 수 있지 않겠습니까. 그런데 우리는 결혼을 두고 황충 같은 배우자만을 찾습니다. 예수는 없어도 여자의 머리털 같은 성적 매력이 넘치는 사람, 성공의 금관을 쓴 사람, 사자같이 강인하고 멋있는 사람을 찾고 그런 육적 매력만이 전부라고 여깁니다. '내가 버림받는 한이 있더라도 끝까지 가 보겠다'고 고집을 부립니다. 황충에 쏘이는 줄도 모르고 광명한 천사의 모습에 다 넘어가는 것입니다.

한 자매가 저에게 메일을 보냈습니다. 자매는 결혼 전 예수라면 치를 떨며 한국 교회와 크리스천들을 보란 듯이 욕하고 다녔습니다. 그러다 우상을 믿는 집안의 한 남자를 만나 결혼했는데, 알고 보니 이 남편이 신용불량자에다 말도 못 할 빚쟁이더랍니다. 자녀를 둘 낳고 키우는데도 남편은 걸핏하면 집을 나가 들어오지 않았습니다. 이런 생활이 계속되자 자매는 도저히 견딜 수 없었습니다. 그러다가 제 설교를 듣게 되었고, "사는 것이 너무 힘들어 이혼하고 싶다"고 제게 메일로 토로했습니다.

이혼한다고 별 인생 있습니까? 지금 이 고난은 자매 삶의 결론입니다. 이 부부의 양가는 모두 우상을 믿는 집안인데, 자매가 먼저 '예수를 믿으면 저렇게 살 수 있구나' 보여 주어야 하지 않겠습니까. 그래야 전도가 됩니다. 이 집안에 우상이 너무 깊게 자리하고 있기 때문에 남편이 수고하는 것입니다. 저는 이것이 자매에게 주어진 어마어마한 사명이라고 생각합니다. 우리가 살고 싶어서 사는 사람이 어디 있겠습니까? 우리는 모두 사명 때문에 왔다가 사명 따라 살고 사명이 끝나면 돌아가는 인생입니다. 어떠한 길도 사명으로 연결되면 형통하게 됩니다.

"이제도 너희가 허탄한 자랑을 하니 그러한 자랑은 다 악한 것이라"고 했습니다(약 4:16). 금관 비슷한 것을 자랑하는 건 그저 허탄한 자랑입니다. 왜 그렇습니까? 가짜잖아요. 가짜를 자랑하는 것입니다. 자랑보다 차라리 욕이 낫습니다. 욕한 사람은 나중에 잘못을 뉘우치고 회개라도 하지요. 자랑하는 사람은 자신이 하나님 자리에 앉아 있기에 회개하기가 어렵습니다. 하늘에서 떨어져도 절대로 회개하지 않습니다. 애굽에 열 가지 재앙이 임했을 때 바로가 회개했습니까? 학벌 좋고 집안 좋고 세상에서 성공한 사람들은 회개의 자리에 나오기가 더 힘듭니다. 남들이 부러워하는 모든 것을 가졌으니까, 자기가 하늘의 별, 하늘에서 노는 사람이라고 생각하니까 회개가 안 되는 것입니다.

회개하지 않는 사람은 감사하지도 못합니다. 지옥을 경험하지도 못합니다. 이 땅에서 지옥을 경험해야 자랑할 것은 오직 예수 그리스도의 십자가밖에 없음을 깨닫는데, 그걸 모르니까 허탄한 자랑만 합니다. 하나님이 믿어지지도 않습니다. 그래서 이 땅에서 지옥을 경험하는 것이 축복입니다.

모세가 살인하고 양치기의 자리로까지 떨어졌다가 이스라엘 백성 앞에 섰는데 무엇을 자랑할 수 있었겠습니까? "나는 카이로 대학 나왔고 왕년에는 공주의 아들이었다" 이런 것 자랑했으면 과연 그가 이스라엘의 지도지가 될 수 있었겠습니까? 모세는 앉으나 서나 자신의 수치스러운 족보밖에 자랑한 것이 없습니다. 이스라엘 백성이 하도 말을 안 들으니까 "살인자 레위가 나의 조상이고, 아버지는 아버지의 고모와 결혼했고, 나는 살인자다"라고 간증했습니다(출 6장). 그러니까 백성이 모세를 따랐습니다.

그렇다면 우리는 무엇으로 예수 그리스도의 십자가를 자랑해야 할까요? 바로 내가 경험한 지옥을 고백하는 것입니다. 그 지옥 가운데서 내가 만난 하나님을 자랑하는 것입니다. 그러나 많은 사람이 자기 죄와 수치는 오픈하기 싫어합니다. 부끄러운 것은 감추고 육적인 자랑거리만 드러냅니다. 그러니 그 겉만 보고 사람들은 "참 고상하다, 인품이 좋다" 합니다. 그런데 성경을 보세요. 성경의 인물들은 다 자기 수치를 자랑합니다. 아브라함도, 야곱도, 다윗도 지질한 모습까지 다 드러냅니다. 우리와 다름없는 그들의 이야기를 듣고 우리가 얼마나 은혜를 받습니까?

별 인생이 없습니다. 제가 큐티하면서 깨달은 저의 죄와 수치, 아픔을 고백하지 않았더라면 오늘날 우리들교회가 있겠습니까? 많은 사람이 살아나는 기적을 경험할 수 있었겠습니까? 우리가 목장에서 "내가 살인자다, 내가 음란을 행했다" 고백하고 다 살아나지 않습니까? 인간이 다 악한데 뭐 그리 선한 척을 하겠다고 몇십 년 동안 비밀을 간직하고 삽니까. 교양 있게 자기 이야기도 안 하고, 마치 죄하고는 아무런 관계없이 사는 것처럼 가식을 떠는 사람이 얼마나 많은지 모릅니다. 그러니 자녀들이 그런 부모를 보면서 위선자라고 하는 것입니다. 위선자 부모를 둔 아이들이 상처가 제일 많습니다.

그럼에도 우리가 예수 그리스도의 십자가를 자랑하지 못하는 이유가 무엇일까요? 내 수치를 끄집어내면 세상에서 조롱을 받을까 봐 그렇습니다. 그도 그럴 것이 유대인들의 교양을 어겼다는 이유로, 비천한 나사렛 목수 출신이라는 이유로 예수님도 유대인들에게 무시당하고 십자가에 못 박히셨잖아요. 그러나 제가 사역을 시작하면서 무시 받기로 작정하니까 인생이 참 편해졌습니다. 누가 저를 손가락질하고 욕하고 무시해도 '그래, 나는 저 사람보다 더 큰 죄인이지'라고 생각하니까 인생이 참 쉬워졌습니다.

　자랑할 것을 감추고, 감추고 싶은 것을 자랑하기 바랍니다. 내가 무엇이라고 주님이 나를 위해 죽으십니까? 내가 그럴 만한 가치가 있는 인생입니까? 그런데도 주님은 나를 위해 십자가에 못 박히셨습니다. 나를 그럴 만한 가치 있다고 여겨 주시며 값을 치러 주셨습니다. 우리도 정말 가치 있는 것은 무리해서라도 값을 치르지 않습니까?

　나뿐만이 아닙니다. 내게 지옥의 고통을 주는 내 남편, 내 아내, 내 자녀, 이웃들도 주님은 가치 있다고 하십니다. 너무 가치가 있어서 주님이 십자가를 지셨다고 하십니다. 그러니 나도 내 가족을 위해 값을 치르며 죽어지고 썩어지고 밀알이 되어야 합니다. 가치가 없는 것을 위해 왜 내가 순종합니까. 가치가 있기에 순종하는 것입니다.

- 금관 비슷한 것을 쓴, 광명한 천사의 모습을 한 황충에게 유혹당하고 있지는 않습니까? 예수가 없어도 광명한 천사 같은 배우자가 좋고, 자녀들을 하늘의 별같이 만들고 싶어서 안달복달하지는 않습니까?
- 나는 무엇을 자랑하고 있습니까? 육적인 자랑은 숨기고 예수 그리스도의 십자가만을 자랑하고 있습니까? 수치를 숨기느라고 애쓰며 가족 앞에 가식의 탈을 쓰고 있지는 않습니까?

참 왕의 권세는 끝없는 하나님의 사랑입니다

그들에게 이르시되 땅의 풀이나 푸른 것이나 각종 수목은 해하지
말고 오직 이마에 하나님의 인침을 받지 아니한 사람들만 해하라
하시더라_계 9:4

그렇다면 참 왕의 권세는 무엇일까요?

이런저런 재앙 이야기를 하지만, 이것은 어디까지나 인침을 받
지 아니한 자들에게 일어나는 일입니다. 보십시오. 땅의 풀, 푸른 것,
각종 수목은 해하지 말라고 하십니다. 수목도 해하지 못하는데 어떻
게 인침을 받은 우리를 해합니까? 하나님은 믿는 우리를 머리털 하나
도 다치지 않게 하십니다. 오직 "인침을 받지 아니한 사람들만 해하
라"고 하십니다. 왜 그럴까요?

앞에서 인침을 받은 자들은 자기 가증을 보는 사람들이라고 했
습니다. 그렇다면 인침을 받지 않은 사람들은 자기 가증을 보지 못하
고, 회개가 없는 자들이라고 할 수 있지요. 이들은 열 가지 재앙이 와
도 회개가 뭔지도 모르고, 애통하지도 못합니다. 그러나 이 세상에서
가장 아름다운 감정은 회개의 감정입니다. 자기 죄에 대해 아파하지
않는 사람은 기쁨이 없습니다. 아름다운 푸른 산을 봐도 감사하지 못
하고, 재앙과 고통이 오면 괴로워만 합니다. 이런 사람에게 무슨 매력
이 있겠습니까?

미국의 유명 골프선수인 타이거 우즈(Tiger Woods)가 이혼하며 부

인에게 위자료로 1억 달러(한화 약 1160억 원)를 주었다고 합니다. 부인은 위자료를 받자마자 한화로 약 140억 원에 달하는 저택을 불도저로 밀어 버리고는 그곳에 자신만의 대저택을 지었습니다. 그러나 아름다운 대저택에 산다고 그 인생도 아름다워집니까? 남편의 외도 가운데서 그녀가 먼저 자기 가증을 보고 아파하며 그의 영혼을 위해 기도했더라면 가장 아름다운 집인 천국을 얻지 않았겠습니까? 돈이 권세가 아닙니다. 인침 받지 않은 남편이 바람을 피웠다고 돈이나 챙기려 한다면 지옥의 권세를 그대로 받아들이는 것이나 다름없습니다.

> 5 그러나 그들을 죽이지는 못하게 하시고 다섯 달 동안 괴롭게만 하게 하시는데 그 괴롭게 함은 전갈이 사람을 쏠 때에 괴롭게 함과 같더라 6 그날에는 사람들이 죽기를 구하여도 죽지 못하고 죽고 싶으나 죽음이 그들을 피하리로다_계 9:5~6

인침을 받지 않은 사람들을 다섯 달 동안 괴롭게 하시는데 그 괴롭게 함이 마치 전갈이 사람을 쏘는 것 같다고 합니다. 그런데 그날에 사람들이 죽기를 구하여도 죽음이 그들을 피한다고 합니다. 이것이 무슨 뜻입니까? 인간이 너무 힘들면 고통을 벗어나고자 스스로 죽기를 구합니다. 실제로 어떤 사람들은 극단적인 선택을 하기도 합니다. 하지만 생명은 하나님께서 주시는 것이기에 자살은 하나님의 권세를 거스르는 죄입니다. 자살로 고통이 사라지기는커녕 그 후에는 영원한 지옥이 기다리고 있습니다.

그렇기에 죽고 싶어도 못 죽는 괴로움을 주시는 것은 하나님의 말할 수 없는 사랑입니다. '죽고 싶어도 못 죽는 것 너무 괴롭지? 이게 바로 지옥이야' 하시며 지옥을 미리 알려 주시는 것입니다. 지옥의 고통을 미리 맛보게 하심으로 진짜 지옥으로 가지 않게 하시려는 하나님의 사인(sign)입니다. "너는 지옥이 있다는 걸 지금은 모르겠지. 이 고통이 계속된다고 생각해 봐. 그러니까 지금이라도 빨리 주소를 천국으로 옮겨!" 하시는 하나님의 메시지요, 주님의 크신 사랑입니다.

그런데 앞에서 인침을 받은 자들을 훈련시키시는 시간은 열흘이라고 했는데(2:10), 인침 받지 않은 자들을 괴롭게 하시는 시간은 다섯 달이나 됩니다. 그리고 보면 사탄에 속한 자는 참 불쌍한 존재 아닙니까? 믿는 우리는 열흘이면 고통이 끝나는데 그들은 다섯 달 동안 괴로워도 구원을 받지 못합니다. 주님이 지옥을 미리 보이며 돌아올 기회를 주셔도 도무지 깨닫지 못합니다. 똑같이 풀무불에 들어가도 금은 정금이 되지만, 짚은 재가 되어서 '후' 불면 날아가 버리지 않습니까? 재는 온 사방에 날리며 다른 사람까지 괴롭게 합니다.

바로와 로마 황제가 얼마나 주님의 백성을 아프게 했습니까. 안 믿는 남편이, 아내가, 시부모가, 장인 장모가, 자녀가 얼마나 우리를 힘들게 합니까. 그들은 작은 고난에도 재가 되어 가루를 뿌려 대고 입만 열면 "괴로워 죽겠다, 전갈이 나를 쏜다"고 합니다. 그러다 주님을 만나서 천국에 가면 얼마나 좋겠습니까. 그중에는 우리를 연단하는 역할로만 쓰이고 들입다 고생만 하다가 끝내 천국에 못 가는 사람도 있습니다. 자기만 괴로운 것이 아니라 남들까지 괴롭게 하다가 결국 하늘에서 떨어진 별 신세가 되는 것입니다. 그러니 이런 가족은 우리가 두려워할 대상이 아니라 애통해야 할 대상입니다.

아무리 사탄이 거짓 권세로 우리를 지옥의 고통 속에 빠트려도 두려워하지 마십시오. 길어야 다섯 달입니다. 결국 끝이 옵니다. 독수리는 시체 곁에 모입니다. 독수리가 아무리 화를 부르짖으면서 날아와도 내가 살아 있으면 결코 건드리지 못합니다. 내가 복음을 전하면서 생명을 잉태하는 삶을 살면 누구도 나를 건드리지 못합니다.

하나님께서 과부인 저를 지금까지 지켜 주신 이유가 무엇입니까? 제가 여장부처럼 씩씩해서입니까? 남자같이 행동하고 현관에 남자 구두 몇 켤레 둔다고 그런 것이 저를 지켜 줍니까? 제가 생명을 잉태하며 앉으나 서나 주의 일을 했기에 하나님께서 그런 저를 누구도 건드리지 못하게 하신 줄 믿습니다. 주의 장막에 거하는 자들에게는 결코 화가 임하지 않습니다. 지옥의 권세가 '화, 화, 화가 있으리라' 위협해도, '복, 복, 복이 있으리라'의 인생을 삽니다.

우리 힘으로는 로마 황제를 물리칠 수 없습니다. 모세도 바로를 어찌할 수 없었습니다. 하나님이 애굽에 열 가지 재앙을 내리셔도 끝내 바로는 말씀을 듣지 않았습니다. "이스라엘 백성을 보내 주겠다, 보내 주겠다" 말하면서도 결국엔 마음을 바꾸었습니다. 강이 핏물이 되고, 우박이 내리고, 파리 떼가 득실거리고, 흑암이 내리고, 각종 재앙이 그를 괴롭게 해도 소용없었습니다. 모세가 무한한 인내로 바로 앞에서 간구해도 하나님은 갈수록 바로의 마음을 강퍅하게 하셨습니다. 그를 악에 그대로 방치하셨습니다.

집집마다 내 힘으로는 물리칠 수 없는 부모, 배우자, 자녀가 있습니다. 열 번 찍어도 안 넘어가는 바로, 악에 방치된 바로가 내 옆에 있습니다. 될 듯, 될 듯하다가 끝내 돌아서는 바로가 너무나 많습니다. 부드러운 황충의 모습으로, 금관을 쓰고 부드러운 머리털에 광명한 천사의 얼굴을 하고서 끝까지 복음을 거부합니다. 그러니 우리가 예수를 믿은 것이 얼마나 기적 중의 기적입니까.

우리 집에 열 번, 백번 찍어도 안 넘어가는 바로가 있습니까? '사람이라면 어떻게 저럴 수 있지?' 하는 가족이 있습니까? 그러나 그런 가정일수록 하나님께서 더 크게 쓰려고 작정하신 집인 줄 믿습니다. 내 힘으로는 할 수 없지만 참 왕이신 주님을 의지할 때 예수 그리스도의 권세가 우리 가정을, 이 나라를, 이 세상을 살릴 것입니다.

그러므로 하나님의 사랑을 덧입고 모세처럼 바로에게 나아가 간구하고 또 간구하십시오. 모세가 열 번을 기도해도 바로는 듣지 않았지만, 그로 인해 이스라엘 백성은 구원되었습니다. 우리가 나의 바로에게 나아가 끊임없이 복음을 전할 때, 내 옆에 수많은 사람이 주께 인도될 줄 믿습니다. 아무리 바로가 나를 힘들게 해도 내가 복음을 전하면서 생명을 잉태하기로 작정하면 나의 지경이 저절로 넓어질 줄 믿습니다. 이것이 참 왕의 권세입니다.

그런데 바로 한 사람 미워하느라고 시간을 흘려보내니 이 얼마나 손해입니까! 나의 지경이 넓어지라고 바로 같은 식구가 수고합니다. 제일 안타까운 사람이 "저 바로랑은 못 살아. 이혼할 거야" 하며 지경이 조금도 안 넓어지는 사람입니다. 내 식구가 힘들게 해서 예수 믿기가 너무 어렵다면서 큐티도, 전도도 안 하고 늘 제자리걸음만 하는 사람입니다. 이런 사람이 바로와 다를 것이 무엇이겠습니까.

여러분은 지금 어떻습니까? 지옥의 권세에 놓여 고통당합니까? 맨날 "전갈이 와서 나를 찌르네"가 여러분의 주제가입니까? 아무리 황충이 공격해 와도 눈 똑바로 뜨고 말씀을 적용하면서 참 왕의 권세로 나아가기 바랍니다. 어떤 때에도 내가 예수를 전하면 '그 잎이 시들지 아니하므로' 내 고난이 하나도 땅에 떨어지지 않고 사명으로 바뀔 것입니다(겔 47:12). 수많은 사람을 주께로 인도하게 될 것입니다. 그러라고 하나님이 내게 고난을 주신 것입니다.

황충의 공격을 받는 사람, 황충의 유혹에 넘어가는 사람은 이 땅에 속한 것만 보기에 부지런히 그들의 모든 행위를 더럽게 합니다(습 3:7). 날마다 기도해도 이기적인 마음을 버리지 못하기에 하나님의 명령도, 교훈도 듣지 않습니다. 순종을 빙자해서 악을 행하면서도 맨날 기도 응답이 없다고 불평합니다. 감사가 없습니다. 그저 육적인 것만 감사하니까 내 삶의 모든 것이 기도 응답임을 알지 못합니다.

그러나 "우리의 씨름은 혈과 육을 상대하는 것이 아니요 통치자들과 권세들과 이 어둠의 세상 주관자들과 하늘에 있는 악의 영들을 상대함이라"고 했습니다(엡 6:12). 내 남편과, 아내와, 자녀와 싸우는 것 같아도 그 뒤에는 사탄의 악한 영이 있습니다. 세상 성공 뒤에도 악의 영이 있습니다. 그래서 예수 없이 성공하면 겸손을 금세 잃어버리고 패망의 선봉인 교만의 길을 걷는 것입니다.

사탄은 자기 모습을 그대로 드러내는 법이 없습니다. 남편, 아내,

자식의 배후에서 역사하면서 나에게 싸움을 걸어 옵니다. 여기에 넘어가서는 안 됩니다. 혈과 육의 싸움을 하지 말고 공중권세 잡은 사탄의 권세를 인식하며 날마다 말씀으로, 참 왕의 권세로 이기기를 바랍니다.

- 나는 화가 임한 자입니까, 복이 임한 자입니까? 나는 땅에 거하는 자입니까, 주의 장막에 거하는 자입니까? 나는 사탄의 권세로 죽어 갑니까, 하나님의 권세로 살아납니까?
- 아무리 기도해도 여전히 변하지 않는 바로를 탓하면서 불평합니까? 모세처럼 끝까지 하나님께 간구하며 내 지경이 넓어지는 것을 경험하고 있습니까?

우리들 묵상과 적용

금요일 저녁 회사에 있는데 아내에게 급한 전화가 왔습니다. 둘째 딸이 가족 카톡방에 "이렇게 살 바엔 죽을게. 고마웠어"라는 말을 남기고 집을 나간 것이었습니다. 아내에게는 경찰에 신고하라고 하고 딸에게 계속 전화를 걸었지만 받지 않았습니다. 교회 청소년부에서 부장직을 맡은 저는 힘든 가정을 심방하고 아이들에게 말씀으로 권면하며 구원을 위한 사명을 감당해 왔습니다. 그러나 막상 우리 가정에 다급한 사건이 오니 원망이 차오르고 '도대체 집에서 뭐 했냐'며 아내를 추궁하고 싶었습니다. 자녀에게 천국과 지옥이 있는 것을 제대로 가르치지 못했기에 딸에게 닥친 죽음의 권세가 너무 두려웠습니다.

　가난한 목회자 가정에서 자라며 누구의 관심도 받지 못한 저는 인상 깊은 이력서로 다른 사람의 인정과 부러움을 받는 것이 인생의 주제였습니다. 그 결과 대기업을 다니며 전문 분야에서 인정을 받아 세계 인명사전에 등재되는 명예를 얻고, 자녀들에게는 "아빠처럼 살아야 한다"고 가르쳤습니다. 오랜 시간 교회를 다녔지만 말씀이 없어서, 무저갱에서 올라오는 연기에 휩싸인 채 하나님과 상관없는 인생을 살았던 것입니다(계 9:2). 우리들교회에 와서야 내가 얼마나 안개와 같이 사라질 것들을 좋아하고 허탄한 자랑을 위해 살았는지 깨닫게 되었습니다. 그러나 "황충들의 모양은 전쟁을 위하여 준비한 말들

292

같고 그 머리에 금 같은 관 비슷한 것을 썼으며"라는 말씀처럼 성공의 금 면류관을 쓴 황충이 부러워 교회에서도 인정받고 싶은 욕심이 있었습니다(계 9:7). 그래서 딸의 가출 사건은 누구에게도 알리고 싶지 않은 수치였습니다.

딸이 계속 전화를 받지 않자 저는 결국 공동체에 딸의 사건을 알리고 기도 요청을 했습니다. 그러자 놀랍게도 10분이 채 지나지 않아 딸을 찾고 집에 안전히 데려올 수 있었습니다. 그러나 감사도 잠시, 딸이 불신 교제에 빠져 집을 나간 것을 알고 분노와 배신감에 떨었습니다. 다음 날 청소년부 선생님이 심방을 오셔서 함께 큐티를 하는데 하나님께서 말씀으로 찾아오셔서 위로해 주시는 것 같아 딸에 대한 악감정이 눈 녹듯 사라졌습니다. 그리고 저 또한 아내와 음란하게 교제하며 혼전 순결을 지키지 못한 것이 떠올라 회개하게 되었습니다. 죄를 숨기고 회개하지 않는 저 때문에 딸 아이가 수고한 것입니다.

이 일 후 청소년부 한 아이가 자살을 시도해 급히 심방을 갔는데 놀랍게도 아이가 자살하려던 이유가 제 딸과 같았습니다. 저는 아이의 부모님을 뜨겁게 체휼하며 참 왕의 권세로 그 가정에 위로를 전했습니다. 이처럼 죽음의 사건에서 건져 주시고, 저의 지경을 넓혀 가시는 하나님께 찬송과 영광을 올려 드립니다.

영혼의 기도

주님, 내가 하늘에서 떨어진 별인 것을 인정하지 못하고 날마다 슬픔과 허무의 연기 속에서 자기 연민에 젖어 얼마나 시간을 낭비했는지 모릅니다. '나는 하늘의 별인데' 하며 그저 하늘에 살려는 것이 정말 지옥 고통이라는 걸 제가 경험했습니다. 자기가 하늘의 별이라고 생각하는 사람은 약도 없는데, 전갈의 권세에 쏘여서 죽고 싶어도 죽지 못하는 고통을 제가 겪었습니다. 그러나 주님, 제가 이 지옥을 경험해서 천국을 알게 된 것이 얼마나 은혜입니까! 제가 가장 감사한 일은 이 땅에서 지옥을 경험한 것입니다.

우리가 아직 하나님이 안 믿어져서, 지옥이 무엇인지를 몰라서, 죽고 싶어도 죽지 못하는 지옥을 경험하지 못해서 감히 하나님에 대해 이러쿵저러쿵합니다. 그런 불신자들과 교인들을 볼 때 얼마나 가슴이 아픈지 모르겠습니다. 주님, 우리가 참 왕의 권세를 누리며 이제 지옥 백성에서 천국 백성으로 주소지를 이전하기를 원합니다.

아버지 하나님이 우리에게 갖은 고통을 주시는 것은 우리의 지경을 넓히시기 위함임을 알았습니다. 고난이 사명으로 연결되지 못해 다섯 달 동안 괴롭힘만 당하다가 구원도 못 받는, 사탄에 속한 자가 되지 않게 하옵소서. 열흘의 고통으로 끝나서 천국 백성이 되게 하옵소서. 내 삶의 고통 하나하나가 땅에 떨어지지 아니하고 사명으로 연결되어서 다른 사람들을 살릴 수 있도록 도와주시옵소서. 나의 지옥 경험이 영혼 구원에 쓰일 수 있도록 주님, 우리를 사용하시옵소서.

천국은 있습니다. 지옥도 확실히 있습니다. 그런데도 천국이든 지옥이든 내가 가 봐야 알겠다고 말하는 사람을 볼 때마다 너무 가슴이 아픕니다. 지옥은 확실히 있습니다. 우리 모두가 예수 믿고 구원 받아 천국으로 가야 하지 않겠습니까. 지옥이 확실히 있는 것을 제가 경험했습니다. 제가 경험한 이 지옥을 우리 성도들이 가지 않기를 원합니다. 주여, 불쌍히 여겨 주시옵소서. 이 말씀이 들리게 도와주시옵소서. 부드러운 머리털을 가지고 금관 비슷한 것을 쓴 황충에게 우리가 쏘이지 않게 도와주시옵소서. 황충의 꼬임을 분별하게 도와주시옵소서. 아버지 하나님, 핑계 대지 않게 도와주시옵소서. 참 왕의 권세를 가지고 지옥에 빠진 모든 자들을 구원해 내는 사명을 우리가 감당할 수 있도록 역사하여 주시옵소서. 예수님 이름으로 기도하옵나이다. 아멘.

그 년, 월, 일, 시

요한계시록 9장 12~21절

10

하나님 아버지, 나의 시간이 아니라
하나님의 년, 월, 일, 시를 살아가기 원합니다.
말씀해 주시옵소서. 듣겠습니다.

조 지라드(Joe Girard)는 미국의 전설적인 자동차 판매왕입니다. 그는 15년간 무려 1만 3,001대의 차를 팔아 기네스북에 이름을 올리기도 했습니다. 그러나 그의 어린 시절은 매우 불우했습니다. 디트로이트 빈민가에서 태어난 그는 술주정뱅이 아버지의 구타에 못 이겨 고등학교를 중퇴하고 사회에 발을 내딛었습니다. 이후 그는 별다른 성과 없이 40번이나 직장에서 퇴출을 당했습니다. 그러다가 35살 무렵에 자동차 판매업에 뛰어드는데 그때부터 기가 막힌 성공 가도를 달리기 시작했습니다.

그가 최고의 세일즈맨으로 성장한 배경에는 '250명의 법칙'이 있었습니다. 어느 날 그는 친지의 결혼식장에 참석했다가 그곳에 모인 하객이 250명인 것을 알게 되었습니다. 또 다른 날에는 장례식에 참석했는데 그곳에도 약 250명의 조문객이 모였더랍니다. 이에 그는 한 사람 평생에 관혼상제를 함께해 줄 사람, 곧 한 사람이 미칠 수 있는 인간관계의 범위를 약 250명이라고 특정하고 '250명의 법칙'을 창안했습니다. 즉, "한 사람에게 신뢰를 얻으면 250명을 얻고, 한 사람에게 신뢰를 잃으면 곧 250명을 잃는다"는 것입니다. 이때부터 그는 이런 신념으로 한 사람, 한 사람을 진심으로 대했습니다. 그 결과 인생에서 큰 결실을 맺은 것입니다.

'시간'을 뜻하는 헬라어로는 '크로노스(χρόνος)'와 '카이로스(καιρός)', 두 가지가 있습니다. 크로노스는 그저 흘러가 버리는 일반적인 시간을 가리킵니다. 한편 카이로스는 의지가 담긴 시간, 특별한 의미를 지닌 시간을 가리킵니다. 쉽게 말하면 크로노스는 사람의 시간이고, 카이로스는 하나님의 시간입니다.

주어진 인생을 크로노스의 개념으로 산다면 조 지라드의 초반부 인생처럼 저주의 인생을 살 수밖에 없습니다. "가는 세월 그 누구가 잡을 수가 있나요"라는 노랫말처럼 흘러가는 시간을 따라 흘러가듯 살아간다면 누구도 저주의 인생을 피할 수 없습니다. 그러나 조 지라드의 후반부 인생처럼 의지가 담긴 시간, 카이로스로 살아간다면 같은 일상을 살아도 축복의 인생이 될 것입니다.

'그 년, 월, 일, 시'는 누구에게나 똑같이 주어집니다. 다만 그 시간을 하나님의 시간으로 보느냐, 내 시간으로 보느냐에 따라서 우리 인생은 백팔십도 달라집니다. 사실 우리가 인식하든, 인식하지 못하든 모든 시간은 하나님의 시간, 카이로스입니다. 우리 삶의 모든 일은 하나님의 카이로스 안에서 일어나는 것입니다. 우연한 사건은 하나도 없습니다. 그저 흘러가는 시간 속에 자연 발생적으로 일어나는 일도 없습니다. 우리가 태어나 가족을 만나고 학교와 직장을 다니고 배우자를 만나는 모든 일에 우연은 없다는 말입니다. 이 모든 시간이 하나님의 시간이라는 사실을 깨닫는 사람에게 복이 있습니다.

그런데 하나님의 카이로스를 인정하지 않고 내 시간으로 여기면서 살아가는 사람이 얼마나 많은지 모릅니다. 하나님의 그 년, 월, 일,

시에 좀체 순종하지 않습니다. 그런 사람들의 특징은 무엇일까요?

첫째, 악한 천사에게 공격을 받아 죽음이 기다리는 자입니다

12 첫째 화는 지나갔으나 보라 아직도 이 후에 화 둘이 이르리로다 13 여섯째 천사가 나팔을 불매 내가 들으니 하나님 앞 금 제단 네 뿔에서 한 음성이 나서 14 나팔 가진 여섯째 천사에게 말하기를 큰 강 유브라데에 결박한 네 천사를 놓아 주라 하매 15 네 천사가 놓였으니 그들은 그 년 월 일 시에 이르러 사람 삼분의 일을 죽이기로 준비된 자들이더라_계 9:12~15

유브라데강은 로마가 이스라엘을 다스릴 당시 동쪽 국경에 있던 강입니다. 서아시아에서 가장 긴 강으로서, 구약에서 '큰 강' 하면 대부분 유브라데강을 지칭합니다. 유브라데 건너편에는 파르티아라는 제국이 있었는데, 이들은 로마를 위협하여 세 번이나 승리를 거둔 막강한 나라였습니다. 또한, 이스라엘을 밥 먹듯이 괴롭히던 앗수르와 바벨론도 유브라데강 유역에 위치해 있었습니다. 따라서 유브라데는 하나님의 백성과 사탄의 경계를 상징하기도 합니다. 계속되는 재앙 가운데서 '하나님의 백성이 되는가, 아닌가'를 가름하는 경계선이라고 할 수 있습니다.

그런데 12절에 보니 "화 둘이 이른다"고 합니다. 지금까지 일곱 인 재앙이 지나가고, 일곱 나팔 재앙 중에 다섯 재앙이 지나갔습니다. 곧 이 말은 이제 여섯째, 일곱째 나팔 재앙이 임하리라는 뜻이지요. 다섯째 나팔 재앙은 황충 재앙이었습니다. 이 황충 재앙에서는 '그들을 죽이지는 못하게 하고 다섯 달 동안 괴롭게만 하리라'고 했습니다(계 9:5). 그런데 여섯째 나팔 재앙에서는 '삼분의 일을 죽이리라'고 합니다. 점점 자비가 없어집니다.

이 재앙에서 고통당하는 자는 누구입니까? 인침을 받지 않은 자, 곧 자신의 가증을 보지 못하는 자입니다. 그들은 황폐하고 메마른 자들입니다. 참 왕이신 하나님의 권세를 인정하지 않습니다. 세상은 하나님의 시간, 카이로스라는 것을 인정하지도, 깨닫지도 못합니다. 그러니 다섯 달을 괴롭힘당해도 여전히 돌아오지 못합니다.

이제 주님은 여섯째 나팔 재앙을 내리며 "결박한 네 천사를 놓아주라"고 하십니다. 그런데 앞에 7장에서는 네 천사를 결박하시며 땅이나 바다나 나무들을 해하지 말라고 명하지 않으셨습니까? 그때는 하나님의 사람이 인침을 받도록 땅의 천사들을 잠시 붙잡아 두셨습니다(계 7:1~3). 그러나 이제는 결박한 땅의 천사들을 풀어놓아 다니게 하라고 명하십니다.

회개하지 않는 화인(火印) 맞은 양심도 주님은 돌이키기를 원하셔서(딤전 4:2), 이처럼 계속해서 심판 도구들을 풀어 쓰십니다. 황충도, 유브라데의 악한 네 천사도 하나님의 도구입니다. 16절에 이 네 천사가 지휘하는 마병대의 수가 '이만 만', 2억이라고 합니다. 즉, 네 천사에게 2억을 해할 권세가 있다는 것입니다. 그러나 아무리 권세가 대단해도 때가 될 때까지는 하나님의 결박 아래 있습니다. 때가 이르기까지 하나님이 그들을 묶어 두시므로 그동안 재앙이 임하지 않았습니다. 그러나 이제 천사들과 마병대를 풀어놓으십니다. 이처럼 주님은 우리를 훈련하시고자 위의 권세를 결박하기도, 풀어놓기도 하십니다.

가족 간에, 나라 간에, 민족 간에 불화로 일어나는 모든 전쟁의 배후에도 악한 천사들의 조종이 있습니다. 부부싸움의 배후에도 악한 천사가 있습니다. 하나님이 자신의 손 아래 있는 천사들을 풀어놓으셔서 구원을 이루어 가시는 것입니다. 모든 것이 하나님의 섭리입니다. 구원을 이루시는 모든 과정이 하나님의 카이로스, 하나님의 주권입니다.

우리 주변에는 웬만한 고통에는 주께 돌이키지 않는 바위 같은 사람이 참 많습니다. 그렇다고 내 권위, 내 방법을 쓰면 됩니까? 설령 내가 2억 명의 군대를 동원할 수 있는 천사라고 할지라도, 내 힘으로 그것을 풀어 쓰면 안 됩니다.

내가 재벌이라서 돈으로 그들을 믿게 할 수 있습니까? 내가 대통령이라서 온 군대와 권력을 동원해 그들을 믿게 할 수 있습니까? 물론 그런 경우도 있었습니다. 기독교가 국교로 선포된 후 로마 황제의 말 한마디로 모두가 하나님을 믿어야만 했던 때도 있었습니다. 그러나 그 권세를 사용하신 분도 하나님입니다.

모든 권세를 결박하시는 분도, 풀어 쓰시는 분도 하나님입니다. 절대적인 하나님의 주권입니다. 그러므로 내 멋대로 나에게 온 권세를 쓰면 안 됩니다. 하나님의 때가 될 때까지 기다려야 합니다. 구원의 때가 되면 주님이 천사를 풀어놓으십니다.

한 집사님이 상사가 불의하다고 판단해 회사에 탄원서를 썼습니다. 그 바람에 상사가 승진을 못 해서 글쎄 이 집사님과 다시 함께 일하게 됐습니다. 이 집사님이 얼마나 불편했겠습니까. 상사가 자신 때문에 승진을 못 했다고 생각하니 괴로워서 우울증까지 걸렸다는 겁니다. 이렇게 다른 사람의 흉허물을 까발리고 깎아내리다 보면 결국 그 악이 내게 돌아오게 돼 있습니다. 우리는 하나님이 택한 자이기에, 내 힘으로 악한 천사를 풀어놓으려 해서는 안 됩니다.

반대로 최근에 세례를 받은 한 집사님은 어찌나 말씀을 잘 적용하는지 모릅니다. 이분이 요직에 있어 대외적으로 이름이 알려졌는데, 몇 년 전 한 동명이인의 기사에 이분의 사진이 잘못 게재되어 문제가 심각해졌습니다. 그래서 해당 언론사에 강하게 항의하고 명예훼손죄로 고소하고자 준비했습니다. 언론사 담당자가 거듭 사과했지만 받아들이지 않았습니다.

그런데 이튿날 딸과 함께 큐티를 하는데, 본문이 제사장 사가랴가 말 못하는 자가 되는 말씀이더랍니다(눅 1장). 집사님은 말씀을 묵상하며 '아, 하나님이 나에게 입을 다물라고 하시는구나!' 깨달아졌습니다. 그래서 고소 준비를 그만두고, 말씀에 순종하여 다음과 같이 합의했습니다.

"첫째, 오보를 낸 사람을 절대로 자르지 말 것. 둘째, 인터넷을 비롯한 모든 매체에 게재된 해당 기사는 반드시 삭제할 것. 셋째, 가능하면 추후 명예 회복이 되도록 조치를 강구할 것. 다만, 해당 언론사가 타격을 입을 수 있으므로 정정 보도는 원하지 않음."

얼마나 이타적인 적용입니까! 말씀이 잘 들리는 사람은 이제 막 세례를 받은 초신자여도 이처럼 즉시 순종합니다. 다음 날 언론사에서 자진해서 정정 보도를 냈는데 그때 이분 사진을 대문짝만하게 실어 준 덕분에 홍보도 되었다고 합니다. 그뿐만이 아닙니다. 마음을 내려놓고 고소를 딱 포기하니까 국민훈장까지 받았다는 겁니다. 말씀에 순종했더니 그야말로 자다가도 떡이 생겼습니다.

내가 심판의 주체가 되어서는 안 됩니다. 내가 손해를 보더라도 내 손으로 심판해서는 안 됩니다. 내가 악한 천사들을 풀어놓으려 해서는 안 됩니다. 돈이 있고 권세가 있어도 하나님의 때를 기다려야 합니다. 하나님의 카이로스를 살아야 합니다.

• "불의한 저 사람을 내가 심판하겠다" 하면서 내 권세를 휘두르고 있지는 않습니까?
• 심판의 주체는 하나님이심을 인정하며 하나님의 때를 기다립니까?

둘째, 더 끔찍하고 무서운 재앙이 찾아옵니다.

마병대의 수는 이만 만이니 내가 그들의 수를 들었노라_계 9:16

"마병대의 수를 들었다"고 합니다. 7장 4절에서도 "내가 인침을 받은 자의 수를 들으니……" 하면서 이스라엘 각 지파 중에서 인 맞은 자의 수가 십사만 사천이라고 했는데, 여기에서도 '들으니'라고 표현합니다.

또한 십사만 사천은 12와 12를 곱한 수에 만수인 10의 세제곱을 곱한 수인데, '이만 만'은 2 곱하기 10의 네제곱에 십의 네제곱을 더 곱한 수입니다. 문자적으로는 '2억'입니다. 그러니까 이 '이만 만', 즉 2억은 십사만 사천을 대항하는 수요, 마병대는 하나님의 백성에 대응하는 마귀의 대조품입니다. 지금 마귀가 십사만 사천보다 훨씬 큰 수를 내세우며 자신을 자랑하고 있는 것입니다. '너희는 십사만 사천이니? 나는 2억이다, 2억!' 하는 겁니다.

그런데 우리의 문제가 무엇입니까? 예수를 믿어도 나는 고작 십사만 사천뿐인데 마치 2억 같게 느껴지는 문제가 쳐들어오는 것입니다. '2억이 쳐들어오는데 십사만 사천밖에 없는 내가 어떻게 감당해?' 하면서, 자꾸 길이 없다고 생각하는 것입니다. 예수 믿는 게 초라하고 지질하게 느껴집니다. 그러니 사탄도 "말씀에 순종한다고 밥 먹여 주니? 그냥 이혼해", "나라님이 와도 이 문제는 해결을 못 해. 하나님도 해결 못 해!" 하고 우리를 꼬드깁니다.

그러면 우리 인생에 2억의 마병대가 쳐들어오는 사건을 어떻게 해석해야 합니까? 지난 재앙에서 황충에게 다섯 달 동안 사람들을 해하는 권세가 있다고 했습니다(계 9:3). 결국 2억의 마병대는 다섯 달 동안 황충 재앙을 참아 내지 못해서 쳐들어온 것입니다. 죽지 못해 사는 고통 가운데서 결국 이혼했더니, 괴로움 속에 하나님을 붙잡지 못하고 내 방법대로 살았더니 더 큰 2억의 마병대가 쳐들어옵니다.

그러나 더 큰 시련이 닥쳤더라도 이것은 하나님의 사랑입니다. 하나님이 사랑하시므로 우리가 영원한 사망으로 가도록 내버려 두지 않고 2억의 마병대를 보내신 것이죠. 요한계시록이 마지막이잖아요. 여기서 돌이키지 않으면 이제는 길이 없습니다. 그러니까 하나님이 우리가 무서워할 만한 표현을 다 써서 "제발 돌아와라. 다섯 달 동안 괴롭다고 이혼하면 2억의 마병대가 쳐들어오는 거야. 그러니 제발 지금이라도 예수 믿어!" 말씀하시는 것입니다.

지금까지는 어느 정도 감당할 만했지만 이제 닥칠 고난은 예전 것과는 비교할 수 없습니다. 그동안 부부간에, 부모ㆍ자식 간에, 형제 간에, 고부간에 전쟁이 치열했을 수 있습니다. 그런데 만약 국가적인 재난이 일어났다고 생각해 보세요. 옆에서 폭탄이 터지고 건물이 무너지는데 거기서 남편 욕, 아내 욕, 시댁 욕이 나오겠습니까? 거기서도 남편 꼴 보기 싫다고 당장 이혼하겠다며 울고불고하겠습니까? 평소 원수 같던 가족이라도 내가 당장 죽게 된 상황에서 만나면 너무 반가워서 눈물이 나지 않겠습니까? "어머나, 살아 있었구나!" 하면서 말입니다.

황충 고난과 2억의 마병대가 바로 이런 것입니다. "네가 처한 상황에서 하나님을 만나지 못하고 세상적으로 구했기에 더 큰 재앙이 올 수밖에 없다" 지금 말씀하시는 것입니다. 살면서 남편이, 아내가 속 썩이고, 자녀가 속 썩이는 것은 문제도 아니라는 겁니다. 아내와 남편이, 고부간에 지지고 볶는 문제는 이 세상에서 제일 약한 문제라는 겁니다. 거기서 하나님을 만나지 못하면 더 무서운 재앙이 옵니다.

하나님은 때가 되기 전까지는 악한 천사들을 붙들어 주시지만 때가 이르면 공의로 심판하십니다. 그러니까 다섯 달의 괴롭힘 가운데 있다면 지금 돌이켜 말씀에 순종해야 합니다. 믿는 내가 돌이키지 않기 때문에 하나님이 내 옆에 힘든 환경과 사람들을 붙이십니다. 배우자가, 자녀가, 시댁이, 처가가 나 때문에 수고합니다. 하나님이 나를 향해 분노를 표시하시는 것입니다.

여전히 말씀도 싫고, 공동체에 속하기도 싫고, '말씀대로 순종하라'는 지체들의 권면이 고리타분하게 여겨집니까? 남편이, 아내가, 자식이 변하기만 그저 바라고 있습니까? 하나님의 관심은 나에게 있습니다. 내가 아직도 하나님께 전적으로 무릎 꿇지 못해서, 내 훈련의 양이 차지 않아서, 내가 아직 이길 만하지 못하기에 끊임없이 재앙이 찾아오는 것입니다. 그러니 어떤 끔찍한 재앙도 결국 하나님의 사랑입니다.

저에게도 때마다 사건이 찾아왔습니다. 하나님은 제 훈련의 양이 차기까지 저에게도 때마다 시마다 사건을 허락하셨습니다. 그러다 남편이 하루 만에 가는 큰 사건이 찾아왔습니다. 이런 재앙이 어디 있겠습니까? 그야말로 죽음의 재앙 아닙니까? 만일 제가 이 사건을 흘러가는 세월 속에 일어난 우연이라고 생각했다면 지옥을 살았을 것입니다. 죽지 못해 살았을 것입니다. 제가 카이로스로 살지 못하다가 이 일을 만났다면, 이후로 아무리 교양 있는 표정을 하며 살아갈지라도 악한 천사들의 공격에 무너졌을 것입니다. 우리가 카이로스로 살지 못하면 모든 재앙은 그저 고통이고 심판입니다.

하나님의 시간, 그 년, 월, 일, 시에는 우연이 없습니다. 모든 것은 하나님의 말씀대로 정확히 이루어지는 일입니다. 그러므로 말씀대로 믿고 사는 것이 중요합니다. 저도 남편의 죽음이라는 두려운 사건 속에서 에스겔 말씀대로 믿고 나아갔더니 하나님께서 그날에 일어난 일 그대로 말씀으로 확증해 주셨습니다. 남편이 천국에 갔다고 확증해 주셨을 뿐만 아니라, "앞으로 에스겔처럼 입을 열어 많은 사람에게 복음을 전하라"는 놀라운 사명까지 주셨습니다. 그래서 우리는 날마다 큐티해야 합니다. 하나님 말씀을 미리 듣고 가면 놀랄 일이 없습니다. 말씀을 믿고 가면 그대로 이루어지는 줄 믿습니다.

에녹은 하나님과 동행하다가 죽음을 보지 않고 승천한 자입니다. 그 아들의 이름은 므두셀라로 '그가 죽으면 심판이 온다'라는 뜻입니다. 므두셀라가 라멕을 낳고, 라멕은 노아를 낳았습니다. 아들 라멕이 먼저 죽고 므두셀라는 969세를 살아 성경에서 가장 장수한 사람으로 기록되었습니다(창 5장).

그런데 노아 시대에 백성들이 악을 행하자 하나님이 이 땅을 심판하기로 결정하십니다. 마침내 노아가 600세 되던 해, 그리고 그의 할아버지 므두셀라가 소천한 해에 하나님께서 홍수로 세상을 쓸어버리십니다(창 7:11). '그가 죽으면 심판이 온다'라는 하나님의 말씀이 정확히 이루어진 것입니다.

하나님의 말씀은 한 치의 오차도 없습니다. 그러니 말씀을 믿기만 하면 저절로 수지맞는데, 오히려 우리는 말씀을 애써 무시하면서 자꾸 세상에 점수를 줍니다.

마태복음 24장에 "그러나 그 날과 그 때는 아무도 모르나니 하늘의 천사들도, 아들도 모르고 오직 아버지만 아시느니라 노아의 때와 같이 인자의 임함도 그러하리라 홍수 전에 노아가 방주에 들어가던 날까지 사람들이 먹고 마시고 장가들고 시집가고 있으면서 홍수가 나서 그들을 다 멸하기까지 깨닫지 못하였으니 인자의 임함도 이와 같으리라"고 합니다(마 24:36~39). 창세기도 마태복음도 요한계시록도 모두 똑같은 말씀입니다. 그저 세상을 따라 먹고 마시며 말씀을 깨닫지 못하는 자에게 심판의 날은 도둑같이 이릅니다.

> 17 이같은 환상 가운데 그 말들과 그 위에 탄 자들을 보니 불빛과 자줏빛과 유황빛 호심경이 있고 또 말들의 머리는 사자 머리 같고 그 입에서는 불과 연기와 유황이 나오더라 18 이 세 재앙 곧 자기들의 입에서 나오는 불과 연기와 유황으로 말미암아 사람 삼분의 일이 죽임을 당하니라_계 9:17~18

끔찍한 무기가 등장합니다. 마병대의 말들과 그 위에 탄 자들을 보니 불빛, 자줏빛, 유황빛 호심경이 있고, 말들의 머리는 사자 같아서 입에서는 불과 연기와 유황이 나옵니다. 계시록이 쓰인 당시 이런 무기를 상상이나 할 수 있었겠습니까? 그런데 이천 년이 지난 오늘날 그야말로 불과 연기와 유황이 뿜어져 나오는 온갖 무기가 등장했습니다. 각종 군함에 미사일에 핵병기에…… 그뿐입니까? 미사일이 한번 터지면 온 지구가 쑥대밭이 될지도 모릅니다. 우리는 살상 무기로 생명을 위협 받는 시대에 살고 있습니다. 실제로 역사를 지나오면서 수많은 사람이 전쟁 가운데서 죽어 갔습니다. 내가 말씀으로 깨어서 예비하지 않으면 전쟁으로 죽어도 심판입니다. 카이로스를 살지 않으면 심판을 면할 길이 없습니다.

또 18절에 "자기들의 입에서 나오는' 불과 연기와 유황으로 말미암아 사람의 삼분의 일이 죽임을 당하더라"고 합니다. 전쟁이 꼭 총과 칼로만 치러집니까? 이 시대는 인간의 입에서 나오는 각종 사상이 사람을 죽입니다. 나라 간, 부부간에도 마찬가지입니다. 나의 사상을 남에게 강요하고 하나님 외의 것, 거짓된 사상을 교묘히 주입합니다. 인본주의가 판을 치고 포퓰리즘과 가짜 뉴스로 여론 몰이를 합니다. 그러니 나도 모르는 사이에 휩쓸려서 남을 심판하고 나도 심판을 당합니다. 끊임없이 죽고 죽임당합니다.

> 이 말들의 힘은 입과 꼬리에 있으니 꼬리는 뱀 같고 또 꼬리에 머리가 있어 이것으로 해하더라_계 9:19

말들의 힘이 입과 꼬리에 있다고 합니다. 입은 강력한 무기입니다. 그리스도의 입에서 나오는 말씀은 살아 있고 활력이 있어 좌우에 날 선 검보다도 예리하여 혼과 영과 및 관절과 골수를 찔러 쪼갭니다(히 4:12). 사람을 살리는 생명의 무기입니다. 그런데 예수님 흉내 내기를 좋아하는 사탄도 그 입에 힘이 있습니다. 거기다 꼬리는 뱀 같고 그 꼬리에 머리가 있다고 합니다. 앞뒤로 머리가 있으니 얼마나 지혜가 출중해 보이는지 모릅니다. 이런 말들에게 삼분의 일이 죽임을 당합니다.

정말 그렇습니다. 세상 돌아가는 모습을 보세요. 국회에서도, 인터넷 세상에서도 서로 입으로 싸우고 입으로 상대를 죽입니다. 그 힘이 입에 있습니다. 입이 무기입니다. 바리새인들도 어떻게 하면 예수님을 '말의 올무'에 걸리게 할까 상의했습니다(마 22:15). 그러므로 우리는 입에서 나오는 말의 힘을 분별해야 합니다.

인생의 실수는 말실수가 거의 전부라 해도 과언이 아닙니다. 신앙이 건강하지 못하면 말의 올무에 걸리고 맙니다. 강한 자를 무너뜨리는 것은 비판보다는 칭찬과 아부인데, 바리새인들도 이를 잘 알고 "당신은 참되시고 진리로 하나님의 도를 가르치시며 아무도 꺼리는 일이 없으시니 이는 사람을 외모로 보지 아니하심이니이다"라고 예수님께 아부하지 않았습니까(마 22:16)? 그러나 비록 입발림하는 소리였어도 진실로 주님은 사람을 외모로 보지 않으시기에 그들의 속내를 꿰뚫어 보셨습니다.

주님이 바리새인들의 말이 진짜인지 가짜인지 어떻게 분별하셨습니까? 바리새인들이 아무리 주님을 칭찬해도 그들은 예수님과 놀지 않잖아요. 예수님과 절대 교제하지 않습니다. 초라한 나사렛 출신에 목수의 아들이라고 어울리기를 딱 꺼립니다.

우리도 그러지 않습니까? 학벌 있는 사람은 학벌 있는 사람끼리,

돈 있는 사람은 돈 있는 사람끼리 어울리면서 수준을 따져 댑니다. 아무리 예수를 믿어도 외모로 사람을 차별합니다. 주님은 이런 바리새인에게, 우리에게 말씀하십니다.

"예수께서 그들의 악함을 아시고 이르시되 외식하는 자들아 어찌하여 나를 시험하느냐"(마 22:18).

외식이란 겉치레입니다. 사람을 겉모습, 즉 외모로 판단하는 것입니다. 날마다 학벌과 권세를 따지는 사람들이 하는 일이 예수님을 시험하는 것입니다. 겉으로는 예수님을 칭찬하면서 예수님과 함께하지는 않습니다. 주님은 이들의 '악함'을 아셨다고 합니다. 악함을 보고 분하면 그 악함에 말려들게 돼 있습니다. 그러므로 누군가가 욕할 때는 잠잠하고, 칭찬할 때도 분별하는 것이 지혜입니다. 그가 나와 정말 함께하고 싶은 것인지, 말로만 그러는 것인지는 조금만 이야기를 나누어 보면 딱 압니다. 우리가 늘 외식에 사로잡혀 외모로 사람을 차별하기에 분별해 내지 못하는 것입니다.

하나님께서 지금까지 우리들교회를 지켜 주신 것은 그래도 제가 분별하고자 노력하기 때문이 아닐까 생각합니다. 인사가 만사라는데, 사람을 세워야 할 일이 생기면 외모로 차별하지 않으려고 고민, 고민하다가 제가 밤잠을 설치기도 합니다. '사람을 살리기 위해서는 어떤 사람이 필요합니까?' 기도하고 또 기도합니다. "아무나 좀 세우라"고 하는 분도 있지만, 한 사람을 잘못 세우면 맑은 못도 흙탕물이 되지 않습니까? 아무나 세웠다가는 정말 큰일 납니다. '이분에게 이 자리가 맞을까, 저 자리가 맞을까' 고민하다 보면 하나님께서 제 진심을 보고 알맞은 사람을 세워 주지 않으시겠습니까. 이렇게 사랑으로 분별해 왔기에 하나님이 지금까지 우리들교회를 지켜 주셨다고 생각합니다.

사람을 그저 외모로 판단하면 배우자감도 분별 못 하고, 동업자도 분별 못 합니다. 아무도 분별해 낼 수 없습니다. 계속 속아 넘어갈 일만 생깁니다.

• 내 인생에 2억의 마병대가 쳐들어왔습니까? 내가 다섯 달 동안의 괴롭힘을 참지 못해서 온 재앙인 것을 인정합니까?
• 하나님의 그 년, 월, 일, 시에는 우연이 없고 모든 것은 말씀대로 이루어진다는 사실을 믿습니까?

셋째, 그럼에도 끝까지 회개하지 않습니다

이 재앙에 죽지 않고 남은 사람들은 손으로 행한 일을 회개하지 아니하고 오히려 여러 귀신과 또는 보거나 듣거나 다니거나 하지 못하는 금, 은, 동과 목석의 우상에게 절하고_계 9:20

2억의 마병대가 쳐들어와도 삼분의 일만 죽었기에 또 살아남은 자가 있습니다. 그런데 이 사람들이 회개하지 않습니다. 이들은 사람에게는 관심이 없고, 보거나 듣거나 다니거나 하지 못하는 금, 은, 동, 목석의 우상을 찾아다니며 절합니다. 화려한 것만 좇습니다. 지질한

312

것은 딱 싫어합니다.

꼭 이 시대의 모습 아닙니까? 온갖 참사로 수백 명이 죽고, 전염병으로 수천, 수만 명이 죽어도 남은 사람들은 회개하지 않습니다. 바로 옆에 식구가 참상을 겪어도 "안전 관리가 잘못되었다"고 당국만 비판하면서 예수는 안 믿습니다. 도대체 이런 대재앙 가운데서도 살아남는 사람들은 어떤 사람이기에 이렇게까지 안 돌아올까요?

시어머니에, 친정어머니까지 평생 모시고 살면서도 '나는 절대 힘들지 않다'고 이야기하는 사람이 있습니다. "이건 사람의 도리 아닙니까? 사람이 되어서 자기 부모를 못 모시면 그게 사람이에요? 당신은 예수 믿는다면서 그런 것도 못 해요?" 이런 이야기를 하는 사람을 보면 우리는 딱 밥맛이 없습니다.

또 목장에서 내 힘든 이야기를 열렬히 나눴는데, 목자가 "아니, 뭐 그런 걸로 힘들다고 그래" 하면 다음부터 목장에 가기가 딱 싫어집니다. 이렇게 자기 의지를 강조하는 사람, '내 의지로 이기면 되지 뭐가 힘들어!' 하는 사람이야말로 정말 회개가 안 됩니다. 우리는 인간이기 때문에, 인간은 죄인이기 때문에 힘들어야 정상입니다.

제 아버지는 유교적 사상이 뿌리 깊은 분이었습니다. 지나고 보니 우리 자매들이 하나같이 힘든 집에 시집을 갔는데, 아버지는 딸 귀한 줄도 모르고 선만 보고 오면 상대방 남자를 무조건 좋다고 칭찬하셨습니다.

"사람은 다 똑같다. 다 착한 사람이라우!"

우리가 결혼생활을 불평하면 "너희가 공부를 하면 얼마나 했네?

잘 승화시키며 살라우!" 하시고, 제가 시집살이에 힘들다 하면 "밥만 먹여 줘도 감사하라우!" 하셨습니다. 뭐, 제가 굶다가 시집을 갔나요? 정말 하나도 위로가 안 됐습니다. 아버지가 매사 통달해서 그러셨다기보다는 힘든 것을 겪어 보지 못해서 사람이 그저 아름답게만 보이신 것입니다. 그러나 이게 얼마나 분별이 안 되는 것입니까. 아버지는 아버지대로 성품이 너무 좋고, 어머니는 어머니대로 믿음이 너무 좋아서 우리 자매들이 기댈 데라곤 없었습니다. 그러나 하나님이 합력하여 선을 이루게 하심으로, 모두 용광로 같은 결혼생활을 잘 통과해 오늘날 이렇게 많은 사람을 살리게 된 줄 믿습니다.

누군가의 재앙을 보며 "그까짓 게 무슨 재앙이야!" 해서는 안 됩니다. 재앙은 재앙으로 여겨야 합니다. 그게 사람다운 것입니다. 만일 상대의 재앙이 재앙으로 느껴지지 않는다면, 그것은 아직 내가 한계상황을 겪어 보지 않아서 그렇습니다. 그러나 살면서 누구나 한계상황을 맞습니다.

남편을 우상 삼는 사람은 남편 금, 시댁 은에 죽자 살자 절하지만, 남편이 한번 문제를 일으키면 인생이 끝난 것처럼 뒤집어집니다. 자식을 우상 삼는 사람은 자식을 위해서라면 어느 목석에든 넙죽넙죽 절하지만, 자식이 내 뜻대로 안 되면 '나 죽겠네' 합니다. 아무리 자기 의지로 이겨 보려 해도 안 되는 일이 반드시 옵니다.

또 그 살인과 복술과 음행과 도둑질을 회개하지 아니하더라_계 9:21

회개하지 않는 자들은 미움을 버리지 못해 마음으로 살인합니다. 또 예수를 믿어도 점집을 찾아가고, 쉽게 음행합니다. 배우자가 바람을 피우면 덩달아 맞바람을 피웁니다. 도둑질도 합니다. 물건을 훔치는 것만 도둑질이 아닙니다. 하나님이 주신 시간과 재물을 멋대로 쓰는 것도 도둑질입니다. 그러면서 자기가 무엇을 도둑질하는지도 모릅니다. 이들이 회개를 거부하며 아무리 스스로를 똑똑하게 여겨도, 인간의 지혜인 666으로는 하나님의 지혜인 7을 따라갈 수 없습니다(계 13:18). 그런데도 여러분은 세상에 점수를 주고 있습니까? 학벌과 권세와 성품에 점수를 줍니까?

• 어떤 일에도 회개를 거부하고 '나는 할 수 있다' 하면서 내 의지로 이겨 보려 하지는 않습니까?

넷째, 성도들의 기도가 재앙을 구원으로 바꿉니다.

여섯째 천사가 나팔을 불매 내가 들으니 하나님 앞 금 제단 네 뿔에서 한 음성이 나서_계 9:13

여섯째 나팔을 불자 '하나님 앞 금 제단' 네 뿔에서 음성이 났다고 합니다. 하나님의 제단은 어떤 곳에 있습니까? 출애굽기 30장 6절에 보면 "그 제단을 증거궤 위 속죄소 맞은편 곧 증거궤 앞에 있는 휘장 밖에 두라 그 속죄소는 내가 너와 만날 곳이라"고 합니다. 구약에서 분향할 금 제단은 성소와 지성소 사이의 휘장 앞, 곧 하나님이 모세를 친근히 만나 주시던 속죄소 맞은편에 위치해 있었습니다. 그러므로 '금 제단에서 음성이 난다'는 것은 곧 주님이 우리의 기도를 들으신다는 의미입니다. 하나님과 친근히 교제하며 구원을 간구하는 우리의 기도를 주님이 들으신다는 것입니다.

주님은 앞서 자기 죄를 보며 말씀으로 기도하는 자에게 "이는 보좌 가운데에 계신 어린 양이 그들의 목자가 되사 생명수 샘으로 인도하시고 하나님께서 그들의 눈에서 모든 눈물을 씻어 주실 것임이라"고 약속하셨습니다(계 7:17). 내 집안사람 누구 하나 예수를 믿지 않아도, 믿는 내가 기도할 때 주님이 우리 집안의 눈물을 씻어 주십니다.

무저갱의 연기, 황충, 불과 유황을 뿜는 말 등 듣기만 해도 무시무시한 재앙이 끊임없이 등장하지만, 그럼에도 우리가 위안을 얻을 수 있는 것은 그 한계를 정하는 분이 바로 하나님이시기 때문입니다. 어떤 재앙도 주님의 통제 아래 있습니다. 넷째 인 재앙에서는 땅의 사분의 일만 해하겠다고 하셨습니다(계 6:8). 황충 재앙에서는 다섯 달 동안 괴롭게만 하겠다고 하셨습니다(계 9:5). 그리고 지금 여섯째 나팔 재앙에서는 사람 삼분의 일만 죽이겠다고 하십니다(계 9:18). 어떻습니까? 하나님의 사랑이 느껴지십니까?

베드로후서 3장 9절에서도 "주의 약속은 어떤 이들이 더디다고 생각하는 것같이 더딘 것이 아니라 오직 주께서는 너희를 대하여 오래 참으사 아무도 멸망하지 아니하고 다 회개하기에 이르기를 원하시느니라"고 합니다. 그러므로 계시록은 결코 재앙의 책이 아니요, 우리를 너무너무 사랑하시는 하나님의 사랑의 책입니다. "제발 돌아와. 삼분의 일이 죽었는데 왜 아직 안 돌아오니, 심판에 빠지려고 그러니?" 애타게 말씀하시는 하나님의 음성입니다. 그러니 이런 하나님의 마음을 깨달아 믿는 내가 먼저 구원의 시간을 살아야 하지 않겠습니까?

어떤 고난이 몰려오든지 말씀에 귀 기울이며 기도로 하나님과 교제하는 사람은 모든 시간이 하나님의 시간, 카이로스로 바뀌는 기적을 경험합니다. 앞에서 미국의 전설적인 자동차 판매왕 조 지라드의 이야기를 했습니다. 그가 말한 '250명의 법칙'대로 적용해 봅시다. 내가 오늘 하루를 카이로스로 살면서 만나는 사람마다 진심을 다해 사랑한다면 수십만 명에게 복음을 전하는 기적을 경험할 수 있습니다. 반대로 내가 하루에 한 사람만 괄시해도 일 년이면 약 9만 명을 원수로 만들게 되는 셈입니다.

한 젊은 사형수에게 죽기 전 마지막 5분이 주어졌습니다. 그는 고민하다가 가족과 친구들을 위해 기도하는 데 2분, 삶을 주신 하나님께 감사하고 곁에 있는 다른 사형수들에게 작별 인사를 하는 데 2분, 나머지 1분은 자연의 아름다움과 자신을 지금까지 서 있게 해 준 땅에 감사하기로 마음을 먹었습니다. 그는 흐르는 눈물을 삼키면서 가족과 친구들을 위해 기도했습니다. 벌써 2분이 지났습니다. 이제 3분 후면 내 인생도 끝이라는 생각에 눈앞이 캄캄해지고, 지나 버린 28년의 시간이 너무 후회되었습니다. 그는 하나님께 "다시 한 번만 인생을 살게 해 달라"고 기도했습니다. 지금까지는 인생을 내 마음대로, 크로노스로 살았지만 한 번 더 기회를 주시면 카이로스로 살겠노라고 간절히 기도했습니다. 그때 기적처럼 사형 집행 중지 명령이 내려졌고, 그는 기도대로 새 인생의 기회를 얻었습니다. 이후 그는 소중한 그 5분을 기억하면서 남은 시간을 하나님의 시간, 카이로스로 채워 놀라운 문학작품을 남겼습니다. 그가 바로『죄와 벌』,『카라마조프 가의 형제들』을 쓴 도스토옙스키(Dostoevskii)입니다.

　　하나님의 그 년, 월, 일, 시에는 우연이 없습니다. 하루하루를 사명의 날로, 구원의 시간으로 채우기 바랍니다. 우리에게 시간은 생명과도 같습니다. 생명은 곧 예수님이시니, 시간을 함부로 사용하는 것은 예수님을 천히 여기는 것과 같습니다. 구원 받은 사람은 시간을 잘 사용합니다. 영혼 구원이라는 사명을 이루기에 하루가 바쁘니 시간을 귀히 여길 수밖에 없습니다. 반면에 재앙을 당하는 자는 오직 자기 능력으로 살려 하다가 모든 것을 잃습니다. 자기 의지로 살아 내려는 것이 지옥의 시작입니다. 살아도 죽은 것입니다. 지옥은 이 땅에서부터 시작됩니다.

　　그 년, 월, 일, 시를 하나님의 시간으로 인정하지 않는 자는 악한 천사의 공격을 받아 죽음이 기다리는 자입니다. 누구도 예외가 없습니다. 끔찍한 재앙 속에서 살아도 죽은 것 같은 인생을 살게 됩니다. 사람을 외모로 취하고, 말로 사람을 죽이며 끝까지 회개하지 않습니다. 우상을 섬기고 살인, 복술, 음행, 도둑질을 행합니다. 인간은 100퍼센트 죄인입니다. 이것을 인정하지 않는 자는 카이로스의 시간을 살 수 없습니다. 그러나 가정마다 믿는 한 사람이 있다면 소망이 있습니다.

재앙을 당해도 믿는 나로 인해 모든 식구가 구원 받게 될 줄 믿습니다. 그러니 나부터 주께 돌이키며 카이로스를 살기 바랍니다.

- 말씀과 기도로 하나님과 끊임없이 교제하고 있습니까?
- 믿는 나 한 사람의 기도를 주님이 들으시고 우리 집안을 구원해 주실 것을 믿습니까?

남편은 돈을 많이 벌어 잘사는 것이 인생의 목적인 사람이었습니다. 저 역시 그랬기에 남편과 결혼하면 행복할 줄 알았습니다. 그러나 늘 일이 우선인 남편과 살면서 너무 외로웠습니다. 그러던 어느 날 무심코 남편의 핸드폰을 보다가 남편이 바람을 피운다는 사실을 알게 되었습니다. 삶이 억울하고 남편이 미웠지만, 남편에게 "교회 공동체에서 바람피운 것을 오픈하면 용서해 주겠다"고 했습니다. 그러나 웬걸요. 남편은 죄의식도 없이 "다른 집사님들에 비하면 나는 바람 축에도 못 낀다!"며 도리어 제게 큰소리를 쳤습니다. 적반하장인 남편의 태도가 황당했지만 방황하는 남편을 교회 공동체에 정착시키고 싶어서 꾹 참았습니다. 하지만 배신감만은 지울 수 없어서, 보상 심리로 외제차를 타고 다니고 집을 꾸미는 데 온 신경을 쏟았습니다.

그러던 중 제게 유방암이라는 청천벽력 같은 재앙이 찾아왔습니다. 갑작스러운 재앙 앞에 두려웠지만 하나님이 큐티 말씀을 통해 "귀중한 자"라고 불러 주시며 저를 만나 주셨습니다(대상 4:9). 남편은 암 수술 후 받은 보험금을 자신의 일에 투자하라면서 저를 부추겼습니다. 저는 교회 공동체에 물어보지도 않고 선뜻 몇천만 원을 남편에게 주었습니다. "이혼하자"라는 소리를 입에 달고 사는 남편이 두려워서 제대로 따져 보지도 않고 남편을 따른 것입니다. 그런데 이 일이 2억의 마병대가 공격해 오는 재앙으로 돌아왔습니다(계 9:16).

회사 사정이 어려워지자 사장의 권유로 남편이 집 담보 대출과 회사 명의의 대출을 받았는데, 사장이 폐업 신고를 하고 도망가 버린 것입니다. 한계상황이 오자 남편은 제게 6억의 빚이 있다는 사실을 털어놓으며 모든 수습을 저에게 떠넘겼습니다. 저는 남편을 위해 작은 집으로 이사 가는 것밖에는 길이 없다는 생각이 들었습니다. 주위 사람들은 "전세자금대출을 받아서 급한 빚부터 갚고 집을 지키라"고 했지만, 불법을 저지를 수 없어서 갈등이 되었습니다.

그러나 결국 '죽으면 죽으리라'의 심정으로 대출 받는 것을 포기했습니다. 죄의식이 없는 남편을 위해 남편과 같이 말씀에 순종하여 열 가지 재앙을 겪어 내는 것이 구원 받는 길이라고 생각했기 때문입니다. 재앙에도 회개하지 않고 금, 은, 동과 목석의 우상에게 절하는 자들처럼, 저 역시 집과 남편을 우상 삼는 죄인이라는 것도 깨달았습니다(계 9:20). 비록 공들인 집을 포기해야 했지만, 이 모든 일이 하나님의 그 년, 월, 일, 시 안에서 이루어지는 구원의 사건인 줄 믿습니다(계 9:15). 재앙의 시간을 하나님의 시간으로 깨닫고 돌이킬 수 있게 해 주신 하나님, 사랑합니다.

영혼의 기도

하나님 아버지, 내게 주어진 시간이 하나님의 시간, 카이로스라는 사실을 알게 하시니 감사합니다. 유브라데강에 결박된 악한 천사를 풀어놓아서 우리가 죽임당할 수밖에 없도록 하신 것은 주님의 사랑입니다. 우리를 어떻게든 구원 받게 하시려고 주위 사람을 동원하고, 온갖 재앙을 동원하셨습니다. 그런데도 우리는 바위 같아서 회개하지 않습니다. 다섯 달의 고통을 못 참아 2억의 고통을 날마다 불러들이고 있습니다. 너무나 어리석은 자임을 주님 앞에 고백합니다.

예수님의 말씀을 믿으면서도, 초라함이 싫어서 여전히 외모로 취하는 악함이 우리 안에 있음을 고백합니다. 내 멋대로 살면 끔찍한 죽임을 당할 수밖에 없다고 주님이 말씀하셔도 나와 상관없는 말씀으로 여기고 여전히 바리새인처럼 외모로 사람을 취합니다. 분별의 영이 없습니다. 그 결론으로 지금의 재앙이 왔습니다. 모든 것은 우리 삶의 결론입니다. 내가 세상을 너무 좋아하니 이런 결론에 이른 것입니다.

그러나 이제는 하나님 앞으로 가기 원합니다. 회개하기 원합니다. 집집마다 바로 선 한 사람이 있으면, 그 한 사람의 기도로 주님이 재앙 속에서도 구원해 주실 줄 믿습니다. 아직도 주님의 말씀이 안 들리는 우리 식구들을 위해서도 내가 대신 회개하오니 주여, 불쌍히 여겨 주옵소서. 하나님의 말씀이 들리게 도와주시옵소서. 그 년, 월, 일, 시가 하나님의 카이로스가 되어서 하나님을 신뢰하고 하나님의 주권을 인정하는 나와 우리 식구들이 될 수 있도록 주님, 역사하여 주시옵소서. 예수님 이름으로 기도드립니다. 아멘.

PART 3
예언하라

작은 두루마리의 권세

요한계시록 10장 1~7절

11

하나님 아버지, 작은 두루마리의 권세를
입은 자가 되기 원합니다.
말씀해 주시옵소서. 듣겠습니다.

＋◆◇

"유명한 소설에 당신의 이름을 넣어 준다면 얼마를 주겠는가?"

수년 전 미국의 유명 작가들과 시민 단체가 뜻을 모아 소설 속 등
장인물의 이름을 지어 줄 수 있는 권리를 경매에 부쳤습니다. 이베이
(ebay)를 통해 이루어진 경매 결과, 한 여성에게 2만 5100달러(한화 약
2,635만 원)에 최종 낙찰되었고, 이로써 그녀는 스티븐 킹(Stephen Edwin
King)의 차기작에 자신의 동생의 이름을 올릴 기회를 얻었습니다. 킹
의 열렬한 팬인 동생에게 특별한 선물을 주고 싶었다는 그녀는 "이것
이야말로 영원히 남는 선물 아니겠는가!" 하며 크게 기뻐했습니다.
그런데 아이러니하게도 킹의 소설에서 그 이름이 붙여질 인물은 끔
찍하게 살해를 당하는 역할이었습니다. 어떤 인물인지는 따져 보지
도 않고 그저 유명 소설에 이름 하나 싣고자 거금도 아끼지 않은 것입
니다. 그것이 영광이고 권세를 얻는 거라면서 말이죠.

이 땅에서는 '권세' 하면, 대개 사람들로부터 얻는 권위를 말합니
다. 대통령도, 국회의원도 많은 국민에게 표를 얻어야 당선됩니다. 교
육감이나 총장직도 마찬가지입니다. 어떤 권세든지 사람들에게 인정
을 받아야 합니다. 인사고과나 시험을 통해서 얻은 권세라도 사람들
에게 인정받지 못하면 그 자리를 오래 유지할 수 없습니다. 그러니 이
땅에서 권세를 얻기 위해서는 사람에게 잘 보여야 하는 것이 절대적

원칙입니다.

그러나 권세만큼 허무한 것도 없습니다. 아무리 대통령이 되면 뭐 합니까. 임기가 끝나면 위세도, 인기도 금세 잃어버리는 경우를 우리는 많이 보았습니다. 최고의 권력을 누리다가 끝에는 감옥에 가는 사람도 허다합니다. 하나님이 계시록을 통해 재앙 이야기를 끊임없이 하시는 것도 세상 권세가 전부가 아니라는 것을 우리에게 알려 주시기 위함입니다. 심판의 말씀을 통해 회개를 촉구하시는 것입니다.

그러나 아무리 두들겨 맞아도 회개하지 않는 것이 죄인의 특징입니다. 그래서 주님은 재앙 이야기 사이사이에 복음을 말씀하십니다. 5장과 7장, 이제 묵상할 10장에서도 복음을 이야기하시며 "인간은 재앙과 심판만으로는 절대 회개하지 않는다"라고 알려 주십니다.

우리는 사소한 죄에도 꼼짝 못 하면서 하나님 앞에서는 어찌 그리 억세고 굳센지, 정말 고쳐 줄 자가 없습니다. 이렇듯 말 못 할 죄인인 우리가 어떻게 회개할 수 있습니까? '복음'이 있어야 합니다.

7장이 그랬듯 10장에서도 복음이 중간계시로서 등장합니다. 일곱 인 재앙, 일곱 나팔 재앙으로 인간이 변화되는 것이 아닙니다. 인간이 회개하여 변화될 수 있는 길은 '작은 두루마리'에 있습니다(계 10:2). 그렇다고 재앙이 아무 소용없다는 뜻은 아닙니다. 불신자에게는 하나님의 공의로운 심판이요, 성도들에게는 성화를 이루는 통로이기에 재앙도 필수적입니다. 그러나 작은 두루마리에는 재앙보다 큰 권세가 있습니다. 세상 그 어떤 권세도 이 작은 두루마리를 따라오지 못합니다. 하나님은 작은 두루마리, 즉 성경의 권세를 통해 "회개하라"고

하십니다. 진정한 권세를 가지라고 말씀하십니다.

힘센 천사가 성경책을 떠받들고 있습니다

1 내가 또 보니 힘센 다른 천사가 구름을 입고 하늘에서 내려오는데 그 머리 위에 무지개가 있고 그 얼굴은 해 같고 그 발은 불기둥 같으며 2 그 손에는 펴 놓인 작은 두루마리를 들고 그 오른발은 바다를 밟고 왼발은 땅을 밟고 3 사자가 부르짖는 것같이 큰 소리로 외치니 그가 외칠 때에 일곱 우레가 그 소리를 내어 말하더라_계 10:1~3

하나님은 광야에서 구름 기둥, 불기둥으로 이스라엘을 인도하셨는데 이번에는 힘센 천사가 구름을 입고 하늘에서 내려옵니다. 천사는 마치 변화산의 예수님처럼 얼굴은 해 같고 발은 불기둥 같아서 그가 밟는 곳마다 구원과 심판이 임합니다. 또한 그의 머리 위에는 무지개가 있습니다.

'무지개' 하면 생각나는 것이 있지요. 바로 노아가 받은 언약입니다. 하나님은 노아에게 "다시는 세상을 홍수로 심판하지 않겠다"라는 약속의 표로 무지개를 보여 주셨습니다(창 9:8~13). 즉, 무지개는 자비의 표시입니다. 아무리 황충 재앙이 임하고 유브라데의 2억 마병대가 놓여도, 주님은 우리에게 "내가 무지개 언약을 주겠다. 너를 반드시 보호하겠다. 걱정하지 마라. 무지개를 기억해라!" 약속하십니다. 재앙이 혹독하게 오는 것 같아도 자신의 백성을 사랑하시므로 힘센 천사를 보내 주십니다. 하나님은 결코 무책임하게 주의 일을 맡기지 않으십니다. 주의 일을 하는 자들에게는 영광과 권세로 힘입은 천사를 보내 주십니다.

그런데 힘센 천사가 오른발로는 바다를, 왼발로는 땅을 밟고 서 있다고 합니다. 오대양 육대주를 딱 밟고서, 그 손에는 펴 놓인 작은 두루마리를 들고 있습니다. 그러니 성경만 보면 이 땅의 모든 일, 우리 인생의 모든 문제가 해결되지 않겠습니까? 작은 두루마리에 심판과 구원의 역사가 다 기록되어 있습니다. 천지창조에서부터 우주의 신비와 내 인생의 구속사까지 모든 이야기가 있습니다. 부부 관계, 고부 관계, 친구 관계…… 모든 인간관계론이 성경에 있습니다.

땅이나 바다나, 어떤 지위에 있으나 이 땅의 모든 것, 모든 사람에게 구원과 심판은 동시에 이루어집니다. 노아 홍수 때도 온 땅이 심판을 받았지만, 노아의 가족만은 구원을 얻지 않았습니까? 하나님이 아무리 재앙을 예고하셔도 세상 사람들은 노아가 방주에 들어가던 날까지 먹고 마시다가 홀연히 심판을 맞았습니다.

그러면 심판과 구원이라는 이 갈림길에서 우리가 구원을 얻으려면 어찌해야 합니까? 길이요 진리요 생명인 성경의 인도를 받아야 합니다. 모든 문제를 풀 수 있는 성경을 보아야 합니다. 날마다 성경을 통해 복음을 들어야 합니다. 복음의 내용은 장차 올 환난을 미리 알고 구원을 받으라는 것입니다.

힘센 천사가 사자가 부르짖는 것같이 큰 소리로 외칩니다. 이는 복음이 전 세계에 울려 퍼진다는 의미입니다. 또한 그 소리가 '일곱 우레'라고 합니다. 성경에서 일곱은 완전수로, 곧 하나님의 복음이 누구도 흉내 낼 수 없는 완전한 것임을 상징합니다.

그런데 우리는 자꾸 비슷한 다른 소리에 현혹됩니다. 이단과 갖가지 세상 말에 홀려 내가 듣고 싶은 것만 들으려고 합니다. 주식을 하는 사람은 주식시세에만 눈이 반짝하고, 수험생 자녀를 둔 엄마는 입시 소식에만 귀를 기울입니다. 용모가 우상인 사람은 화려한 겉모습을 좇아 여기저기 기웃거립니다. "그리스도가 여기 있다, 저기 있다" 하면서 용모를, 배우자를 자기 구세주 삼습니다. 그러나 구원은 오직 예수 그리스도에게만 있습니다. 그분의 말씀인 작은 두루마리 안에 구원의 소식이 있습니다.

재앙을 당한 것만으로 우리가 변화되고 구원 받을 수 있습니까? 부도가 나서, 큰 시련을 당해서 삶의 태도가 잠시 바뀔 수는 있겠지만 그것만으로는 구원 받지 못합니다. 우리가 깨지고 거듭나고 새롭게 되려면 '말씀'이 있어야 합니다. 반드시 나의 문제를 하나님 앞으로 가지고 가야 합니다. 주님의 말씀이 들어가야 우리가 변화될 수 있습니다. 재앙으로 변하는 것이 아니라 재앙을 통해 말씀으로 변하는 것입니다. 오직 복음으로만 새롭게 될 수 있습니다.

그런데도 '바람 좀 피우다 곧 돌아오겠지', '속 썩이다가 돌아오겠지' 하면서 내 가족을 그저 두고 보지는 않습니까? 가족이 속 썩이는 이때, 어떻게 해서라도 빨리 교회로 데려와야 합니다. 예배에 임해야 그 사람의 인생이 바뀝니다.

아직도 요한계시록은 어려운 책, 두려운 책이라고 말합니까? 이 책이야말로 "빨리 돌아오라"는 하나님의 사랑의 부르심인 것을 이제는 깨닫기 바랍니다. 말씀을 통해, 복음을 통해 새사람이 되어 하나님께로 돌아가기를 바랍니다.

- 복음이 아닌 다른 소리에 현혹되어 용모 구세주, 배우자 구세주에 눈을 반짝이고 있지는 않습니까?
- 성경 안에 모든 답이 있다는 것을 믿습니까? 날마다 큐티하며 장차 올 환난을 대비하고 있습니까?

인봉할 때 권세가 있습니다

일곱 우레가 말을 할 때에 내가 기록하려고 하다가 곧 들으니 하늘에서 소리가 나서 말하기를 일곱 우레가 말한 것을 인봉하고 기록하지 말라 하더라 _계 10:4

1장에서는 요한에게 "네가 본 것과 지금 있는 일과 장차 될 일을 기록하라"고 했는데(계 1:19), 이번에는 "일곱 우레가 말한 것을 인봉하고 기록하지 말라"고 합니다. 일곱 우레가 외치는 소리를 온 땅에 가르쳐 주고 싶은데, '인봉하라'고 하시는 겁니다.

우리가 회사를 다녀도 그렇습니다. 직급이 올라갈수록 함구해야 할 것이 많아집니다. 규모가 큰 회사의 사장은 말 못 할 사정이 더더욱 많습니다. 몇 측근에게는 이야기할지 몰라도 신입사원에게까지 미주알고주알 말할 수 없는 것이 있습니다. 그래서 기밀이라는 말도 있지 않습니까? 집단이 커질수록 기밀도 많아집니다.

하나님도 그러시죠. 아무리 복음을 말해 줘도 믿지 않으니까, 이해를 못 하니까 "인봉하고 기록하지 말라" 하십니다. 믿음에도 분량이 있기에 하나님의 경륜이 아무에게나 알려지는 것은 아닙니다.

요한은 예수님께 사랑을 많이 받은 제자이자 고난을 많이 받은 사도이기도 합니다. 지금도 이 계시의 말씀을 듣고 기록해야 하기에 밧모섬에 갇혀 있지 않습니까? 그러나 요한이 끝없는 고난 속에서 받은 이 메시지가 모두에게 들리는 것은 아닙니다. 복음의 핵심은 십자가 고난과 부활인데 이를 온전히 깨닫기까지 단계가 많아서 조금씩 열어 가야 합니다. 성경은 그저 호기심으로 읽는 책이 아니라는 말입니다.

많은 사람이 말씀을 잘 깨닫지 못하지만 특히 남자들이 더 그런 것 같습니다. 제가 남자를 차별하는 것이 아니라 남녀의 구조가 달라서 그렇습니다. 남자는 흙으로 만들어졌고 여자는 뼈로 만들어지지 않았습니까? 뼈는 비바람이 불어도 변함없지만 흙은 훅 불면 금세 날아갑니다. 그래서 남자들이 영적인 것이 좀 안 들립니다. 제가 집회를 가 보아도 남자들은 제 말을 못 알아들어서 아무도 안 웃습니다. 집에 가서 아내가 설명해 주면 그때 웃습니다.

우리들교회에도 말씀이 안 들리는 남편들이 얼마나 많은지 모릅니다. 한 남편 집사님이 형제들과도 자주 싸우고 회사에서도 문제가 많아서 부인 집사님이 이만저만 걱정이 아니었는데, 하루는 설교가 딱 남편에게 주시는 말씀이었습니다. 아내 집사님은 혹시 남편이 설교를 듣고 찔림을 받아 화내지는 않을까 벌벌 떨었습니다. 그러나 그런 걱정이 무색하게 남편은 옆에서 쿨쿨 잠만 자더랍니다.

또 제가 한 집사님의 나눔을 설교에서 예화로 인용했는데, 그 주인공 집사님이 그걸 듣고는 대뜸 아내에게 "당신이 목사님께 일렀지?" 하며 화를 냈답니다. 여러분은 누가 낫습니까? 제 생각에는 그래도 화를 내는 사람이 낫습니다. 어쨌든 예배 시간에 안 졸고 설교를 들었으니 얼마나 기특합니까?

하나님의 일곱 우레 소리가 내게 주시는 말씀으로 들리는 사람이 있는가 하면, 무슨 소린지 전혀 모르는 사람이 있습니다. 인간적인 사람은 인간의 소리만 듣기 때문에 하나님 말씀이 전혀 안 들립니다. 그런 사람은 아무리 암에 걸리고, 고부 갈등, 부부 갈등, 자녀 고난을 겪어도 내 죄를 못 봅니다. 믿음의 지체들이 일곱 우레와 같은 말씀으로 처방을 내려 주어도 암은 나아야 하고, 배우자는 돌아와야 하고, 자녀는 명문 대학에 붙어야 하는 것이 그들의 굳은 신념입니다. 그러지 않으면 상처 받고 하나님을 떠나기 일쑤입니다. 복음을 그저 인간적으로 이해하려 하기에 아무리 일곱 우레로 외쳐도 말씀이 남의 이야기 같고 설교 시간에는 잠만 옵니다.

말씀이 안 들리는 것 말고도 또 다른 문제는 아직 준비가 안 된 사람에게 들리는 것입니다. 이 요한계시록도 당시 로마가 알아채서

는 안 되었기에 '인봉하라' 명하신 것입니다. 십사만 사천, 황충, 유브
라데 천사, 2억의 마병대 같은 말씀의 의미를 만일 로마 황제가 알아
들었다면 어떤 일이 벌어졌겠습니까? 상상만 해도 끔찍하지요. 그래
서 모두 상징으로 쓰였습니다.

과거에 제가 수요 큐티예배를 인도할 때는 대부분이 말씀을 사
모해서 오는 분이기에 인봉하지 않고 많은 이야기를 했습니다. 대신
에 성도들에게 녹음은 일절 하지 말아 달라고 부탁드렸죠. 그러나 주
일예배 때는 불특정 다수가 오고 불신자들도 있어서 인봉하는 이야
기가 많습니다. 믿음이 약한 분들이 걸려 넘어지지 않도록 조심조심
하면서도 복음은 담대히 선포해야 하기에 설교하기가 얼마나 힘든지
모르겠습니다. 또 제 설교에 말꼬리를 잡는 분도 많고, 말씀이 이해 안
되니까 인간적으로 해석하는 분도 있습니다. 어떤 분은 "15분이면 끝
날 설교를 왜 이리 길게 합니까?" 불평하기도 합니다. 아직 그분들에
게는 말씀이 인봉되어서 그렇습니다.

계시록을 주님이 주시는 음성으로 듣지 않는다면 이보다 허무맹
랑한 이야기가 어디 있겠습니까? 당시 로마의 철학자들이 계시록을
읽었다면 어떻게 반응했겠습니까? 격이 떨어지는 유치한 책, 신화로
가득 찬 책이라고 평가하지 않았겠습니까? 영국 청교도들이 목숨을
걸고 신대륙에 건너가 처음으로 세운 대학, 성경에 손을 얹고 세운 대
학이 하버드대학교인데 그런 곳에서 요즘 성경을 신화라고 가르친다
는 겁니다.

제아무리 대단한 박사들이 연구한다고 황충이나 십사만 사천이

무엇을 의미하는지 이해하겠습니까? 666이나 짐승이 무슨 뜻인지 알겠습니까? 그저 성경을 문자적으로만 보니까 다 어렵다고만 합니다. 그러나 남편 때문에, 아내 때문에, 자식이나 상사 때문에 고난 받은 사람은 '짐승' 하면 딱 알아듣습니다. 저도 고난 가운데 큐티하면서 계시록이 저에게 주시는 음성으로 들리며 쉽게 이해가 되었습니다. 이렇게 말씀이 들리는 사람에게는 재앙의 말씀이나 구원의 말씀이나 똑같이 복음의 우레 소리로 들립니다.

오래전, 딸이 대학 입시를 치를 때 이 본문으로 큐티를 했습니다. 수능시험이 끝나고 피아노 실기를 치러야 하는데 딸이 손의 인대가 늘어나서 3주나 깁스를 했습니다. 깁스를 풀고 일주일 후면 실기 시험인데 피아노를 제대로 칠 수나 있겠습니까. 그래서 말씀을 묵상하며 정시 외에 특차 시험을 볼 것인가 말 것인가 인도함을 받아 보기로 했습니다. 특차는 그동안 염두에 두지 않은 대학이지만 상황이 좋지 않으니 대안을 생각하기로 한 것입니다. 그런데 그날 큐티 본문이 "천사가 오대양 육대주로 복음을 전하라" 하는 이 계시록 말씀이었습니다. 그것과 실기 시험을 보는 것이 무슨 상관입니까? 딸도 하는 말이 "아무리 묵상해도 특차를 봐야 할지, 말아야 할지 주님이 가르쳐 주지 않으셨다"는 겁니다. 그래서 그냥 우리 마음대로 특차 시험을 치렀습니다. 그 결과 두 군데 다 떨어졌지요.

열심히 말씀을 묵상해도 이처럼 주님이 인봉하실 때가 있습니다. 결국 딸은 재수를 결정했는데 그때부터 참 많은 고난을 겪었습니다. 그러나 그 고난이 딸의 믿음을 얼마나 성장시켰는지 모릅니다. 딸은 재수라는 고난 가운데서 날마다 열심히 큐티하고 학원 친구들과 큐티 나눔도 했습니다. 그렇게 자기 수준에서 생각하고 고민하며 자기 주제를 살핌으로, 하나님의 말씀이 나에게 주시는 말씀으로 보이고 들리기 시작했습니다.

만약 딸이 깁스 떼고 며칠만 연습했는데도 대학에 덜컥 붙었으면 그 학교를 얼마나 우습게 봤겠습니까? 세상을 얼마나 만만하게 생각했겠습니까? 그런 마음으로 대학 붙었다고 간증해 봐야 하나님께 영광 돌리는 간증이 안 나옵니다. 놀다가 붙었기 때문에 자기 자랑만 되는 것입니다. 그때 붙었으면 안 됐습니다. 하나님이 불합격으로 응답하신 것이죠.

그러니 "내가 어디로 가야 붙을까?" 하고 소위 인봉을 뗀다 하는 사람을 찾아다니면서 기도를 받는 게 믿음이 아니라는 말입니다. 어떤 사람들은 교회를 아무리 다녀도 목사님이 '여기로 가라, 저기로 가라' 점지해 주지 않으니까 점쟁이 목사, 점쟁이 권사를 찾아다닌답니다. 이것처럼 시간 낭비하는 일이 없습니다. 만약 그 년, 월, 일, 시를 점지해 주는 곳이 있다면 그곳은 100% 이단입니다.

어떤 분이 제게 메일을 보내셨습니다. 자기가 어느 교회에서 성경 공부를 하는데 목사님이 이렇게 이야기한다는 겁니다. "어려운 일이 있으면 목사와 상의하세요. 대입, 진학, 퇴직, 다 결정해 줍니다." 그러면서 목사가 집을 사야 하니 돈을 몇억 원씩 가져오라고 요구를 한답니다. 이건 정말 아닙니다. 조심해야 합니다.

예전에 보았던 드라마에서 인상 깊은 대사를 들었습니다. 사대부 집 여식인 한 여인이 죽음의 위기에서 살아난 후 왕의 불운을 대신 받는 액받이 무녀가 됩니다. 극 중에서 그 무녀가 이런 말을 하지요.

"무녀는 눈이 있어도 없고 입이 있어도 없다. 나는 그림자처럼 있다. 무녀는 다른 사람의 상처를 보듬어야 하는 사람이 아닌가?"

물론 무속신앙을 바탕으로 한 드라마이기에 무녀와 성도의 삶을 빗댈 수는 없습니다. 그러나 믿는 사람들은 이 대사처럼 살아야 하는 것 아닌가 생각했습니다. 드러나지 않는 자리에서 그림자처럼 도와주는 인봉의 인생, 입으로만 거창한 사람이 아니라 입은 무겁지만 삶으로 보여 주는 인생을 살 때 나 자체가 복음이 되지 않겠습니까.

우리 자체로 복음이 되어야 합니다. 많은 사람이 나를 보고 강건해져야 합니다. 나를 보고 있으면 기뻐야 합니다. 이름도 없이, 빛도 없이, 눈도 없이, 입도 없이 그림자처럼 있지만 많은 사람이 나로 인해 기뻐하는 인생, 온 집안 식구가 나로 인해 기뻐하는 인생이 되어야 합니다. 모두가 나를 볼 때 기분이 나쁘다면, 내가 믿는 자로서 작은 두루마리의 권세를 어떻게 드러낼 수 있겠습니까?

복음은 말로 가르친다고 전해지는 것이 아닙니다. 요한처럼 내가 인봉된 내용을 알아도 다른 사람들에게 알려 주기 위해 삶으로 보여야 하는 일이 참 많습니다. 억울한 일도 부지기수입니다. 그때마다 변명하고 소리 지르면 안 됩니다. 내가 먼저 말씀을 깨달았다고 아이같이 믿음이 어린 지체에게 내가 깨달은 것을 강요할 수 있습니까? 상대의 믿음의 분량을 따라 때로는 인봉하고, 하나씩 하나씩 삶으로 알려 주어야 합니다.

잔느 귀용(Jeanne Guyon)은 17세기를 대표하는 영성의 여인입니다. 열여섯의 나이에 스물두 살의 연상의 남자와 결혼한 그녀는 병든 남편을 수발하고 시어머니에게 학대를 당하며 비참한 결혼생활을 했습니다. 그러나 그녀는 그런 상황에서도 하나님을 붙들며 성경을 깊이 깨닫게 되었습니다. 그녀는 남편과 사별한 후 깨달은 말씀을 토대로 많은 책을 저술했는데, 그로 인해 인생에 또 다른 고난이 찾아왔습니다. "누구나 하나님께 직접 나아가 예수 그리스도의 이름으로 기도할 수 있다"는 것을 가르쳤다는 이유로 천주교 당국에 의해 1년간 수녀원에 감금된 것입니다. 이후로도 이단으로 정죄당하여 악명 높은 바스티유 감옥에 7년간 투옥되고, 그것도 모자라 길고 긴 유배 생활까지 했습니다. 그녀는 그저 말씀을 온전히 깨달은 것뿐인데 이런 수난들이 이어진 것입니다.

그런데도 잔느 귀용은 사무치는 억울함을 함구하고 갖가지 고난을 기꺼이 받아들였습니다. 찬란한 지성을 오히려 오물로 여기면서 외향의 누추함을 부끄러이 여기지 않았습니다. 시어머니가 천연두 치료를 받지 못하게 해서 절세미인이 흉한 얼굴이 됐는데도 그녀는 원망하지 않았습니다. 억울한 일을 당하면 당할수록 하나님의 손에 붙들려서 어린아이와 같이 거룩하고 단순한 삶을 살았습니다. 이런 잔느 귀용을 보며 주를 위하여 모든 것을 배설물로 여긴다는 것이 무엇인지 깨닫습니다.

당시 타락이 극에 달한 천주교인들은 잔느 귀용의 가르침을 이

해하지 못했습니다. 그래서 그녀의 책은 그녀가 죽은 뒤 50년이 지난 후에야 읽히기 시작했다고 합니다. 잔느 귀용의 인생이야말로 진정한 인봉의 인생 아니겠습니까. 정말 조금도 모자람 없이 쓰임 받은 신앙의 대가(大家)라 할 수 있습니다. 누가 그녀를 고통 가운데 함구하게 만들겠습니까? 어떤 권세가 고난까지도 기꺼이 받아들이도록 그녀를 이끌겠습니까? 성경의 권세가 이렇게 대단합니다.

지금 억울한 일을 당하고 있습니까? 내가 나를 증명할 필요가 없습니다. 그저 말씀을 따라 인봉의 인생을 살 때 주님이 열어 주십니다. 자신을 비우며 다른 사람들의 상처를 보듬는 인봉의 인생을 살기 바랍니다.

- 나의 억울함을 호소하는 인생입니까, 고통을 함구하며 주님만 바라는 인봉의 인생입니까?
- 성경의 권세를 내 삶으로 나타내고 있습니까? "복음을 들어라, 예수 믿어라" 입으로만 외치면서 복음과는 상관없는 삶을 살고 있지는 않습니까?

지체하지 않고 이루어집니다

5 내가 본 바 바다와 땅을 밟고 서 있는 천사가 하늘을 향하여 오른 손을 들고 6 세세토록 살아 계신 이 곧 하늘과 그 가운데에 있는 물건이며 땅과 그 가운데에 있는 물건이며 바다와 그 가운데에 있는

물건을 창조하신 이를 가리켜 맹세하여 이르되 지체하지 아니하리 니_계 10:5~6

우리가 말씀을 알아듣든지, 못 알아듣든지 심판과 구원은 반드 시, 그리고 홀연히 임합니다. 그뿐만 아니라 '지체하지 않고' 임합니 다. 이 말씀을 들은 요한의 마음이 얼마나 다급해졌겠습니까? 그 년, 월, 일, 시는 하나님의 시간에 정확히 이루어집니다.

"사랑하는 자들아 주께는 하루가 천 년 같고 천 년이 하루 같다 는 이 한 가지를 잊지 말라 주의 약속은 어떤 이들이 더디다고 생각하 는 것같이 더딘 것이 아니라 오직 주께서는 너희를 대하여 오래 참으 사 아무도 멸망하지 아니하고 다 회개하기에 이르기를 원하시느니라 그러나 주의 날이 도둑같이 오리니 그날에는 하늘이 큰 소리로 떠나 가고 물질이 뜨거운 불에 풀어지고 땅과 그중에 있는 모든 일이 드러 나리로다"(벧후 3:8~10).

주의 날은 도둑같이 임합니다. 우리의 모든 사건도 도둑같이 찾 아옵니다. 그러므로 우리는 복음으로 예비해야 합니다. 내일 일을 모 르기에, 안개와 같이 사라지는 인생이기에 오늘 내가 하나님의 말씀 으로 준비하지 않으면 홀연히 임한 심판 앞에 멸망할 수밖에 없습니 다. 제 딸도 입시의 모든 과정을 말씀으로 준비하고 기도하며 결정했 기에 비록 실패했어도 그것이 구원 사건이 되었습니다.

하나님이 선지자들에게 전하신 복음을 듣고 늘 예비하는 사람 은 입시에 실패하고, 결혼에 실패하고, 취업에 실패해도 구원으로 나아갑니다. 그러나 복음으로, 말씀으로 예비하지 않은 사람은 붙으면 떠내려가고 떨어지면 괴로워합니다. 붙어도 떨어져도 심판의 인생을 사는 것입니다. 하나님이 우리에게 사건을 허락하시는 목적은 심판하시기 위함이 아니요, 구원하시기 위함입니다. 사명 감당하는 인생을 살기 위해 끊임없이 말씀을 묵상하면 어떤 사건도 카이로스 안에서 구원을 이루는 사건이 될 줄 믿습니다.

- 실패했다고 울고불고하면서 주님을 원망한 적은 없습니까? 말씀으로 인도 받은 일이라면 결과가 어떠하든지 구원의 사건인 것을 믿습니까?
- 지체하지 않고 도둑같이 임하는 주의 날을 예비하기 위해 날마다 깨어서 말씀을 묵상합니까?

여전한 방식으로 말씀을 읽을 때 권세가 옵니다

> 일곱째 천사가 소리 내는 날 그의 나팔을 불려고 할 때에 하나님이 그의 종 선지자들에게 전하신 복음과 같이 하나님의 그 비밀이 이루어지리라 하더라_계 10:7

하나님이 직접 심판을 선포하셔도 되는데 왜 작은 두루마리를 통해서 선포하실까요? 이는 모든 심판이 즉흥적으로 일어나는 일이 아님을 알리시기 위함입니다. 하나님이 어느 날 갑자기 분노하여 심판을 내리시는 것이 아닙니다. 창세기부터 계시록에 이르기까지 선지자들을 통해 끊임없이 선포해 오신 계시를 때가 되어 이루시는 것이죠. 그러니 하나님의 심판 앞에 누구도 억울하다 할 수 없습니다.

하나님은 모든 법을 초월하시는 분이지만, 이 땅을 구속하시기 위해 이 땅의 법을 빌려 독생자이신 예수님을 십자가 형벌에 내어주셨습니다. 이처럼 주님은 구원도 심판도 늘 분명한 기준을 가지고 행하십니다. 불신자들이 아무리 악해도 절대 임의로 심판하지 않으십니다. 그 모든 기준은 복음, 작은 두루마리입니다. 작은 두루마리에 심판과 구원의 이야기가 다 있습니다. 힘센 천사가 신적 권위를 가지고 두루마리를 받든 것도 주님이 전하신 모든 것이 그 두루마리에 있기 때문입니다. "여호와께서 내게 이르시되 네가 잘 보았도다 이는 내가 내 말을 지켜 그대로 이루려 함이라 하시니라"는 말씀처럼, 우리가 하나님의 말씀을 읽고 믿으며 순종하면 하나님께서 말씀하신 대로 이루십니다(렘 1:12).

그러므로 늘 말씀을 묵상하는 사람은 걱정할 일이 없습니다. 그저 여전한 방식으로 말씀을 읽고 듣고 지키며 예배하는 것이 최고의 실력입니다. 회사에서도 성실한 사람을 높이 평가하지 않습니까? 교과서만 열심히 공부하면 다른 과외공부가 필요 없듯이, 오직 성경을 길로 놓고 날마다 말씀대로 사는 것이 승리하는 비결입니다. 주님은 불순종하는 자에게는 말씀을 인봉하시지만, 순종하는 자에게는 어떤 것도 인봉하지 않으십니다. 환난이 주제가 되고 성경이 교과서 되고 성령이 스승 되는 사람에게 모든 비밀을 알려 주십니다. 그러니 제발 장래를 알고 싶다면서 여기저기 찾아다니지 마십시오. 그 년, 월, 일, 시를 알려 준다는 데 기웃거리지 말고, 그저 말씀을 따라 주어진 현재를 잘 살기 바랍니다.

하나님의 비밀을 모르는 인생은 허무합니다. 내가 어디에서 와서 어디로 가는지 모르는 사람은 무엇을 해도 허무함밖에 남지 않습니다. 그는 밑동이 끊어진 나무 같아서 태어나면서부터 말라 가기 시작합니다. '이렇게 스치듯 살다가 죽는 것이 인생인가' 생각하면 얼마나 허탈합니까. 하나님의 비밀을 깨닫는 통로가 고난인데, 일곱 인 재앙에 일곱 나팔 재앙까지 받아도 말씀이 들어가지 않는 사람은 도무지 비밀을 깨달을 길이 없습니다. 그러니 말씀이 들리는 사람은 정말 택자 중에 택자 맞습니다. 똑같은 고난을 받아도 말씀에 귀를 닫고 절대 회개하지 않는 사람이 얼마나 많습니까. 돈과 명예로 먹고살아야 하니까 내 죄와 수치를 오픈하기가 두려운 것이죠. 사람에게 줄 서야 하는데 어떻게 수치를 오픈하겠습니까?

그러나 우리들교회 성도님들은 현역에 있는 분도 오픈을 참 잘합니다. 한 집사님은 새가족부를 섬기며 과거에 바람피운 이력을 매주 오픈하시는데도 큰 병원의 병원장이 되셨습니다. 저는 이것이 하나님이 우리들교회를 지키시는 증거라고 생각합니다. 매주 수많은 성도의 죄 고백이 울려 퍼지지만 지금까지 문제없이 오게 하셨습니다. 물론 '어떻게 그런 오픈을 하느냐'고 힐난하는 분도 계십니다. 그러나 "내가 죄인이요"라고 오픈하는 것이 왜 욕먹을 일입니까? 별 인생 없고, 우리는 다 100% 죄인입니다.

344

마크 뷰캐넌(Mark Buchanan)의 책에 나오는 이야기입니다.

엘리야 선지자처럼 기도하고, 찰스 스펄전(Charles Haddon Spurgeon)처럼 설교하며, 헨리 나우웬(Henri Nouwen)처럼 상담하는 한 뛰어난 목회자가 있습니다. 그러나 그는 늦은 밤이면 아내 몰래 침대를 빠져나와 인터넷 포르노에 정욕을 불태웁니다. 또 어느 주부는 아침마다 말씀 묵상에 몰두하지만, 화가 나면 다섯 살 자녀에게 소리를 지르고 집 안 물건을 박살 내기 일쑤입니다. "나는 예수님을 섬기고 싶어요" 하면서 캠퍼스 선교단체에 들어간 한 여인은 자신의 기숙사로 남학생을 끊임없이 불러들입니다. 한 장로는 확고한 신념으로 하나님의 사랑을 전하면서 다문화가정 교인들을 차별합니다. "자기 부류에 맞는 모임에 가지 왜 여기에 왔어!" 하며 불쾌해합니다.

여러분은 어떻습니까? 이들과 얼마나 다릅니까? 교만, 시기, 게으름, 탐욕, 탐심, 분노, 음란…… 이런 치명적인 죄에서 우리가 떠날 수 있습니까? 아무리 예수를 믿어도 죄의 유혹에서 완전히 벗어날 수는 없습니다. 우리가 죄와 같이 가면서도 승리하려면, 죄에 맞서서 하루하루 깨어 있어야 합니다. 평생 부지런히 애써야 합니다.

그제는 헨리 나우웬같이 어제는 스펄전같이 거룩하게 살았어도 오늘 다시 죄에 넘어지는 것이 인생입니다. 그래서 우리에게 훈련이 필요합니다. 공예배, 개인 예배, 공동체 모임을 통해서 겸손과 관용의 훈련을 받아야 합니다. 아무리 부모가 자녀를 위해 열심히 기도해도, 자녀가 공동체에 속해 훈련을 받지 않으면 아무 소용없습니다. 아무리 목사님 설교가 훌륭해도 성도들이 말씀을 나누지 않으면 말짱 도

루묵입니다.

저는 말씀을 읽을 때마다 하나님이 우리들교회 이야기를 날마다 해 주시는 것 같아서 참 감사합니다. 보잘것없어 보이는 이 예배를 하나님이 취하셔서 기적을 이루고 계십니다. 우리가 대단한 일을 하는 것이 아닙니다. 그저 각자가 개인 예배, 공예배 열심히 드리고 목장에서 자신의 수치와 부족을 드러내면서 하루하루 왔습니다. 그러다 보니 저절로 겸손한 성도, 겸손한 교회가 되었습니다.

맨날 모여서 합격한 이야기, 승진한 이야기, 잘된 이야기만 한다면 그것이 세상 모임과 다를 게 무엇이겠습니까? 요즘은 교회에도 세상이 들어와 어느새 육적인 성공이 성도의 최고 자랑거리가 되었습니다. 그러나 교회는 수치를 자랑하고 부족을 자랑하는 곳이어야 합니다. 그러기 위해서는 말씀이 들어와야 합니다. 작은 두루마리의 권세로 내 이야기를 할 수 있어야 합니다. 기도를 해도 말씀으로 하고, 설교를 해도 말씀으로 해야 합니다.

하루는 제가 장년부 목자 모임에 참석했는데 한 목자님이 이런 나눔을 하시더군요.

"저는 업무 메일을 보낼 때 메일 하단에 '눈물을 흘리며 씨를 뿌리는 자는 기쁨으로 거두리로다'라는 성경 구절을 늘 넣습니다(시 126:5). 그러나 정작 저는 눈물은커녕 늘 혈기의 씨만 뿌리고 사니…… 메일을 보내고 나서 후회될 때가 얼마나 많은지 모르겠습니다. 메일을 받은 사람이 '하나님 믿는 사람이 왜 이래?' 할까 봐, 이제는 그 구절을

346

뗄까 고민도 됩니다. 한때 차에 십자가를 붙여 두기도 했는데, 도로에서 시비가 붙은 후에 떼어 버렸습니다. 갈수록 크리스천이라는 것을 드러낼 자신이 없어집니다."

우리가 예수를 믿어도 삶에서 그리스도의 향기를 내기가 이렇게 어렵습니다. 그러나 이 목자님처럼 여전한 방식으로 목장에서 내 수치를 나누는 것이 보잘것없어 보여도 작은 두루마리의 권세를 얻는 비결인 줄 믿습니다. "이번 주도 제가 정욕에 넘어졌어요", "오늘도 남편을 미워하며 말로, 마음으로 살인했어요" 목장에서 나누십시오. 공동체에서 내 수치를 나누는 것과 나누지 않는 것이 별 차이 없어 보여도 하늘과 땅 차이의 신앙입니다. 마크 뷰캐넌도 공동체를 통해 자신의 실체를 검증 받아야 한다고 말합니다. 공동체를 통해 '내가 얼마나 사람을 차별하는가', '내가 얼마나 다문화가정을 싫어하는가' 숨겨진 내 교만을 깨달아야 합니다.

목장은 그저 내 상처를 치유 받기 위해 가는 곳이 아닙니다. 우리 목장만 보아도 그렇지 않습니까? 그림자처럼 묵묵히 지체들을 섬기는 사람이 얼마나 됩니까. 대부분 생색내는 사람만 모여 있습니다. 그러나 그 성품이나 기질이 어떠하든 한 사람, 한 사람은 예수님이 피로 값 주고 사신 인생이기에 서로 인내하며 기다려 주어야 합니다. 살아온 문화가 다 다른데 지체들이 어떻게 내 기준대로 행동하겠습니까. 서로 인내하면서 내 수치를 드러내며 가다 보면 주님이 우리의 목장을, 한 사람 한 사람을 기적처럼 일구어 주십니다.

주기철 목사님의 사모이신 오정모 여사의 이야기입니다. 일제강점기 주기철 목사님이 신사참배를 거부하다가 순교하신 후 사모님은 홀로 아들들을 키우며 믿음을 지켜 오셨습니다. 그러다 광복 후 유방암이 발병했는데 수술 후 회복되는 듯하더니 2년 후 암이 재발했습니다. 장기려 박사가 그녀를 치료했지만 이미 암이 많이 전이된 상태였습니다. 더 이상 손 쓸 수 없다고 판단한 박사는 아들 광조 씨를 불러 장례를 준비하라고 했습니다.

그런데 사모님이 돌아가시기 얼마 전, 평양을 점령한 인민군 장교들이 땅문서와 얼마의 돈, 김일성의 표창장을 들고 찾아왔습니다. 일제에 항거한 공을 치하한다는 명목이었습니다. 아들 광조 씨는 내심 기뻤습니다.

'지금껏 가난하게 살았는데 이제야 형편이 좀 피겠구나!'

그러나 사모님은 이런 광조 씨의 바람이 무색하게 이를 일언지하에 거절하셨습니다.

"이따위 것 때문에 남편이 순교한 게 아닙니다."

장교들이 돌아가자 사모님은 아들 광조 씨에게 일렀습니다.

"섭섭하냐? 너에게 줄 유산은 따로 있다. 성경을 가져와라."

그러고는 성경 한 구절을 찾아 읽어 주셨습니다.

"내가 어려서부터 늙기까지 의인이 버림을 당하거나 그의 자손이 걸식함을 보지 못하였도다 그는 종일토록 은혜를 베풀고 꾸어 주니 그의 자손이 복을 받는도다"(시 37:25~26).

사모님이 읽어 주신 말씀처럼 이후 광조 씨는 세일석유 사장직과 극동방송 부사장직을 역임하며 물질로 사역을 돕고, 방송 선교로 이 땅에 복음을 널리 심는 데 큰 역할을 했습니다. 시편 말씀이 그의 삶에 온전히 이루어져 정말 누군가에게 은혜를 베풀고 꾸어 주는 사람이 된 것입니다.

가난하고 힘든 때에 거저 들어온 돈과 땅을 누가 내팽개칠 수 있겠습니까. 이런 삶이야말로 작은 두루마리의 권세가 임한 인생 아니겠습니까. 여전한 방식으로 말씀을 묵상하며 적용하는 자에게 이런 어마어마한 권세가 있습니다. 그는 사람을 살리며 은혜를 베풀고 꾸어 주는 인생이 됩니다. 자녀 교육도 다른 게 아닙니다. 아침마다 말씀을 묵상하는 모습을 보여 주는 것이야말로 부모로서 할 수 있는 최고의 교육입니다. 내 자녀에게 성경의 권세를 가르쳐야 합니다.

- 목장에서 내 수치와 부족을 잘 드러내고 있습니까? 목장에서 내가 얼마나 교만한지, 내가 얼마나 외모로 차별하는지 깨닫고 있습니까?
- 매일의 큐티와 예배에 충실하며 평범한 삶을 잘 살아 내는 것이 성경의 권세가 내 삶에 임하는 비결임을 믿습니까?

우리들 묵상과 적용

몇 년 전 아내는 갈 곳이 있다며 저를 강제로 차에 밀어 넣고는 교회로 인도했습니다. 얼떨결에 예배를 마치고는 집사님들이 공짜로 주시는 밥 한 그릇에 그만 교회를 등록하고 말았습니다. 또 우리 집에서 목장 예배를 드리니 어쩔 수 없이 목장에도 참석하게 됐습니다. 얼떨결에 한 순종이었지만 주님은 기쁘게 받아 주셔서 믿음 없는 제가 목장예배에서 방언의 은사를 받는 은혜를 주셨습니다.

공동체에는 들어갔지만 말씀이 인봉 되었던 시절, 하루는 회식을 하고 밤새 술을 마시다 필름이 끊어졌습니다(계 10:4). 아내가 저를 불러 깨어 보니 저는 아파트 주차장 바닥에서 노숙자처럼 잠을 자고 있었습니다. 놀라서 이 사실을 목장에 오픈했고 목자님 처방에 따라 술, 담배, 여자, 골프 모임, 200년 내려온 제사마저 끊는 결단을 했습니다. 이렇게 성품으로 다섯 가지를 끊고 부목자가 되었는데, 저보다 나이가 어린 목자 밑에 부목자로 배정된 것에 화가 났습니다. 안내 봉사를 하면서는 성도들의 비상식적인 행동에 화가 치밀었습니다.

이렇게 욕을 하고 화를 내는 제게 이번에는 목자의 직분을 주셨습니다. 그런데 복음은 장차 받을 환난이라더니 목자가 된 후로 정말 환난이 연이어 찾아왔습니다. 아들이 폭행 사건에 휘말리는 일이 도둑같이 오더니, 그다음에는 제 뇌혈관이 꽈리처럼 부풀어 올라 시술을 받고, 아내가 유방암에 걸리는 사건이 또 생겼습니다. 평생 별 고난 없던 저인데, 목자가 되고 나서 1년 동안 일곱 재앙, 일곱 나팔 재앙에 쉴 새 없이 두들겨 맞은 것입니다. 지금 생각하면 "돌아오라"는 하나님의 사랑 표현이었지만, 당시 제게는 모든 일을 해석할 믿음도, 회개할 믿음도 없었습니다. 도무지 질서에 순종할 수 없어서 '교회를 떠나야겠다'는 생각만 했습니다.

저는 "하나님 아버지, 교회를 떠나고 싶습니다. 그러나 하나님의 뜻을 외면하고 싶지는 않습니다"라고 기도했습니다. 그랬더니 재앙으로 사람이 변하는 것이 아니라 복음으로 변한다는 말씀처럼, "비본질 때문에 본질을 버리시겠어요" 하시는 한 사역자님의 충고가 일곱 우레의 소리로 들렸습니다(계 10:3). 이후 목자 모임에서 저의 교만함과 가증함, 치우침을 나누고 은혜로 회복되었습니다.

하나님은 작은 두루마리의 권세에 힘입어 나 자신을 비우고 목장 식구들을 보듬는 인봉의 인생을 살라고 제게 목자의 사명을 주셨습니다. 이제는 그 사명을 따라 때에 맞게 인봉하고 회개하는 권세를 얻기 원합니다. 고난으로 하나님 나라의 비밀 알게 해 주신 하나님, 감사합니다. 저를 위해 인봉하고 인내하면서 기도해 주신 모든 지체들에게 "미안하다, 사랑한다"라는 말을 전하고 싶습니다.

영혼의 기도

하나님 아버지, 일곱 인과 일곱 나팔 재앙으로 사람이 변하는 것이 아니라고 하십니다. 아무리 고난이 와도, 재앙으로 두들겨 맞아도 죄인은 회개하지 않는다고 하십니다. 우리가 재앙을 통해서 복음을 깨달았을 때에만 변한다고 하십니다. 그러므로 예수 그리스도의 십자가와 부활의 복음을 들을 때 그 말씀이 우리 인생에 꿰뚫고 들어오게 도와주시옵소서. 하나님의 말씀은 살아 있고 활력이 있어서 어떤 날 선검보다 예리하여 혼과 영과 및 관절과 골수를 찔러 쪼갠다고 하셨사오니 우리가 말씀을 듣고 구원을 얻기를 소망합니다.

아버지 하나님, 작은 두루마리의 권세를 알게 하시니 감사합니다. 참 권세인 말씀을 선포하라고 제게 영광과 권능을 덧입혀 주시니 얼마나 감사한지 모르겠습니다. 그런데 우리는 완전히 죽어지지 못해서 아직 억울한 일도 많고, 인봉해야 할 때 오히려 퍼트리고 싶고 변명하고 싶습니다. 어떻게 눈이 있어도 없고 입이 있어도 없는 자처럼, 그림자처럼 살아갈 수 있겠습니까? 그러나 잘못 내뱉은 말이 올무가 되어 돌아오는 걸 얼마나 자주 경험하는지 모릅니다. 인봉할 때와 인봉하지 않아야 할 때를 아는 것이 지혜 중의 지혜라고 생각합니다. 내가 삶으로 복음을 보여 주기 원합니다. 인봉할 수 있는 지혜를 우리에게 허락하여 주시옵소서.

주님이 나를 구원해 주셨는데 억울할 일이 뭐가 있겠습니까? 그러나 날마다 생색에서 벗어날 수 없는 우리를 불쌍히 여겨 주시옵소서. 하나님이 어떤 사건을 주시더라도 그것이 심판의 날이 아니라 구원의 날이 되기를 원합니다. 여전한 방식으로 말씀을 묵상하고 나의 죄와 수치를 나누며 예배를 사모할 때 성경의 권세가 우리 각자에게 임할 줄 믿습니다. 성경의 권세를 덧입고 구원의 사명을 향해 나아가게 하여 주시옵소서. 예수님 이름으로 기도드립니다. 아멘.

예언해야 하리라

요한계시록 10장 8~11절

12

하나님 아버지, 날마다 말씀을 먹으며
예언하는 인생으로 지경이 넓어지기를 원합니다.
말씀하여 주시옵소서. 듣겠습니다.

✦ ✦ ✦

하나님은 일곱 인과 일곱 나팔 재앙으로 죄악 가운데 있는 우리를 부르십니다. 그러나 우리를 변화시키는 것은 재앙이 아니라 말씀이기에 우리에게 작은 두루마리의 권세를 허락하십니다. 이 성경의 권세를 깨달은 자에게는 말씀으로 예언해야 할 사명이 있습니다. '예언'이라는 단어는 '미리 예(豫)' 자를 쓰기도 하지만, '맡길 예(預)' 자로도 쓰입니다. 즉, 예언은 '앞날을 알게 해 준다'라는 의미뿐만 아니라 '앞날을 알게 해 줄 말씀을 맡긴다'라는 뜻을 가지고 있습니다. 그러면 주님은 어떤 사람에게 예언의 말씀을 맡기실까요?

순종하는 사람에게 예언의 말씀을 맡깁니다

8 하늘에서 나서 내게 들리던 음성이 또 내게 말하여 이르되 네가 가서 바다와 땅을 밟고 서 있는 천사의 손에 펴 놓인 두루마리를 가지라 하기로 9 내가 천사에게 나아가 작은 두루마리를 달라 한즉 천사가 이르되 갖다 먹어 버리라 네 배에는 쓰나 네 입에는 꿀같이 달리라 하거늘 10 내가 천사의 손에서 작은 두루마리를 갖다 먹어 버리니 내 입에는 꿀같이 다나 먹은 후에 내 배에서는 쓰게 되더라 _계 10:8~10

하늘에서 음성이 들려 "두루마리를 가지라" 하니 요한이 "달라" 합니다. 또 천사가 "두루마리를 갖다 먹어 버리라" 하니 요한이 먹어 버립니다. 자신에게 명하는 대상을 절대 신뢰하면서 그대로 순종하고 있습니다.

상상해 봅시다. 지금 요한은 머리가 허옇게 센 노인입니다. 반면에 힘센 천사는 젊은 청년의 모습이지 않겠습니까? 그런데 늙은 요한더러 젊은 천사에게 가서 그 손에 든 두루마리를 가져오라고 합니다. 천사도 요한에게 "성경을 갖다 먹어 버리라" 명합니다. 요한으로 말하자면 예수님께 직접 양육을 받은 열두 사도 중 하나요, 여러 성경을 집필한 사람이니 '성경' 하면 그를 따라올 자가 없지 않습니까? 그러니 이 얼마나 순종하기 어려운 명령입니까.

우리는 이래저래 못 할 일이 너무 많습니다. 자기 전문 분야를 누가 조금만 건드리면 "네가 뭘 안다고 그래?" 하며 날을 세웁니다. 상사나 목자가 나보다 조금만 어려도 복종이 안 되고, 학벌이 떨어지거나 가난해도 순종하기가 딱 싫습니다. 저도 이런 일을 많이 겪었습니다. 저는 오랫동안 열심히 큐티하며 영혼을 살리고자 힘썼습니다. 그러면 큐티에 관해서는 제 말을 좀 들어 줄 수 있지 않을까요? 그러나 많은 사람이 제가 여자라는 이유로 제 이야기 듣기를 즐거워하지 않았습니다. 우리가 매사 이렇게 고정관념에 가로막혀 있습니다.

그러니 머리 허연 요한 할아버지가 젊은 천사에게서 두루마리를 가지고 오는 것이 정말 대단한 순종이라는 말입니다. 여러분도 적용해 보세요. '머리에 피도 안 마른 게 나를 가르치려고 해?', '네까짓

게 뭔데? 죽어도 순종 못 해!' 하는 대상이 있습니까? 우리가 하나님의 말씀을 맡기 위해서는 먼저 고정관념부터 벗어 버려야 합니다. 하늘에서 음성이 들리면, 힘센 천사든 어린 천사든 그 앞으로 나아가는 순종을 해야 합니다. 그가 바로 지혜로운 사람입니다. 목에다 힘주고 "내 나이가 몇인데!" 해서는 안 됩니다. 요한은 "성경책을 가져오라" 하니까 "네" 하며 가져오고 "성경을 먹어 버리라" 하니까 "네" 하고 먹었습니다. 밧모섬에서 요한이 이렇게 순종하는 걸 배웠습니다.

한 성격 유형 테스트를 해 보니 저는 지도자형이 아니랍니다. 그 테스트에 따르면 사람은 세 가지 유형이 있는데 에너지가 넘치는 장형, 이성적인 머리형, 따뜻한 마음을 가진 가슴형으로 나뉜답니다. 테스트 결과 저는 가슴형으로, 그중에서도 지도자를 돕는 조력자형이더군요. 그런데 이런 제가 어떻게 우리들교회를 이끄는 목사가 되었을까요?

저는 환경의 영향으로 억눌려 살기는 했지만, 본래 제 이야기나 감정 표현을 잘하는 편입니다. 감정을 담아 두고 뒤에서 미워하기보다는 그때그때 털어내고 매사 긍정적으로 생각했습니다. 그러나 제가 이런 성품에 의지해서만 살아갈 때는 주님이 저를 쓰지 않으셨습니다. 주님의 말씀으로 삶이 해석되니까, 말씀 때문에 정말 미움이 사라지고 매사 구원 사건이 되니까 그때부터 저에게 예언하는 사명을 허락하셨습니다.

만약 제가 지나온 상처를 날마다 곱씹으며 미움을 품고 사는 사람이었다면 누가 그런 제게 상담하고 싶어 하겠습니까? 누가 그런 사람을 리더로 섬기고 싶겠어요? 가슴형에다 조력자 유형인 제가 리더가 된 것은 정말 제가 미워하는 사람이 없어서라고 생각합니다. 세상에 얼마나 미워할 일이 많습니까?

"너는 이것을 알라 말세에 고통하는 때가 이르러 사람들이 자기를 사랑하며 돈을 사랑하며 자랑하며 교만하며 비방하며…… 무정하며 원통함을 풀지 아니하며 모함하며 절제하지 못하며 사나우며 선한 것을 좋아하지 아니하며"라고 했습니다(딤후 3:1~3). 나를 비방하며 쓰러뜨린 사람들을 곱씹고, 원통함을 계속 풀지 못한다면 제아무리 성공해도 시시때때로 얼마나 분하겠습니까? 그래서 인생이 불행한 거예요. 우리나라 1인당 국민소득이 3만 달러를 넘겼는데, 한국 역사상 가장 잘사는 지금 되레 다툼은 늘고 국민은 더 불행해졌습니다. 오히려 국민소득 만 불 시대에 행복지수는 더 높았다고 합니다.

리더십이나 행복의 비결이 다른 게 없습니다. 말씀을 따라 오늘 환경에 순종하면 리더십도 행복도 따라옵니다. 말씀에 순종하는 사람은 소도 잡고 말도 잡습니다. 나의 환경이 어떠하건, 과거가 어떠했건, 내가 밧모섬에 갇혀 있건 순종의 사람이 되어야 합니다. 주님은 순종하는 사람에게 예언을 맡기십니다.

감리교의 창시자인 존 웨슬리(John Wesley)가 그의 나의 87세에 알렉산더 마더(Alexander Mather)에게 이런 편지를 썼습니다.

"하나님 외엔 아무것도 바라지 않고, 죄 외엔 두려워하는 것이 전혀 없는 전도자 1백 명만 주십시오. 그들이 성직자이든 평신도이든 따지지 않습니다. 그런 사람이어야만 지옥문을 부수고 지상에 하늘

나라를 세울 수 있습니다."

　존 웨슬리에게 동역자의 부재는 평생 아쉬움으로 남았습니다. 그는 믿음의 투사 한 명이 없는 현실에 안타까워했습니다.

　예언의 사명은 순종에서부터 시작합니다. 주님이 "가지라" 하시면 가지고 "먹으라" 하시면 먹어야 합니다. 이 땅에 말씀에 순종하는 백 명의 믿음의 투사가 세워지기를 소원합니다. 그들로 인해 이 땅이 변화될 줄 믿습니다.

• 나는 하나님이 허락하신 환경에 순종합니까? 주님이 말씀으로 "가라" 하시면 가고, "서라" 하시면 섭니까?
• 나를 힘들게 한 사람이나 환경을 곱씹으면서 분을 품지는 않습니까?

예언하려면 반드시 성경을 먹어야 합니다

> 9 내가 천사에게 나아가 작은 두루마리를 달라 한즉 천사가 이르되 갖다 먹어 버리라 네 배에는 쓰나 네 입에는 꿀같이 달리라 하거늘 10 내가 천사의 손에서 작은 두루마리를 갖다 먹어 버리니 내 입에는 꿀같이 다나 먹은 후에 내 배에서는 쓰게 되더라_계 10:9~10

　말씀을 전하려면 반드시 성경을 먹어야 합니다. 사도 요한도 먹었고 에스겔 선지자도 먹었습니다(겔 2:8~3:3). 예수님도 "내 살을 먹고 내 피를 마시는 자는 영생을 가졌고 마지막 날에 내가 그를 다시 살리리니 내 살은 참된 양식이요 내 피는 참된 음료로다"라고 말씀하지 않으셨습니까(요 6:54~55)?

그런데 요한이 두루마리를 가져다 먹으니 입에서 꿀같이 달았다고 합니다. 어떻게 애가와 애곡과 재앙의 말인 성경이 달아질 수 있겠습니까(겔 2:10)? 창세기 야곱의 이야기를 보세요. 문자적으로 읽으면 그보다 슬픈 생애가 어디 있습니까? 또 계시록만큼 무서운 재앙의 글이 어디 있습니까? 성경 어디를 보아도 애가와 애곡과 재앙의 말뿐인데, 성경이 어떻게 달아집니까?

우리가 밥을 먹어도 그렇지 않습니까? 조금씩 오래 씹으면 단맛이 납니다. 밥을 한꺼번에 입에 넣으면 씹지도 삼키지도 못하고 괴롭기만 합니다. 조금씩 오래 씹어 먹어야 피가 되고 살이 되어 육체를 건강하게 합니다. 많이 먹어 봤자 체하기만 합니다. 말씀도 그렇습니다. 그저 눈으로만 읽으면 너무 써서 당장 뱉어 내고 싶은 책이 바로 성경입니다. 그런데 "성경을 먹으라" 하시는 것은 씹어 먹어 소화가 되는 것까지를 의미합니다. 완전히 씹어서 삼키라는 뜻입니다. 성경의 말씀들이 내 것이 되게 하라는 것입니다.

그런데 대부분 성경을 너무 쉽게 먹습니다. 그래서 문제입니다. 어떤 사람들은 "나는 날마다 성경을 세 장씩 읽어요", "나는 열 장씩 읽어요" 하는데, 이것은 "나는 큐티를 제대로 안 해요" 하는 것과 같습니다. 그저 성경의 줄거리를 파악하기 위해서라면 그렇게 읽을 수 있겠지요. 그러나 하나님이 나에게 주시는 음성을 들어야 하는데 어떻게 한꺼번에 세 장씩, 열 장씩 읽습니까?

그러니 신학을 하고 히브리어를 줄줄 꿰고 성경 연구를 꽤 했다 하는 사람 중에도 예수를 믿지 않는 사람이 허다합니다. 어떤 분은 수없이 성경을 읽고 성경 강의도 하지만 "다른 종교에도 구원이 있는데 기독교는 왜 자기 종교만 주장하느냐?"면서 인본적인 이야기만 늘어놓습니다. 그런 분의 강의가 재미있을 수는 있겠죠. 그러나 저는 그 강의를 듣고 살아났다는 사람은 보지 못했습니다. 성경을 너무 많이 읽어 오히려 탈이 났습니다. 설사만 하고 남는 게 없습니다.

성경은 조금씩 오래 씹어 먹어야 합니다. 하나님이 나에게 주시는 음성으로 들어야 합니다. 그런데 자꾸 가르치고 연구하려는 목적으로 성경을 읽기 때문에 말씀을 참된 양식으로 받지 못하는 것입니다. 제가 그럴듯한 신학대학에서 학위를 줄줄이 따고, 영어 성경을 줄줄 꿰어서 지금 이 자리에 있습니까? 저는 가르치기 위해서가 아니라, 그저 죽지 않고 살려고 큐티를 했습니다. 그날 읽고 깨달은 말씀을 매일 나누다 보니까 여기까지 왔습니다. 남편이 못 나가게 하면 전화로 깨달은 것을 나누고, 힘든 지체가 있으면 그날 말씀으로 상담해 주었습니다. 그러다 보니 어느 날 성경 실력이 쌓였습니다. 그날그날 주신 말씀을 적용하다 보니까 신구약 66권이 제 손바닥 안에 들어오게 되었습니다.

말씀이 능력이 되려면 먹어야 합니다. 씹어서 소화해야 합니다. 삶에서 적용해야 합니다. 그래야 말씀이 내 것이 됩니다. 그래야 무서운 성경책이 달아지는 것입니다. 말씀대로 믿고 살지 않는 사람들은 말씀이 꿀같이 달아지는 원리를 알 수 없습니다. 말씀을 지식적으로 읽으면 잠시는 달지 몰라도 곧 소화가 안 돼서 체하고 맙니다.

신학 공부 열심히 한다고 말씀이 달아집니까? 말씀은 공부해서 깨달아지는 것이 아닙니다. 몸으로, 삶으로 익혀야 합니다. 저도 신학 공부를 했지만 저에게 그 시간은 평생 큐티한 것을 한번 정리하는 기간이었습니다. 말씀을 매일 조금씩 꼭꼭 씹어 먹고 삶으로 살아내면서 소화시켰더니, 신구약 말씀이 제 것이 되어서 언제든 꺼내 쓸 수 있게 되었습니다. 그것이 성도들에게도 흘러들어 오늘날 말씀대로 믿고 살고 누리는 우리들교회가 되었다고 믿습니다.

주일에 실컷 말씀 듣고 예배당 문을 나서자마자 "오늘 무슨 말씀 들었지?" 하는 사람들이 얼마나 많습니까. 무슨 기억상실증도 아니고 말이죠. 그래도 말씀을 적용하려고 노력하는 사람은 "아, 오늘 요한계시록 말씀을 들었지", "지난번에는 창세기 말씀이었지" 정도는 기억합니다. 이게 어디입니까?

우리들교회는 온 성도가 날마다 한 말씀으로 큐티하고, 주일예배·수요예배를 통해 말씀을 듣고, 들은 말씀을 목장예배에서 다시 한번 나눕니다. 그러다 보니 '저절로 성경 지식이 쌓인다'면서 성도들 스스로도 놀랍다고 고백합니다. 정말 죽을 것 같은 고난 가운데 계신 분도 참 많은데 이렇게 날마다 말씀 안에 거하니까 그 얼굴에서 빛이 번쩍번쩍 납니다. 그런 성도들을 곁에서 지켜보는 사람들도 저절로 은혜를 받습니다.

그러니 말씀을 읽으면서 진도 나가는 데 연연해하지 마십시오.

그저 주님께서 "먹으라" 하시면 입을 벌리면 됩니다. 내가 입을 벌리는 것이 순종입니다. 아무리 옆에서 맨날 성경을 읽어 주면 뭐 합니까? 내가 입을 벌려야 말씀을 넣어 주지 않겠습니까? 신체가 건강하려면 밥을 먹어야 하는데 가족이 내 밥을 대신 먹어 준다고 내가 건강해지는 것이 아니지 않습니까? 밥을 먹을 때처럼 내 입을 벌려 내 배에 말씀을 채워 넣어야 합니다. 남의 배, 남의 창자가 아니라 내 배에 넣어야 합니다. 말씀 묵상도 누가 대신 해 주는 것이 아니라 내가 해야 합니다.

이렇게 내가 날마다 조금씩, 몇 절씩 말씀을 씹어 먹다 보면 내 근본을 알게 됩니다. 내가 어디에서 와서 어디로 가는지 알게 됩니다. 말씀을 차례대로 구속사적으로 씹어 먹는 운동, 저는 이것이 큐티의 정의라고 생각합니다.

그런데 요한이 두루마리를 가져다 먹으니 입에는 꿀같이 다나 먹은 후에 배에서는 쓰게 되었다고 합니다. 이는 11장부터 대재앙에 관한 이야기가 기다리고 있기에, '말씀이 배에서 쓰다'라는 말을 반복하여 강조하는 것이기도 합니다. 그저 축복과 위로의 말씀만 있다면 좋겠지만, 말씀에는 이렇듯 이중성이 있습니다. 달고도 쓰고, 쓰고도 답니다. 말씀을 달게 먹어도 그대로 살고 적용하려면 포기하고 버려야 할 것투성이기에 배에서는 쓰게 느껴집니다.

예레미야 선지자도 "만군의 하나님 여호와시여 나는 주의 이름으로 일컬음을 받는 자라 내가 주의 말씀을 얻어 먹었사오니 주의 말씀은 내게 기쁨과 내 마음의 즐거움이오나 내가 기뻐하는 자의 모임 가운데 앉지 아니하며 즐거워하지도 아니하고 주의 손에 붙들려 홀로 앉았사오니 이는 주께서 분노로 내게 채우셨음이니이다"라고 고백하지 않았습니까(렘 15:16~17)?

처음에는 말씀을 기쁘게 먹었는데, 그대로 삶에 적용하려고 보니까 세상 사람들 모임에는 앉으려야 앉을 수가 없습니다. 주님 손에 붙들려 홀로 앉는 외로움을 감당해야 합니다. 정말 그렇습니다. 말씀을 지키려면 뇌물도 딱 끊어야 하고 술도 삼가야 합니다. 지금까지 살아온 습관을 한꺼번에 잘라 내야 합니다. 이 얼마나 외롭고 지난한 싸움입니까! 그야말로 날마다 '사투'입니다. 조금 전까지도 단맛이던 말씀이 쓴맛이 됐습니다. 말씀을 읽을 때는 달았는데 적용하려니까 씁니다. 그러나 우리는 쓴맛이라는 예고를 받았기 때문에 앞으로 나아갈 수 있습니다. 말씀대로 살아 내는 것이 쓴맛임을 알고 가는 것과 모르고 가는 것은 하늘과 땅 차이입니다. "말씀이 입에서는 달지만 배에서는 쓰다" 외쳐 주는 공동체 안에 있다면 우리는 어떤 사건이 와도 승리하게 될 것입니다.

- 날마다 조금씩 오래오래 말씀을 씹어 먹고 있습니까? 하루는 폭식을 했다가 며칠은 굶었다가 영양가 없는 묵상을 하고 있지는 않습니까?
- 성경을 끊임없이 묵상하고 삶에 적용하며 말씀의 단맛과 쓴맛을 모두 맛보고 있습니까?

예언은 사명이기에 반드시 해야 합니다

그가 내게 말하기를 네가 많은 백성과 나라와 방언과 임금에게 다시 예언하여야 하리라 하더라_계10:11

"예언하여야 하리라"는 말씀을 영어 성경으로 보면 "You must prophesy again"입니다(NIV성경). 마땅히 해야 한다는 의미의 조동사 'must'가 쓰였습니다. 그러니 예언은 해도 되고 안 해도 되는 것이 아닙니다. 반드시 해야 합니다. 요한만이 아니요, 모든 성도가 해야 합니다. 요한이 먼저 그 길을 걸었을 뿐입니다.

사도 요한이 직접 나가서 많은 백성과 나라와 임금에게 예언한 것은 아니지만 밧모섬에 갇혀 말씀에 순종하며 살아간 것, 그것 자체가 예언입니다. 그곳에서 말씀을 받아먹으며 이 요한계시록을 기록하지 않았습니까. 요한이 "작은 두루마리를 가져다 먹어 버리라"는 명령을 온전히 수행했기에 그것이 많은 백성과 나라와 방언과 임금에게 전파되었고 지금까지도 전해지고 있습니다.

우리도 각자의 밧모섬에 묶여 있습니다. 배우자 고난의 밧모섬, 자녀 고난의 밧모섬, 시집살이의 밧모섬…… 다른 것이 예언이 아닙니다. 내가 갇힌 밧모섬에서 순종하며 말씀을 씹어 먹는 이야기를 전하는 것이 바로 예언입니다. 주님은 우리에게 말씀을 맡겨 주셨습니다. 말씀을 통해 우리에게 갈 길을 알려 주셨습니다. 아프리카 선교만 대단한 사역입니까? 각자의 밧모섬에서 여전한 방식으로 말씀을 읽고 듣고 지키는 이 일이 온 세상에 복음을 전하는 길임을 믿습니다. 내 배우자를 위해, 내 자녀를 위해 눈물로 기도한 그 기도문이 예언이 될 줄 믿습니다.

우리들교회는 쓰러지고 넘어질 수밖에 없는 사람들, 그야말로 환난당하고 빚지고 원통한 자들이 모이는 교회입니다. 그런 분들이 말씀으로 회복되어서 매주 "내가 이렇게 살아났다" 하는 간증이 울려 퍼지고 있습니다. "볼지어다 아름다운 소식을 알리고 화평을 전하는 자의 발이 산 위에 있도다"라는 말씀처럼, 그 아름다운 간증이 산을 넘고 바다를 건너서 전 세계로 퍼져 나가는 역사를 지금 우리가 보고 있습니다(나 1:15). 세계 곳곳에 있는 사람들이 인터넷을 통해 우리들 교회 성도들의 간증을 듣고 살아났다는 소식을 듣습니다. 그러니 우리의 간증이 곧 전 세계를 향한 예언입니다. 날마다 말씀을 조금씩 씹어 먹는 큐티가 우리를 예언자로 세우게 될 줄 믿습니다.

제가 지난 말씀에서 딸의 입시를 앞두고 계시록 10장 말씀으로 함께 큐티한 이야기를 잠시 나누었습니다. 이번에는 딸이 말씀을 씹어 먹으며 어떻게 사명을 찾고 예언하게 되었는지 제 딸의 중학교 입시부터 간증을 나누려고 합니다.

딸이 예원학교 시험을 보는 날 큐티 본문은 요한계시록 22장 12절 말씀이었습니다. "보라 내가 속히 오리니 내가 줄 상이 내게 있어 각 사람에게 그가 행한 대로 갚아 주리라"는 말씀을 딸과 함께 보며 제가 말했죠.

"얘, 네가 붙어도 떨어져도 그것이 네게 주시는 하나님의 상이란다."

그런데 이튿날 말씀은 욥기 1장 21절로, "주신 이도 여호와시요 거두신 이도 여호와시오니 여호와의 이름이 찬송을 받으실지니이다" 하기에 좀 수상하다 싶었습니다. 합격자 발표 날에는 욥기 5장 7절에서 "사람은 고생을 위하여 났다"고 하시고, 18절에서는 "하나님은 아프게 하시다가 싸매시며 상하게 하시다가 그의 손으로 고치신다"고 하시고, 19절과 24절에서는 "여섯 가지 환난에서 너를 구원하시며 일곱 가지 환난이라도 그 재앙이 네게 미치지 않게 하시며, 네가 네 장막의 평안함을 알고 네 우리를 살펴도 잃은 것이 없을 것"이라고 하셨습니다. 또 25절에 가서는 "네 자손이 많아지며 네 후손이 땅의 풀과 같이 될 줄을 네가 알 것이라" 하셨습니다. 이런 말씀을 듣고 발표장에 갔는데, 딸은 중학교 입시에서 똑 떨어졌습니다.

비록 욥을 정죄하는 엘리바스의 말이었으나 모든 말씀을 찰떡같이 알아들어서 지금도 기억이 생생합니다. 이렇게 하루하루 말씀을 씹어 먹다 보니 떨어진 것도 말씀으로 해석이 잘 되었습니다.

당시 저는 예원학교와 서울예고 피아노과 선생으로 큐티모임을 하며 학부모들을 전도했습니다. 딸이 다녔던 초등학교는 전원 예원, 예중 진학률을 자랑하고 항상 수석 입학자가 나오는 학교였죠. 그해에도 역대 최다 지원자인 30명이 예중 시험을 봤는데 예원 선생의 딸인 우리 딸만 혼자 똑 떨어졌습니다. 그러고 나자 아무도 큐티모임에 안 왔습니다. 참, 딸에게도 저에게도 고난이었습니다.

이후 딸은 집 앞에 있는 일반 중학교를 다니면서 예고 입시를 준비했습니다. 딸이 서울예고 시험을 치르던 날 본문은 고린도후서 1장이었습니다. "형제들아 우리가 아시아에서 당한 환난을 너희가 모르기를 원하지 아니하노니 힘에 겹도록 심한 고난을 당하여 살 소망까지 끊어지고"라는 8절 말씀을 함께 읽는데, 딸의 눈에서 눈물이 뚝뚝 떨어졌습니다. '고군분투하며 독학하다시피 피아노를 친, 아시아에서 당한 이 환난을 엄마가 모르기를 원하지 아니하노니' 심정이었던 겁니다. 제가 피아노 전공에 서울예고 선생까지 했지만, 딸의 피아노를 봐 주지는 않았거든요.

그런데 9절, 10절에 "이는 우리로 자기를 의지하지 말고 오직 죽은 자를 다시 살리시는 하나님만 의지하게 하심이라 그가 이같이 큰 사망에서 우리를 건지셨고 또 건지실 것이며 이후에도 건지시기를 그에게 바라노라"는 말씀이 나오기에 제가 딸에게 이렇게 이야기해 주었습니다.

"얘야, 네가 옛날에 떨어진 것도 하나님이 건지신 것이고 지금도 건지시겠대. 앞으로 영원히 건지시겠단다."

구절마다 건지시겠다는 말씀만 촘촘히 있잖아요? 왠지 합격할 것 같더니, 글쎄 우리 가족 역사상 처음으로 붙는 일이 생겼습니다. 당시 아들은 대입에서 계속 떨어지고 있었는데 말이죠.

그 후로 딸은 열심히 교회에서 봉사하고 큐티했습니다. 그러다가 고3이 되어서 입시가 가까워지자, 딸은 당시 큐티 본문인 신명기 2장 말씀을 하나님이 자신에게 주시는 음성으로 들었습니다. 딸이 큐티를 하며 무척 위로를 받았다고 하기에, 제가 감사해서 큐티노트에 "우리 딸에게 말씀이 들리기 시작!" 이렇게 느낌표까지 찍으며 적어 놓았습니다. 날마다 큐티를 해도 나에게 주시는 말씀으로 들려야 하잖아요.

드디어 딸에게 말씀이 내 말씀으로 들리기 시작했으나 앞에서 이야기했듯 실기 시험을 앞두고 손 인대가 늘어나는 재앙이 찾아왔습니다. 당시 딸은 요한계시록 10장을 읽으면서 "예언하여야 하리라"는 복음 전파의 사명을 받았지만, 어떻게 해야 할지 몰라 결국 두 군데 시험을 보기로 했습니다. 그런데 마지막 시험을 보는 날 큐티 말씀이 요한복음이었습니다.

요한복음 1장에 빌립이 나다나엘을 찾아가 예수님을 만났다고 전하자, 나다나엘은 예수님을 가리켜 "나사렛에서 무슨 선한 것이 날 수 있느냐"며 퉁명스럽게 말합니다. 그러나 나다나엘 속에 간사한 것이 없는 것을 보신 주님은 그를 향해 "이보다 더 큰 일을 보리라"고 말씀하시죠(요 1:43~51).

지금 딸은 손 인대가 늘어나서 대학에 떨어질 판인데 '더 큰 일을 보리라'고 하시니 내심 '대단한 대학에 붙게 해 주시려나'라는 생각이 들기도 했습니다. 그러나 딸에게는 이렇게 해석해 주었습니다.

"얘, 붙고 떨어지는 게 문제가 아니고, 더 크고 기이한 영적인 일을 너에게 보이시겠단다."

그러나 이미 말씀드렸다시피 딸은 모든 시험에서 똑 떨어졌습니다. 그 후 재수를 시작했죠. 제가 "붙으면 회개하고 떨어지면 감사하라"고 하지 않았습니까? 이 말대로 딸에게는 떨어짐이 축복이 되었습니다. 그동안 성품으로 큐티를 하던 딸은 재수생 신분이 고난이 되어서 누가 시키지 않아도 아침마다 저와 함께 열심히 큐티를 했습니다. 그리고 아침에 나눈 큐티를 학원 친구에게도 나누어 주었더니, 그 친구가 눈을 반짝 뜨면서 너무 재미있어하더랍니다. 그러면서 큐티모임이 시작됐습니다. 다음 날 또 한 친구가 들어오고, 또 다른 친구가 들어오더니 일곱 명이나 늘었습니다. 그러니 딸이 대충 큐티할 수 있었겠습니까? 그 친구들의 선생 노릇을 해야 하니 더 열심히 했습니다. 집에 와서는 제 앞에서 사역 보고를 한 시간씩 했습니다. 저도 꼭 선교사를 파송한 것 같은 기분이 들었습니다.

이렇게 1년 동안 하나님과 성실히 교제한 딸을 주님이 축복해 주셔야 하잖아요? 그런데 어떤 선물을 주셨는가 하면, 그해에 특목고 아이들은 비교내신제를 해 준다는 겁니다. 처음엔 잘됐다고 박수를 쳤습니다. 비교내신은 수능점수로 학생부 성적을 내는 것이니까 상대적으로 재수생들이 유리해진 거예요. 그런데 기쁨도 잠시, '재수생은 제외'라는 겁니다. 고3 아이들이 비교내신으로 우위 등급을 차지하니 재수생은 명함도 못 내밀게 됐습니다. 지금까지 열심히 봉사하고 큐티하며 말씀을 적용해 왔는데 왜 이런 일이 생기는 겁니까? 할 수 없이 딸은 또다시 원하지 않는 대학에 특차를 보기로 했습니다.

시험을 보러 가는 날 아침, 고린도후서 13장으로 큐티를 했습니다. "주 예수 그리스도의 은혜와 하나님의 사랑과 성령의 교통하심이 너희 무리와 함께 있을지어다"라는 13절 말씀을 함께 읽고 딸을 축도해 주면서 제가 그랬습니다.

"말씀에서 말하는 '너희 무리'가 심사위원 아니겠니? '성부, 성자, 성령의 은혜가 너희 무리와 함께 있을지어다'라고 했으니 너는 그저 그분들을 감동시키고 오면 된다. 틀려도 상관없어. 심사위원들에게 감동을 주는 연주를 하기를 바란다."

첫날 시험은 잘 치렀습니다. 딸이 집에 와서는 "이렇게 된 바에야 내가 수석을 해야겠어" 하더군요. 이튿날 아침 시편 23편을 같이 큐티했습니다. 1~2절에 "여호와는 나의 목자시니 내게 부족함이 없으리로다 그가 나를 푸른 풀밭에 누이시며 쉴 만한 물가로 인도하시는도다"까지는 참 좋았는데, 4절에 보니 "내가 사망의 음침한 골짜기로 다닐지라도……" 하는 겁니다. 여호와는 나의 목자이시라는 말씀에 은혜를 받았지만, 사망의 음침한 골짜기로 다닌다고 하니 왠지 수상한 마음이 들었습니다. 그래도 "……해를 두려워하지 않을 것은 주께서 나와 함께하심이라 주의 지팡이와 막대기가 나를 안위하시나이다"라고 하니 어떤 경우에도 푸른 풀밭으로 인도해 주시기를 기도했습니다.

둘째 날 시험, 정말 사망의 음침한 골짜기를 다니는 일이 생겼습니다. 딸이 재수하며 1년을 더 연습한 곡들인데, 한 곡에서는 멈추고 한 곡에서는 헤맸다는 것입니다. 물론 다시 제대로 연주하기는 했지만 어마어마한 실수를 한 겁니다. 그날 딸은 방문을 닫고 들어가 꺼이꺼이 울었습니다. 제가 방문을 두드려도 열어 주지 않았습니다. 딸이 그토록 가슴 아파한 것이 그때가 처음이었던 것 같습니다. 비교내신 제 일도 이해가 안 되는데, 낮추고 낮추어 간 대학 시험에서 실수한 게 해석이 안 되었던 겁니다. 제 가슴도 철렁하고 아렸습니다.

'아무리 어려서부터 교회를 다니고 큐티를 했어도 어린 딸이 어떻게 이것을 해석할 수 있을까……'

딸은 한동안 두문불출하며 밥도, 물도 잘 넘기지 못했습니다. 그러나 이 세상에서 한계가 있는 고난을 당하는 것이 정말 축복입니다. 딸이 혼자 새벽기도를 간 것입니다. 딸은 눈물을 흘리면서 하나님께 따졌다고 합니다.

"제가 좀 교만했다고 이렇게 혼내실 수 있어요? 제가 원하지 않는 대학을 가겠다고 했기로서니, 제가 수석을 하겠다고 했기로서니 이렇게 야단치실 수가 있습니까!"

그러고는 집에 와서 저와 함께 다시 큐티를 했습니다. 시편 24편을 읽는데 글쎄, 이런 구절이 있는 겁니다.

"여호와의 산에 오를 자가 누구며 그의 거룩한 곳에 설 자가 누구인가 곧 손이 깨끗하며 마음이 청결하며 뜻을 허탄한 데에 두지 아니하며 거짓 맹세하지 아니하는 자로다"(시 24:3~4).

주님이 날마다 딸에게 꼭 맞는 말씀으로 인도해 주시는데, 그다음 날 큐티 본문인 시편 25편에서는 "수치를 당한다"는 말씀이 세 번이나 나오면서 "내 영혼을 지켜 나를 구원하소서!" 하는 것 아닙니까. 이 말씀이 딸에게 일곱 우레 나팔소리처럼 들렸습니다. 딸 인생의 A. D.와 B. C.가 또 한 번 나뉘는 이 사건 앞에 딸의 눈에서 눈물이 폭포수처럼 터졌습니다.

"학창 시절 교회에서 반주자로 열심히 봉사했지만, 사실은 주의 일을 할 생각이 하나도 없었어요. 하나님, 이제 내가 주의 일을 하겠습니다. 저를 용서해 주세요!"

그야말로 딸에게 입에서 회개가 뻥 터져 나오는 역사가 일어났습니다. 저는 딸의 손을 붙잡고 이야기했습니다.

"네가 서울대 간 것보다 백 배 더 기쁘다. 이런 네가 왜 주의 일을 못 하겠니, 왜 선교를 못 하겠니? 얼마든지 잘 할 수 있으니 염려 마라. 하나님이 너를 크게 쓰실 거야!"

그리고 그날 저는 선교사 모임에서 이런 간증을 했습니다.

"정말 딸이 서울대 붙은 것보다 기쁩니다. 딸아이가 너무 모범생이라 주님을 만나기가 쉽지 않았는데, 이렇게 땅끝까지 내려가 입이 바짝 타오르고 아무것도 된 일이 없는 고난 가운데서 주의 일에 헌신하겠다고 서원하니 얼마나 감사한지 모르겠습니다."

'한 송이의 국화꽃을 피우기 위해 봄부터 소쩍새는 그렇게 울었나 보다'라는 시구처럼, 오랜 훈련을 거쳐 마침내 딸을 예언하는 인생으로 인도하신 하나님께 감사했습니다. 그러나 제 간증을 듣고 "그 집 아이 대학 떨어진 간증 좀 그만했으면 좋겠다"라고 하신 분도 계셨습니다. "그래도 대학은 붙어야지, 날마다 떨어진 걸로 기뻐하니 은혜가 안 된다"라고 하시더군요. 제가 이런 조롱도 받았습니다.

그런데 더욱 놀라운 역사는 그다음에 일어났습니다. 간증하고 집에 돌아오니 우리 딸이 학교에 붙었다는 겁니다. 있을 수 없는 일이 일어났습니다.

'실기를 치르며 틀리기도 하고 연주 도중에 멈추었는데 어찌해서 붙었나?' 궁금해서 이튿날 그 대학 입시를 채점하신 교수님을 수소 문해서 물어보았습니다. 그러니 교수님이 "아, 틀리고 멈춘 애!" 하고 딸을 금방 기억하셨습니다. 그날 연주를 중단하고 실수한 학생은 딸 외에는 아무도 없어서 쉽게 기억하셨던 것이죠. 그런데 글쎄, 그 교수 님이 이러시는 겁니다.

"그 학생이 음악성이 너무 좋았어요. 그 학생을 떨어뜨리면 학교 가 손해라는 생각이 들었죠. 그래서 어떻게든 턱걸이로라도 붙기만 하라는 마음으로 제가 최고점을 줬어요. 내가 누군지도 모르는데 최 고점을 줬잖아요?"

나중에 또 다른 교수님과도 연결이 되어 물어봤더니 그 교수님 도 토씨 하나 안 바꾸고 똑같이 말씀하셨습니다. 그래서 떨어지기는 커녕 너무나 훌륭한 성적으로 붙었습니다. 고린도후서 13장 13절 말 씀처럼 실수했어도 심사위원을 감동시키지 않았습니까? 열심히 큐 티하니 말씀을 씹어 먹은 대로 예언하게 하셨습니다.

하나님은 제 딸이 원하지 않는 대학에 들어가 행여 교만해질까 바닥까지 낮아지게 하셔서 감사를 회복해 주셨습니다. 그뿐 아니라 신입생 대표로 이 모든 일을 간증하고, 그 간증이 학보에까지 실렸습 니다. 딸은 대학에서도 대학원에서도 큐티모임을 인도했습니다. 주 신 말씀대로, 정말 주님은 딸에게 더 크고 영적인 일을 보이셨습니다. 할렐루야!

말씀이 입에서는 달지만 배에서는 쓰다고 했습니다. 입시에서는 계속 떨어지고, 갑작스러운 비교내신제로 고초를 겪고, 자신 있는 곡을 연주하는데도 실수하고…… 이런 일들이 우리 자녀들에게 생긴다면 어떨까요? '왜 나에게는 이런 일만 생기나' 하며 지옥을 살지 않겠습니까. 그제야 자녀들에게 "큐티하자"고 하면 아이들이 덥석 말씀을 보겠습니까?

에스겔서에 보면, 하나님이 에스겔을 통해 살육과 멸망의 메시지를 외치시지만 이스라엘 백성 누구도 그 말씀을 듣지 않습니다. 그렇게 1년 동안 회개하지 않다가 진짜 망하게 되니까 그제야 이스라엘 장로들이 에스겔을 찾아와 '어쩌면 좋겠냐' 하며 묻습니다. 그때 하나님이 뭐라 말씀하십니까?

"인자야 이스라엘 장로들에게 말하여 이르라 주 여호와께서 이렇게 말씀하셨느니라 너희가 내게 물으려고 왔느냐 내가 나의 목숨을 걸고 맹세하거니와 너희가 내게 묻기를 내가 용납하지 아니하리라 주 여호와의 말씀이니라"(겔 20:3).

주님은 그들에게 '묻기를 용납하지 않겠다'고 하십니다. 즉, 사건이 생기고 난 후 부랴부랴 말씀을 보려고 하면 전혀 깨달을 수 없다는 뜻입니다. 어렸을 때부터 말씀 보는 훈련을 해야 내가 사망의 음침한 골짜기를 다닐지라도 말씀을 붙들게 되는 것입니다. 그럴 때 자립 신앙이 생깁니다. 교회가 할 일은 어떤 일에도 말씀을 붙드는 자립 신앙인을 키워 내는 일입니다. 그것이 어떤 프로그램보다도 중요합니다. 그러면 세상 어디에 내놓아도 안심이 되지 않겠습니까?

우리는 되었다 함이 없는 인생입니다. 인생은 평생 고난진행형입니다. 배에서는 쓴 일이 끊임없이 찾아옵니다. 말씀이 없으면 지옥을 살 수밖에 없습니다. 그러나 날마다 말씀을 씹어 먹는 자는 새로운 생명으로 거듭납니다. 그에게는 주님이 주시는 평안이 있습니다. 우리가 예언해야 할 것도 바로 예수가 주는 평안입니다. 그것이 이 말씀의 결론입니다. 거짓 평안이 아닌 주님의 참 평안을 전해야 합니다. 비록 내가 평안할 수 없는 환경에 처했더라도, 우리는 주님으로 인해 평안한 자입니다. 우리 딸이 죽음과 같은 그 순간에도 평안을 이야기했잖아요.

찰스 스펄전(Charles Haddon Spurgeon)의 책에 나오는 이야기입니다. 사람이 고지대를 등반하다 보면 산소가 부족해서 점점 잠에 빠져들게 됩니다. 그러다가 깜빡 잠들어 버리면 얼어 죽고 말죠. 그래서 조는 사람이 보이면 옆 사람이 흔들고 때리고 문질러 가면서 깨워 주어야 한답니다. "너 그러다가 죽어!" 소리치면서 난리를 피워 주어야 합니다.

저는 큐티도 바로 그런 것이라고 생각합니다. 말씀으로 "너 죽지 말고 살아라!" 예언해 주는 것이죠. 서로 큐티를 나누면서 "나도 이렇게 살았으니 당신도 꼭 살아나세요" 예언하고, 영적으로 졸고 있는 지체에게는 억지로라도 말씀을 먹여야 합니다. "제발 딴 데 가지 마! 교회 안 올 거야? 말씀 안 들을 거야? 그러다 죽어!" 때려서라도 데려와야 합니다. 죽어 가는 영혼들을 흔들어 깨워야 합니다. 아플 때까지 흔들고 열이 날 때까지 열심히 문질러 줘야 합니다. 이것이 큐티로 예언하는 것인 줄 믿습니다. 사람을 살리는 길인 줄 믿습니다.

요한계시록의 예언 또한 그렇습니다. 듣기 아픈 이야기이지만 하나님이 우리를 너무나 사랑하므로 주시는 대서사시입니다. 우리를 사랑해서 이렇게 계시로 쓰신 것입니다. 날마다 말씀을 씹어 먹으면 이런 하나님의 본심을 깨닫게 됩니다.

내가 말씀을 씹어 먹으며 어떻게 하나님께 인도 받았는지 이야기하는 것, 이것이 예언입니다. 작은 두루마리의 권세를 보여 주는 것이 예언입니다. 제가 한국교회에 전하고 싶은 이야기가 바로 이것입니다. 지금도 그렇지만 '내가 설교를 잘해서 큰 교회를 만들겠다'라는 생각은 추호도 없습니다. 그저 제가 큐티하면서 받은 말씀, 하나님께서 저를 인도해 주신 이야기를 많은 분들과 나누고 싶을 뿐입니다. 제가 열심히 큐티하니까 우리들교회 성도님들도 따라서 열심히 큐티합니다. 주일학교에서부터 장년부에 이르기까지 온 성도가 말씀을 묵상하는 것, 이것이 제가 우리들교회 성도들에게 바라는 유일한 소원입니다. 어렸을 때부터 말씀을 묵상하면 자녀들의 인생이 달라집니다. 자기 인생을 해석할 수 있게 됩니다. 그러니 공부를 못할 리 있습니까? 덩달아 공부도 잘하게 될 줄 믿습니다.

저는 우리들교회 교역자들에게도 큐티를 강조합니다. 큐티야말로 목회자의 기본 소양이자 가장 중요한 사역입니다. 내가 큐티로 살아 낸 그 자체가 설교가 됩니다. 제가 딸의 입시 간증을 나누었는데 기억력이 좋아서 그 오래된 이야기를 줄줄 꿰고 있겠습니까? 그날그날 큐티를 했기 때문에, 어떤 사건에서도 말씀을 꼭꼭 씹어 먹었기 때문에 기억이 나는 것이죠. 할렐루야! 날마다 큐티를 하면 하나님이 어떤 사건에도 음성을 들려주십니다. 이것이 바로 성경을 씹어 먹을 때 경험하게 되는 은혜입니다.

예언은 성도의 사명이기에 해도 안 해도 되는 것이 아니라 반드시 해야 하는 일입니다. 예언을 하려면 순종해야 하고, 말씀을 씹어 먹어야 합니다. 말씀에는 단맛과 쓴맛, 이중성이 있지만 말씀을 날마다 씹어 먹어 그것이 우리 몸에 새 조직이 되면 예언할 수 있는 능력이 생깁니다. 그날그날의 사건을 말씀으로 기억할 수 있다면 이미 우리는 승리한 인생입니다. 부도가 나도 그날 기억할 말씀이 있고, 실연을 해도 그날 기억할 말씀이 있고, 대학에 떨어져도 그날 기억할 말씀이 있으면 우리는 예언하는 인생이 된 것입니다.

- 인생이 바닥을 치는 순간에도 말씀을 먹으며 예언할 것만 있는 삶을 삽니까? 나의 지나온 사건들이 말씀으로 기억됩니까?
- 자녀들을 어릴 때부터 말씀으로 길러 내고 있습니까? 비가 오나 눈이 오나 어떤 때에도 말씀을 묵상하는 습관이 나의 자녀에게 최고의 재산이 되는 것을 압니까?

말씀이 능력이 되려면 먹어야 합니다.
씹어서 소화해야 합니다.
삶에서 적용해야 합니다.
그래야 말씀이 내 것이 됩니다.

우리들 묵상과 적용

어릴 적 다니던 교회는 신학교처럼 성경 지식을 탐구하는 분위기였습니다. 그래서 저의 말씀 묵상도 성경의 지식을 공부하는 것에 머물렀습니다.

그러다 군대에 들어가서 자대 배치를 받았는데 소규모의 독립부대인 그곳 영내에 교회가 있었습니다. 목사님이 주일에만 오시는 교회이기에 주중에는 군종이 교회 관리와 예배 인도를 했습니다. 술과 담배를 하지 않고 여자도 모르던 저는 군대에서 천연기념물이라 불렸고, 단정해 보이는 겉모습으로 인정받아 자연스레 후임 군종이 되었습니다. 부대 규모가 크지 않은 곳이라 일과 중에는 다른 보직을 맡다가 파트타임 군종 역할을 담당했습니다. 내무반에서 고참들의 괴롭힘을 피해 교회에 가서 성경 말씀을 읽고 기도하며 많은 위안을 얻었습니다. 그러나 여전히 일상과 말씀 사이에 괴리가 있었습니다. 1년 넘게 군종으로 수요예배도 인도했는데 신앙 서적에서 읽은 내용을 토대로 단순한 지식을 전달하는 데에 그쳤습니다. 군대라는 척박한 환경에서 말씀을 읽었지만 그 말씀을 온전히 씹어 삼켜 내 것으로 만들지는 못한 것입니다(계 10:9~10).

직장에 입사한 후 바쁘고 힘들다는 핑계로 점차 교회와 멀어졌고 '예전엔 잘 믿었는데……' 하며 옛날 생각만 했습니다. 그렇게 예배

드리고 말씀 읽는 것을 회복하지 않고 있을 때, 직장을 그만둘 수도 있는 청천벽력 같은 사건이 왔습니다. 저는 고난 중에 다시 교회에 나가게 되었고 그전까지는 인봉되어 이해할 수 없던 말씀이 내게 주시는 말씀으로 나팔 소리처럼 들리는 은혜를 맛보았습니다. 말씀이 들리자 소홀히 여기던 교회와 공동체의 소중함을 깨닫게 되었습니다. 그렇게 예배과 공동체는 회복되었지만 직장에서는 여전히 고통 가운데 인내해야 하는 시간이 계속되었습니다. "제발 다른 곳으로 좀 옮겨 주세요"라고 8개월이 넘도록 하나님께 부르짖었습니다. 그러나 매일 주시는 말씀이 꿀같이 달게 들려 주어진 환경과 질서에 순종하려는 마음이 생겼습니다. 그리고 "이 자리에 머무르는 게 하나님의 뜻이라면 있겠습니다"라는 제 배에 쓴 고백을 하게 되었습니다(계 10:9~10). 하나님은 저의 고백을 받으시자마자, 하나님의 때에 지체하지 않으시고 희망하던 부서로 옮겨 주셨습니다(계 10:6).

이제 저는 목자가 되어 매주 모임을 인도합니다. 목장예배를 인도하며 여전히 성경 지식만 전달하고자 하는 유혹이 있습니다. 그러나 "내 입에는 꿀같이 다나 먹은 후에 내 배에서는 쓰게 되더라"는 말씀처럼 주님의 말씀을 먹고 적용하며 기억나는 말씀을 지체에게 전하는 예언자의 사명을 잘 감당하기를 소원합니다(계 10:11).

영혼의 기도

하나님 아버지, 머리가 허옇게 센 사도 요한이 젊고 힘센 천사에게 순종하는 모습을 보았습니다. 예언하기 위해서는 순종의 사람이 되어야 하고 마지막까지 겸손해야 하는데, 혹시 내가 들어야 하는 음성을 듣지 못할까 봐 두렵습니다. 제가 잘한 것이 하나도 없는데 여전히 고정관념에 사로잡혀 있습니다. 혹여 제가 교만함에 빠지지 않도록 주여, 붙들어 주옵소서.

우리에게 예언하는 사명을 맡기시기 위해서 입에서는 달지만 배에서는 쓰디쓴 사건들을 줄줄이 허락하십니다. 돌아보면 제 인생도 바람 잘 날이 없었는데, 어찌하여 이런 일이 나에게 계속 오는가 했지만 놀랍게도 주님은 그때마다 상황에 맞는 말씀을 주셨습니다. 하나님께서 나를 이렇게 편애하셔도 되는가 생각될 정도로 늘 말씀을 주셨습니다. 힘든 모든 사건이 말씀으로 해석됐기에, 제가 그 이야기만 해도 예언하는 인생이 된 줄 믿습니다.

예수님도, 예레미야도, 아브라함도 모두 외로운 인생을 살았던 것을 기억합니다. 그에 비하면 저는 불쌍한 것도, 외로운 것도 아닙니다. 저도 말씀대로 사는 인생이 되기를, 증인의 인생이 되기를 바랍니다. '예언하여야 하리라' 하셨사오니 사람들에게 말씀으로 앞길을 말해 줄 수 있기를 원합니다. 말씀을 맡은 자로서 앞서 걸어갈 수 있는 우리 모두가 되도록 역사하여 주옵소서. 주님, 그렇게 예언의 인생을 살게 하실 줄 믿습니다. 사명을 주실 줄 믿습니다.

큐티하기를 원합니다. 큐티하기를 결단합니다. 자녀들 앞에서 본을 보이기 원합니다. 우리들교회와 한국교회가 말씀으로 굳건히 서는 그날을 위하여 진리의 초석을 놓고 걸어갈 수 있도록 주여, 역사하여 주옵소서. 예수님 이름으로 기도드립니다. 아멘.

말씀을 먹으라

초판 발행일 ㅣ 2021년 3월 24일
2쇄 발행 ㅣ 2023년 9월 8일
지은이 ㅣ 김양재

발행인 ㅣ 김양재
편집인 ㅣ 김태훈
편집장 ㅣ 정지현
편집 ㅣ 김윤현 진민지 고윤희
표지 디자인 ㅣ 임지선

발행한 곳 ㅣ 큐티엠
주소 ㅣ 경기도 성남시 분당구 운중로267번길 3-5, 4층 큐티엠 (우)13477
편집 문의 ㅣ 070-4635-5318   **구입 문의** ㅣ 031-707-8781
팩스 ㅣ 031-8016-3193
홈페이지 ㅣ www.qtm.or.kr   **이메일** ㅣ books@qtm.or.kr
인쇄 ㅣ ㈜정현씨앤피
총판 ㅣ ㈜사랑플러스 02-3489-4300

ISBN ㅣ 979-11-89927-71-4 03230

큐티엠(QTM, Quiet Time Movement)은 '날마다 큐티'하는 말씀묵상 운동을 통해
영혼을 구원하고, 가정을 중수하고, 교회를 새롭게 하는 일에 헌신합니다.